Management und Controlling im Mittelstand

Reihe herausgegeben von

Wolfgang Becker
Otto-Friedrich-Universität Bamberg
Bamberg, Deutschland
Patrick Ulrich
Hochschule Aalen -Technik und Wirtschaft
Aalen, Deutschland

Ziel der Reihe „Management und Controlling im Mittelstand" ist es, die Gesamtheit der mittelstandsorientierten Betriebswirtschaftslehre abzubilden. Sie folgt der Maxime „a small business is not a little big business" (Welsh/White), nach der mittelständische Unternehmen bedarfsgerechte Konzepte benötigen. Die Reihe strebt die Generierung fundierter, praxisnaher, aber auch theoretisch auf State-of-the-Art-Niveau stehender wissenschaftlicher Erkenntnisse an, die dem Mittelstand auch im Forschungsbereich eine Bedeutung verschaffen sollen, die er aufgrund seiner volkswirtschaftlichen Stellung schon lange verdient. Diese Erkenntnisse sollen dann in konkrete Managementkonzepte und -instrumente überführt werden. Die Konkretisierung dieser Zielsetzung besteht darin, zunächst eine mittelständische Problemlandkarte zu entwerfen, die von den gegenwärtigen und zukünftigen Erfolgsfaktoren mittelständischer Unternehmen ausgeht. Auf dieser Basis sollen gegenwärtige Erfolgsfaktoren analysiert, zukünftige Erfolgsfaktoren identifiziert und Handlungsempfehlungen für die Unternehmenspraxis abgeleitet werden. Die Reihe hat einen hohen theoretischen Anspruch, ist letztlich anwendungsorientiert ausgerichtet und zudem ausdrücklich offen für neue inhaltliche und publizistische Formate. Sie nutzt die bildhafte Vermittlung als Gestaltungsinstrument und bietet zeitgemäße, wissenschaftlich solide, dabei aber verständliche und praxisorientierte Fachpublikationen.

Weitere Bände in dieser Reihe
http://www.springer.com/series/13362

Wolfgang Becker • Patrick Ulrich
Alexandra Fibitz • Felix Schuhknecht
Eva Reitelshöfer

Digitale Arbeitswelten im Mittelstand

Veränderungen und
Herausforderungen

Wolfgang Becker
Otto-Friedrich-Universität Bamberg
Bamberg, Deutschland

Patrick Ulrich
Hochschule Aalen
Aalen, Deutschland

Alexandra Fibitz
Hochschule Aalen
Aalen, Deutschland

Felix Schuhknecht
Otto-Friedrich-Universität Bamberg
Bamberg, Deutschland

Eva Reitelshöfer
Otto-Friedrich-Universität Bamberg
Bamberg, Deutschland

ISSN 2567-773X   ISSN 2567-7853 (electronic)
Management und Controlling im Mittelstand
ISBN 978-3-658-24371-5   ISBN 978-3-658-24372-2 (eBook)
https://doi.org/10.1007/978-3-658-24372-2

Die Deutsche Nationalbibliothek verzeichnet diese Publikation in der Deutschen Nationalbibliografie; detaillierte bibliografische Daten sind im Internet über http://dnb.d-nb.de abrufbar.

Springer Gabler ist ein Imprint der eingetragenen Gesellschaft Springer Fachmedien Wiesbaden GmbH und ist ein Teil von Springer Nature.
Die Anschrift der Gesellschaft ist: Abraham-Lincoln-Str. 46, 65189 Wiesbaden, Germany

Inhaltsverzeichnis

Einführung 1

Das *Europäische Forschungsfeld für Angewandte Mittelstandsforschung* an der *Universität Bamberg* und die *Hochschule Aalen* zielen mit diesem gemeinschaftlichen Forschungsprojekt darauf ab, den Status Quo hinsichtlich digitalen Arbeitswelten im Mittelstand zu eruieren. In diesem Kontext werden folgende Schwerpunkte untersucht:

- Rahmenbedingungen digitale Arbeitswelten;
- Veränderung der Zusammenarbeit durch digitale Arbeitswelten;
- Veränderung der Organisationsstruktur;
- Neue Raumkonzepte/Integration von Flüchtlingen/Kommunikation;
- Change-Management;
- Auswirkungen auf den Unternehmenserfolg.

Besonderer Dank gilt den Unternehmensvertretern, die den Fragebogen beantwortet haben und den Experten, die mit ihrer Unterstützung dieses Forschungsprojekts einen Einblick in die praktische Ausprägung im Mittelstand gegeben und damit die vorliegende Untersuchung erst möglich gemacht haben. Bester Dank gilt schließlich auch den studentischen Mitarbeitern des Lehrstuhls für BWL, insb. Unternehmensführung und Controlling der Otto-Friedrich-Universität Bamberg sowie des Lehrstuhls für Unternehmensführung und -kontrolle an der Hochschule Aalen für

© Springer Fachmedien Wiesbaden GmbH, ein Teil von Springer Nature 2019
W. Becker et al., *Digitale Arbeitswelten im Mittelstand*,
Management und Controlling im Mittelstand,
https://doi.org/10.1007/978-3-658-24372-2_1

ihre Ideen, Anregungen und Mithilfe bei der Auswertung, der Erhebung und Erstellung dieses Beitrags.

Wir hoffen, dass dieser Ergebnisbericht nicht nur aus Sicht der Forschung, sondern auch aus Sicht der Unternehmenspraxis wertvolle Einblicke in die bereits bestehenden oder zukünftig eintretenden digitalen Arbeitswelten im Mittelstand ermöglicht.

Executive Summary

2

Die vorliegende Publikation zeigt die persönliche und schriftliche Befragung von Unternehmen zum derzeitigen Status Quo von digitalen Arbeitswelten im Mittelstand auf. Das Buch basiert zunächst auf einer grundlegenden Ausarbeitung der Begrifflichkeiten digitale Arbeitswelten, Digital Leadership und Mittelstand. Um einen Einblick in die Thematik zu geben, werden ferner bisherige Forschungserkenntnisse vorgestellt.

Die Untersuchung gliedert sich danach in einen quantitativen und einen qualitativen Bereich. Die quantitative Erhebung (mit insgesamt 279 Probanden) untersucht zunächst relevante Rahmenbedingungen, wobei insbesondere ein Fokus auf maßgebliche Trends, das allgemeine Verständnis des Begriffes digitale Arbeitswelten und die derzeitige und zukünftige Relevanz der digitalen Arbeitswelten liegt. In einem zweiten Teil erfolgt die Untersuchung der Organisationgestaltung, wobei Unternehmen mit verschiedenen Thesen zum Thema digitale Arbeitswelten konfrontiert werden. Anschließend daran wird die Relevanz virtueller Organisationen erörtert, um abschließend auf Thesen zu digitalen Arbeitswelten einzugehen. Nach den organisationalen Aspekten werden Themen der Zufriedenheit mit der Work-Life-Integration untersucht. In diesem Zusammenhang geht es vor allem um die Zufriedenheit mit der Work-Life-Balance, um die Bekanntheit des Begriffs „Mobiles Arbeiten" und die dazugehörigen Aspekte, wie dem Praktizieren von Homeoffice und neuartigen Arbeitsformen wie „Cloudworking", „Crowdworking" und „Crowdsourcing". Zuletzt werden Strategien/Maßnahmen für Diversity-Arten

© Springer Fachmedien Wiesbaden GmbH, ein Teil von Springer Nature 2019   3
W. Becker et al., *Digitale Arbeitswelten im Mittelstand*,
Management und Controlling im Mittelstand,
https://doi.org/10.1007/978-3-658-24372-2_2

erforscht. In diesem Zusammenhang geht es beispielsweise um Ansprechpartner für Diversity-Arten, die Altersstruktur, verschiedene Aussagen zu digitalen Arbeitswelten, die dazugehörigen Vor- und Nachteile, die Social Media Nutzung und die Beschäftigung von Flüchtlingen sowie die dazugehörigen Vor- und Nachteile. Die Betrachtung von Erfolgsmaßstäben schließt den Abschnitt ab.

Ergänzend zu der quantitativen Unternehmensbefragung erfolgt die Durchführung persönlicher Interviews mit Unternehmensvertretern. Da die bisherigen empirischen Erkenntnisse zur Thematik digitale Arbeitswelten überschaubar sind, stehen insbesondere die Fragen des „Wie?" und „Warum?" im Vordergrund der Untersuchung. Für diesen qualitativen Bereich folgt der Interviewleitfaden dem Aufbau des quantitativen Fragebogens. Sämtliche Interviews wurden persönlich und direkt am Standort des Unternehmens, in dem der Interviewpartner tätig ist, geführt. Zu den Anwesenden gehörte neben dem Interviewpartner ein interviewender Wissenschaftlicher Mitarbeiter des Europäischen Forschungsfelds für Angewandte Mittelstandsforschung. Um die Erkenntnisse der Praxis später aufarbeiten zu können, erfolgt die Transkription per Mitschrift, wobei die Transkriptionsregeln der Handhabbarkeit und Lesbarkeit gelten.

Als ersten Einblick kann festgehalten werden, dass der Großteil der Probanden unter dem Begriff digitale Arbeitswelten in erster Linie die Flexibilisierung der Arbeit versteht. Ferner muss auch darauf verwiesen werden, dass gegenwärtig noch kein eindeutiges Bild dahingehend existiert, welche Bedeutung digitale Arbeitswelten für mittelständische Unternehmen haben und die Teilnehmer hier unterschiedliche Aussichten äußern. Einig sind sich die Probanden jedoch darin, dass digitale Arbeitswelten in Zukunft an Bedeutung gewinnen werden. Hinsichtlich der organisationalen Aspekte zeigen die empirischen Ergebnisse, dass für mittelständische Unternehmen eine zunehmende Bedeutung der Agilität für die Unternehmensorganisation attestiert wird. Es existiert gegenwärtig allerdings noch kein eindeutiges Bild dahingehend, ob virtuelle Organisationsformen 4.0 für mittelständische Unternehmen von Bedeutung sind. Die Probanden geben ferner an, dass komplexe IT-Systeme in der Zukunft standardisierte Abläufe und Organisationsformen vorgeben werden. Außerdem gibt die Mehrheit der Probanden an, dass sie an einer Verbesserung der Arbeitsorganisation oder den Arbeitsabläufen beteiligt sind. Allerdings überdenkt nur ein kleiner Teil die Aufbau,- Ablauf,- oder Prozessorganisation. Hinsichtlich der Work-Life-Integration kann eine mehrheitliche Zufriedenheit festgestellt werden. Mobiles Arbeiten und Homeoffice haben darüber hinaus bedingt Einzug gehalten in mittelständische Unternehmen. Die Nutzung neuartiger Arbeitsformen findet kaum statt. Ferner zeigt sich, dass Frauen in Vorstands- und Aufsichtsratsposten weiterhin unterrepräsentiert sind.

Im Rahmen der Strategien/Maßnahmen für Diversity-Arten zeigen die empirischen Ergebnisse, dass über alle Arten hinweg eine Strategie oftmals nicht vorhanden ist, jedoch Maßnahmen getroffen werden bzw. getroffen wurden. Hinsichtlich
der Wirtschaftlichkeitsbetrachtung schätzen die Probanden die Fähigkeit, neue
Technologien wertschöpfend zu nutzen, primär als positiv bzw. sehr positiv ein. Die
größten Kostenfaktoren im Rahmen von digitale Arbeitswelten stellen Forschungs-
und Entwicklungskosten dar. Die Mehrheit der Probanden geht ferner davon aus,
dass die Investitionskosten in Zukunft weiter steigen werden. Das zur Verfügung
stehende Budget ist jedoch oftmals sehr gering (mehrheitlich zwischen 0 Prozent –
5 Prozent vom Umsatz).

Grundlagen 3

Zusammenfassung

Bevor die Ergebnisse der quantitativen und qualitativen Befragung dargestellt und diskutiert werden können, sollen Erläuterungen zur begrifflichen Basis dieses Buches erfolgen. Da sich die Befragungen ganzheitlich mit dem Themenbereich der digitalen Arbeitswelt und ihren Auswirkungen auf den Mittelstand beschäftigen, ist zunächst die Klärung der Begriffe digitale Arbeitswelt, Digital Leadership und Mittelstand wesentlicht. Besonders die Veränderung des Begriffes Arbeit, auch bedingt durch das Konstrukt der Industrie 4.0 soll in allen Stadien kurz beleuchtet werden. Zudem wird auf bisherige Untersuchungen im Bereich der Industrie und Arbeit 4.0 eingegangen, um später die eigenen Erkenntnisse einordnen zu können.

3.1 Digitale Arbeitswelt

Das Zukunftsprojekt „Industrie 4.0", welches zumindest namentlich als Vorreiter für den Begriff digitale Arbeitswelten gilt, stellt ein wesentliches Element der Innovationsstrategie der Bundesregierung dar und hat zum Ziel, die Informatisierung der Industrien, bevorzugt der klassischen Industrien, in den nächsten Jahren weiter voranzutreiben (Botthof und Hartmann 2015, S. 3). Der Arbeitskreis hat hierfür die folgenden, in Abb. 3.1 näher dargestellten zentralen Handlungsfelder der Industrie 4.0 identifiziert und herausgestellt.

© Springer Fachmedien Wiesbaden GmbH, ein Teil von Springer Nature 2019
W. Becker et al., *Digitale Arbeitswelten im Mittelstand*,
Management und Controlling im Mittelstand,
https://doi.org/10.1007/978-3-658-24372-2_3

Handlungsfelder Industrie 4.0

- **Sicherheit** als erfolgskritischer Faktor

- **Recht**liche Rahmenbedingungen

- **Arbeitsorganisation** und **Arbeitsgestaltung** im digitalen Industriezeitalter

- **Normung, Standardisierung** und **offene Standards** für eine Referenzarchitektur

- Beherrschung **komplexer Systeme**

- Flächendeckende **Breitbandinfrastruktur** für die Industrie

- **Aus- und Weiterbildung**

- **Ressourceneffizienz**

- **Neue Geschäftsmodelle**

Abb. 3.1 Handlungsfelder der Industrie 4.0 (vgl. Botthof und Hartmann 2015, S. 3.)

Daher wird nun zunächst kurz auf den Begriff Industrie 4.0 eingegangen und dieser abgegrenzt, bevor im Detail der Ausdruck digitale Arbeitswelten in den Vordergrund der Themenspezifizierung rückt.

Industrie 4.0

Seinen originären Ursprung fand der Begriff Industrie 4.0[1] auf dem ersten IT-Gipfel, der von der deutschen Bundesregierung im Jahre 2006 am Hasso-Plattner-Institut (HPI) veranstaltet wurde (Kagermann und Leukert 2017). Die Bundesregierung hatte sich zum Ziel gesetzt, die Wettbewerbsfähigkeit sowie die Qualität des IT-Standortes Deutschland deutlich zu steigern. Auch weiterhin ist sie bestrebt, dies bestmöglich voranzutreiben, um im Vergleich zum internationalen Wettbewerb nicht nur wettbewerbsfähig zu bleiben, sondern die Innovationskraft weiter zu forcieren (Huber und Kaiser 2015, S. 682; Gleich et al. 2016, S. 23; Kaufmann 2015, S. 4). Auf der Hannover-Messe im Jahr 2011 wurde der Begriff Industrie 4.0 der Öffentlichkeit das erste Mal präsentiert, da dieser als wesentliches Zukunftsprojekt zuvor in die Hightech-Strategie 2020 mitaufgenommen wurde (Gleich et al. 2016, S. 23). Grundsätzlich wird unter dem Begriff Industrie 4.0 im engeren Sinne die vollständige „Durchdringung der industriellen Produktion mit IP-basierten Netzwerken" (Schäfer und Pinnow 2015, S. 1) verstanden und soll durch die Nutzung von IT und Elektronik den gesamten deutschen Industriesektor nachhaltig verändern,

---

[1] Synonym für: „Integrated Industry" oder „Advanced Manufacturing". Vgl. Köhler-Schute (2015), S. 17.

um Wettbewerbsvorteile gegenüber anderen Nationen und Wirtschaftsräumen zu realisieren (Gleich et al. 2016, S. 23). Unter der Bezeichnung „Umsetzungsempfehlungen für das Zukunftsprojekt Industrie 4.0" nach Kagermann et al. 2013 wurde der Regierung schließlich im Jahr 2012 das Ergebnis des Arbeitskreises Industrie 4.0, welches ein gemeinsames Projekt der Wirtschaftsverbände BITKOM, ZVEI und VDMA war, vorgestellt. Hierbei wurde neben der Vielzahl an disruptiven Veränderungen der Industriestaaten durch das Internet der Dinge und Diensten für die Produktion (Schäfer und Pinnow 2015, S. 1) auch die zunehmende Entstehung intelligenter Fabriken, sogenannter „Smart Factories", näher erläutert (Huber und Kaiser 2015, S. 682). Das Ergebnis der Entwicklung hin zu einer immer stärker vernetzten und digitalen Welt des Internet der Dinge und Dienste lässt sogenannte Cyber-Physikalische Produktionssysteme entstehen (aus dem angloamerikanischen Begriff Cyber-Physical Production Systems abgeleitet), die mit intelligenten „Maschinen, Lagersystemen und Betriebsmitteln, die eigenständig Informationen austauschen, Aktionen auslösen und sich gegenseitig selbstständig steuern." (Kagermann et al. 2013, S. 5) verknüpft sind. Wesentlich ist dabei, dass sämtliche Prozesse entlang der Wertschöpfungskette innerhalb ihres Lebenszyklus optimiert werden und somit die gesamte Produktion, die Materialverwendung und das Lieferkettenmanagement wesentlich effizienter und effektiver agieren (Schäfer und Pinnow 2015, S. 1). Die Abb. 3.2 nach Kagermann/Wahlster und Helbig stellt die Historie des Begriffes Industrie 4.0 mit zeitlicher Einordnung dar.

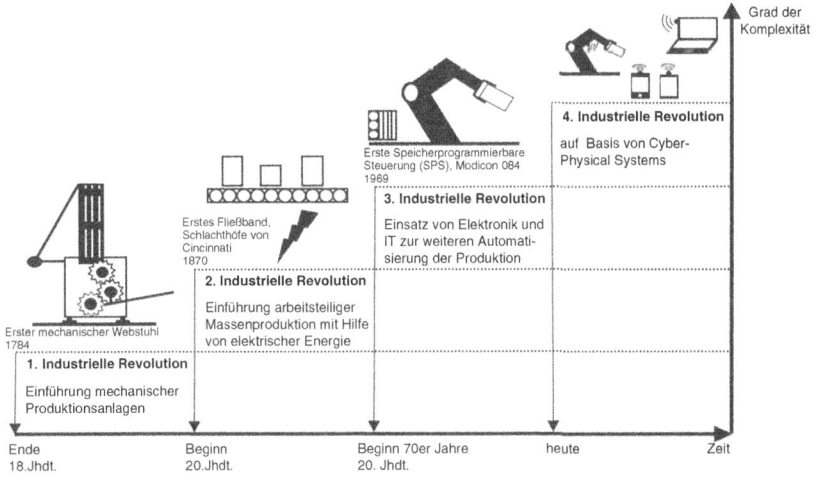

Abb. 3.2 In Anlehnung an Kagermann et al. 2013, S. 17

Die erste industrielle Revolution geht dabei zurück bis ins Ende des 18. Jahrhunderts und wurde maßgeblich durch die Erfindung des ersten mechanischen Webstuhls und weitere federführende Erfindungen im Bereich der mechanischen Produktionsanlagen geprägt. Die Innovation lag damals in der Einführung mechanischer Anlagen, die mithilfe von Wasser und Dampf angetrieben wurden, was durch die Einführung der Dampfmaschine zu deutlich flexibleren Produktionsabläufen geführt hat (Schäfer und Pinnow 2015, S. 2; Obermaier 2016, S. 3; Roth 2016, S. 5).

Zu Beginn des 20. Jahrhunderts wurde die zweite industrielle Revolution eingeläutet. Dieser Abschnitt wurde maßgeblich durch die gedanklichen Bestrebungen des Taylorismus[2] sowie durch das von Henry Ford entwickelte T-Model (Schäfer und Pinnow 2015, S. 12) geprägt. Zudem wird diesem zeitlichen Abschnitt die Erfindung des ersten Fließbandes im amerikanischen Raum und die Einführung von Massenproduktion zugeordnet, welche arbeitsteilig und teilweise mithilfe elektrischer Energie angestoßen und stetig weiterentwickelt wurde (Kagermann et al. 2013, S. 18).

Die dritte industrielle Revolution folgte einige Jahre später und wird auf den Beginn der 1970er-Jahre datiert (Schäfer und Pinnow 2015, S. 5). Die bereits angesprochene Produktion mithilfe elektrischer Energie wurde stetig weiterentwickelt und führte zu einem weiter ansteigenden Einsatz von Elektronik, was wiederum eine Zunahme der Automatisierung und IT-getriebenen Steuerung der Produktion zur Folge hatte. Zudem kamen verstärkt erste Computer und damit verbesserte Informations- und Kommunikationstechnik (IKT) zum Einsatz, wodurch die Produktion wesentlich effizienter und automatisierter gestaltet werden konnte.

Seit Beginn der 2000er-Jahre hält nun die vierte industrielle Revolution Einzug in die Arbeitswelt, die definitorisch als Industrie 4.0 zu verankern ist und neben den Komponenten der Mechanisierung und Automatisierung im Wesentlichen die Digitalisierung, die vorwiegend mit der Einführung des Internets entstanden ist, forciert (Obermaier 2016, S. 3). Die Vernetzung der Produktion ist somit Teil der Internetbewegung und führt zu einer Zusammenführung aus physischer und virtueller Welt zu sogenannten Cyber-Physikalischen Systemen (CPS) (Kagermann 2014, S. 603). Die Echtzeitkommunikation, Selbstständigkeit der Dinge und die Interaktion sowohl zwischen den Produkten als auch zwischen Mensch und Maschine, führt demnach zu einer stark ausgeprägten Autonomie und intelligenten Steuerung aller Phasen der Wertschöpfungskette über den gesamten Lebenszyklus eines Produktes hinweg (Kagermann 2014, S. 603). Dies führt wiederum zu einer Steigerung der Produktqualität und einer erhöhten Effizienz, die durch die Optimierung aller

---

[2] Taylor selbst spricht von „Scientific Management", vgl. Taylor (1977).

Geschäftsprozesse hervortritt (Kagermann 2014, S. 603; Lasi et al. 2014, S. 261; Roth 2016, S. 5; Huber und Kaiser 2015, S. 682). Produkt- und Serviceinnovationen sowie die Etablierung neuer Geschäftsmodelle erhöhen die Dynamik in der Wertschöpfung und stellen neue Chancen sowie Herausforderungen für die Unternehmen dar (Kagermann 2014, S. 603).

Digitale Arbeitswelten
Laut einer Studie des Instituts der deutschen Wirtschaft ergeben sich für das wirtschaftliche Wachstum, als auch für den gesellschaftlichen Wohlstand weitreichende Konsequenzen durch die verbreitete Nutzung der Informations- und Kommunikationstechnologien. Eine wesentliche Veränderung ist und wird sich weiterhin in der zunehmenden Zahl der Beschäftigten widerspiegeln, welche sich laut Demary (2015) alleine für das Jahr 2012 auf 1,5 Mio. Arbeitsplätze in angrenzenden Branchen und Industrien beläuft. Ein erster Zwischenbericht in der Form eines Arbeitspapiers, welches sich im Wesentlichen mit der Informatisierung der Arbeitswelt und dem Eintritt des Internets der Dinge in die Arbeitswelt beschäftigt, legten Gewerkschaften bereits zu einem frühen Zeitpunkt nach erstmaliger Betrachtung des Industrie 4.0-Phänomens vor einigen Jahren vor (Kagermann et al. 2013, S. 58).

Zu den drängendsten Maßnahmen und den wesentlichen Handlungsempfehlungen des Arbeitskreises Industrie 4.0 zählen vor allem die starken Auswirkungen auf die Arbeit, die Beschäftigung und die damit entstandenen zahlreichen Handlungsbedarfe im Hinblick auf Arbeitspolitik und Qualifikationsmaßnahmen. Des Weiteren werden Orientierungs- und Handlungshilfen zur Weiterentwicklung und Implementierung sozio-technischer Gestaltungsansätze gegeben. Zudem werden auch innovative Ansätze vorgestellt, die die Partizipation der Mitarbeiter fördern und die Zusammenarbeit weiter vereinfachen sollen, um über alle Ebenen der Belegschaft hinweg ein möglichst effizientes Arbeiten gewährleisten zu können (Kagermann et al. 2013, S. 58).

Wichtig ist zudem, den regelmäßigen Austausch und Dialog zwischen den Mitarbeitern als auch auf Ebene der Führungskräfte und Mitarbeiter auszubauen, um wichtige Fortschritte, Problem- und Spannungsfelder sowie Lösungsmöglichkeiten und Umsetzungsstrategien möglichst transparent und strategisch zu kommunizieren und umzusetzen (Botthof und Bovenschulte 2009, S. 32). Dadurch soll der Wissenstransfer untereinander sowie mit externen Akteuren transparent gestaltet werden können (Kagermann et al. 2013, S. 58). Eine Analyse des Zusammenspiels der sich verändernden Technologien und der hierdurch induzierten personellen und organisatorischen Veränderungen erfordert einen Blick auf das Gesamtsystem der Produktion und die hier wirksamen Zusammenhänge (Hirsch-Kreinsen 2015, S. 89).

Trist/Bamforth (1951) und Sydow (1985) folgend, sollen diese Produktionssysteme als sozio-technische Systeme verstanden werden. Aufgrund dessen muss auch von einem weiten Verständnis von Produktionsprozessen ausgegangen werden. Betroffen sind von den Wandlungstendenzen, welche durch die Industrie 4.0 bedingt sind, alle direkt und indirekt wertschöpfenden Tätigkeiten in Industriebetrieben. Nicht nur die operative Ebene des Fertigungspersonal oder das untere und mittlere Management jener Produktionsprozesse sind betroffen, sondern auch die Gruppe der technischen Experten im Unternehmen (Hirsch-Kreinsen 2015, S. 90).

Angelehnt an die vier Stufen der industriellen Revolution, wird die Historie der neuen Arbeit auch für den Begriff digitale Arbeitswelten im Folgenden bildlich erläutert. In Anspielung an die Ergebnisse von Brynjolfsson und McAfee 2014 sowie die Ergebnisse des Grünbuchs: Arbeiten 4.0 des Bundesministeriums für Arbeit und Soziales (2015), kommen mit der Veränderung der industriellen Situation auch zunehmend neue Arbeitsweisen und Gestaltungsmöglichkeiten auf Unternehmen zu. Diese sollen die Arbeit erleichtern, bedingen aber auch aufgrund ihres disruptiven Charakters, die Integration vieler neuer Elemente in das System und damit dessen Veränderungen.

Zunächst ist der Begriff der Arbeit 1.0 noch sehr stark an den industriellen Begriff gekoppelt und resultiert aus der Industriegesellschaft, die durch die neuen Anforderungen und Möglichkeiten auch arbeitsseitig flexibler werden musste. Dieser erste Begriff der Arbeit 1.0 wird auf das Ende des 18. Jahrhunderts datiert und reflektiert primär den ersten Zusammenschluss von Arbeitern zu Organisationen.

Gegen Ende des 19. Jahrhunderts, als die Massenproduktion aufgrund der technischen Möglichkeiten immer mehr Verwendung in den Fabriken fand, entwickelte sich der Begriff der Arbeit 2.0. Jener gilt als initialer Zeitpunkt des gegenwärtigen Wohlstandsstaates, welcher sich durch die Arbeit in der Industrie immer weiterentwickelte. Dies zeigte sich auch durch die Einführung der ersten Sozialversicherung, damals noch im deutschen Reich.

Der Verlauf hin zum Arbeiten 3.0 fand bis zum 20. Jahrhundert statt und geht bis in die 1970er-Jahre hinein. Trenderscheinungen wie die Automatisierung und Globalisierung fanden immer mehr Einzug in die Gesellschaft und veränderten die Arbeitswelt durch die Autonomie und erheblich verschwimmenden Grenzen sehr stark. Zudem gilt dieses Datum als der Beginn der sozialen Marktwirtschaft und des darauffolgenden Wohlstandes der Bevölkerung. Dies warf wiederum neue Probleme auf, wie zum Beispiel einen verstärkten Wettbewerbsdruck und die Notwendigkeit der Schulung und Weiterbildung von Mitarbeitern in den Bereichen IT und digitaler Mediennutzung.

In der heutigen Zeit, welche erneut stark beeinflusst ist durch die Entstehung und Einführung des Internets, bedeutet Arbeit 4.0 vor allem vernetzt zu arbeiten, agile und flexible Bürokonzepte, ein steigender Wertewandel zum Beispiel durch die Möglichkeit von Heimarbeit bzw. Homeoffice und ein neuer sozialer Kompromiss, der damit in den Vordergrund rückt. Dies führt nicht nur zu strukturellen und organisationalen Änderungen. Vielmehr resultiert daraus ein starker Kultur- und Wertwandel, der wiederum zu neuen Produkten und Dienstleistungsangeboten sowie der Innovation von Geschäftsmodellen führen. Im weiteren Verlauf wird deshalb von digitaler Arbeit gesprochen, um dem vor allem technisch geprägten Arbeitsumfeld Rechnung zu tragen.

Eine derartige Entwicklung wirft grundsätzlich die Frage auf, wie weitreichend dieser Prozess ist und welche Schritte in den kommenden Jahren aufgrund weiterer Trends, wie der digitalen Transformation etc. folgen werden.

Aufbauend auf der historischen Entwicklung der digitalen Arbeitswelten werden im Folgenden wesentliche Dimensionen, Entwicklungen und Trends näher erläutert und depiktiert. Den Ausführungen liegen primär die Forschungsbeiträge von Rump et al. (2014) und Hirsch-Kreinsen (2015) zugrunde.

Mensch-Maschine-Schnittstelle

Wie bereits in den vorherigen Ausführungen angesprochen, stellt die Dimension der Mensch-Maschine-Schnittstelle (oder Mensch-Maschine-Interaktion) eine wesentliche Komponente innerhalb des digitalen Arbeitens dar. Zunächst besteht die zentrale Herausforderung darin, als Mitarbeiter die Kontrolle über die automatisierten Produktionsanlagen nicht verlieren und die funktionale und informationelle Distanz zum Systemablauf zu wahren (Grote 2009, S. 150 ff.). Informelles Feedback, wie Vibrationen, Geräusche und Gerüche, auf welches sich das Bedienpersonal verlassen hat, fallen weg. Somit ist es nicht oder nur eingeschränkt in der Lage, die Anlagenzustände zutreffend zu erkennen, was zu falschen Entscheidungen führen kann (Lee und Seppelt 2009, S. 420). Diese Störungen in hoch automatisierten Prozessen sind aufgrund des hohen Routinecharakters nur schwer zu bewältigen und in diesem Kontext spricht man deshalb in der Automatisierungsforschung von „ironies of automation" (Bainbridge 1983, S. 775 ff.). Auch Hartmann (2015) urteilt hierzu, dass diese anspruchsvollen Situationen mit besonderen Anforderungen vom Operateur nicht mehr beherrscht werden können (Hartmann 2015, S. 18). Die hierfür nötigen Qualifikationen können im automatisierten Routinebetrieb nicht mehr aufgebaut werden (Windelbrand 2011, S. 140). Jedoch sind laut arbeitssoziologischen Studien sowohl Gespür und Intuition als auch Gefühl und Empathie im Umgang mit komplexen Anlagen unverzichtbar (Böhle 2013, S. 425 f.).

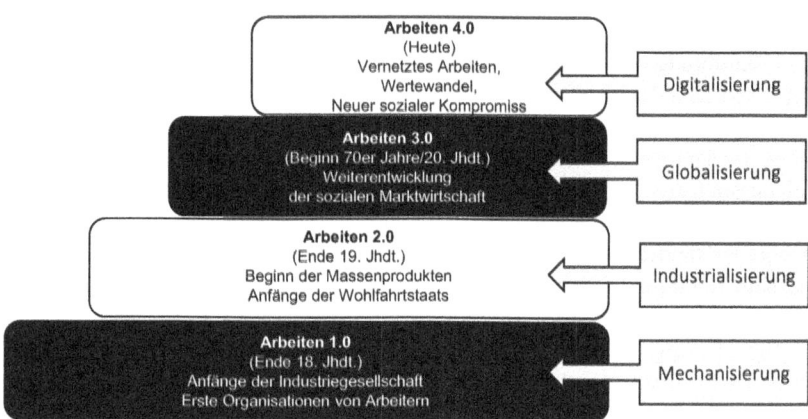

Abb. 3.3 Historie der Entwicklung von Arbeit 1.0 bis Arbeit 4.0 (In Anlehnung an Bundesministerium für Arbeit und Soziales 2015, S. 33 ff.)

Organisations- und Prozessgestaltung

Durch die technisch-ökonomischen Entwicklungen, zu denen auch die fortschreitende Informations- und Kommunikationstechnologie zu zählen ist, stieg der Bedarf an gut ausgebildeten Fachkräften deutlich. Diese Überlegungen finden sich in Abb. 3.3 wieder.

Traditionelle Ablauf- und Aufbauorganisationen können die vielfältigen Veränderungen, die die Industrie 4.0 mit sich bringt, nicht mehr abbilden (Rump et al. 2011, S. 14 ff.). Prozesse und Strukturen werden künftig in Form von variablen Arbeitsbeziehungen, flexiblen Arbeitsmodellen sowie in virtuellen Teams und Strukturen aufgrund dieser Entwicklung gestaltet. Im wissensintensiven Bereich ist diese Entwicklung besonders zu beobachten (Fischer et al. 2013, S. 60 ff.). Während Arbeitnehmer mit einer flexiblen Organisations- und Prozessgestaltung eine verbesserte Vereinbarkeit von beruflichen und privaten Belangen verbinden, zielen Unternehmen auf Kosten- und Produktivitätseffekte ab (Rump et al. 2014, S. 13). Durch die steigende Volatilität der betrieblichen Geschehnisse, welche durch die Industrie 4.0 bedingt sind, kann beobachtet werden, dass die Stammbelegschaft reduziert und durch variable Arbeitsbeziehungen ersetzt wird. Diese Entwicklung wird auch als „**Liquid Organizations**" bezeichnet. Folgende Abb. 3.4 soll die Zunahme der Flexibilitätsangebote nochmals verdeutlichen.

In Bezug auf die **Arbeitszeitflexibilisierung** vertreten Rump et al. (2014, S. 17) die These, dass zukünftig eher Zeitsouveränität statt Zeitdisziplin bzw. Flexibilisierung

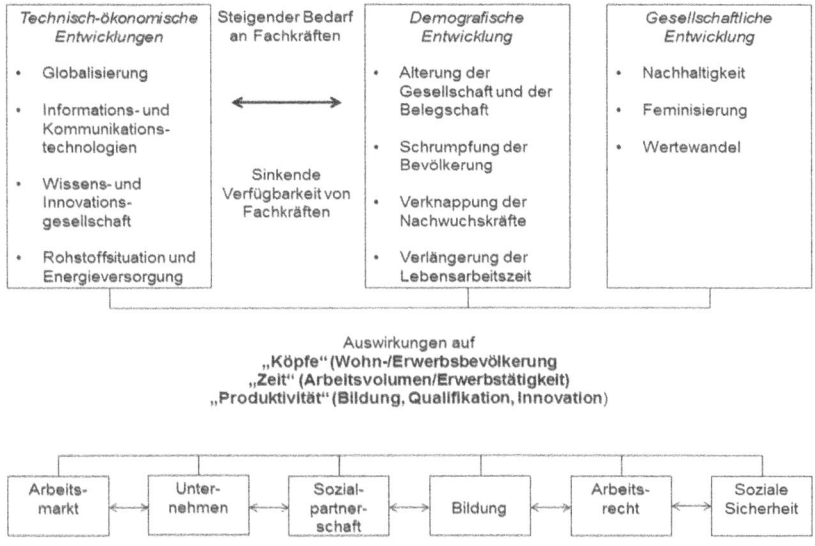

Abb. 3.4 Ausgangslage in Bezug auf die Unternehmensorganisation (In Anlehnung an Fischer et al. 2013, S. 58)

statt Normierung erforderlich sein wird. Zur Flexibilität ist zudem die Selbstverantwortung, die sich zunehmend in der in Projektform gestalteten Arbeit manifestiert, zu zählen.

Arbeitsortsflexibilisierung bedeutet in diesem Kontext, dass keine oder keine regelmäßige physische Präsenz der Mitarbeiter in den Räumlichkeiten des Unternehmens mehr gefordert wird (Maitland und Thompson 2011, S. 81 f.). Durch die stark zunehmende Flexibilisierung des Arbeitsortes wird dieser mehr als nur ein „Ort zum Arbeiten", er erhält in Organisationen mit einem hohen Grad an Flexibilität die Funktion eines Treffpunktes (Maitland und Thompson 2011, S. 81).

Die **Arbeitsstrukturflexibilisierung** äußert sich in dem Trend zur „zweigeteilten Organisationsstruktur". In den unteren Ebenen werden viele Aufgaben durch die fortschreitende Technik substituiert. Diese Prozesse unterliegen einer hohen Standardisierung bzw. Automatisierung. Die oberen Hierarchieebenen sind von diesem Trend kaum betroffen. Durch die technologischen Innovationen eröffnen sich neue Möglichkeiten der Kommunikation mit Kunden, Lieferanten und Mitarbeitern. Abb. 3.5 verdeutlicht diese Zweiteilung der Organisation (Abb. 3.6).

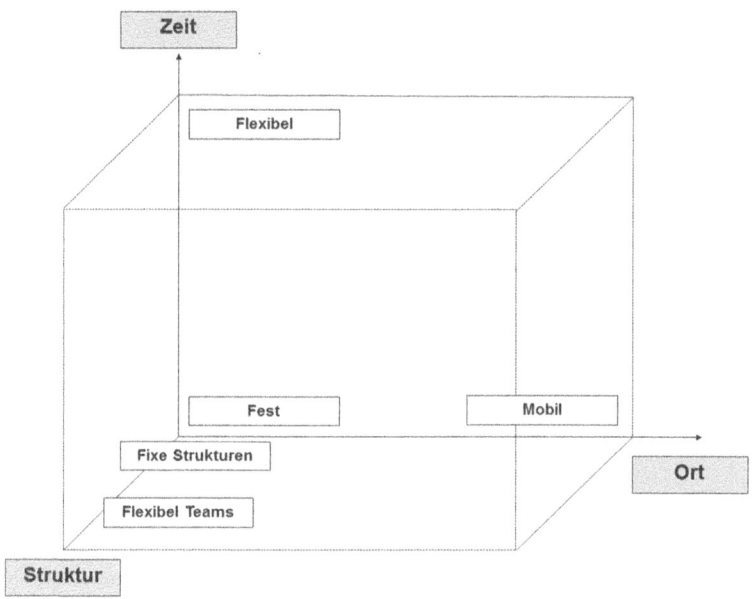

Abb. 3.5 Zunahme der Flexibilitätsangebote (In Anlehnung an Rump und Eilers 2017, S. 21)

Für das Gelingen solch flexibler Modelle sind drei Aspekte entscheidend. Dem Unternehmen muss es gelingen moderne Zeitflexibilität mit innovativer Organisationalität zu verbinden (Oehmichen und Schröter 2008, S. 400). Dies ist einerseits ein erforderlicher Perspektivenwechsel. Andererseits ist es notwendig, dass dem einzelnen Mitarbeiter neben der Zeitsouveränität eine ausgewogene Balance zwischen der mobilen Arbeit und der immobilen nicht-arbeitsbezogenen Eigenzeit garantiert wird (Rump und Eilers 2017, S. 141 ff.). Zudem muss den Beschäftigten hinsichtlich der Flexicurity ein Rahmen geboten werden, der trotz der geforderten Flexibilität Verlässlichkeit gewährleistet (Rump et al. 2014, S. 18.).

Hier stellt sich außerdem eine Risikoverlagerung heraus, da finanzielle Risiken durch die Fixkosten auf das Individuum übergehen, welches sich in variablen Beschäftigungsformen wiederfindet (Eichhorst 2013). Da die Notwendigkeit der Fachkräftesicherung zu einer gegenläufigen Entwicklung führen kann, muss diese These allerdings für den deutschen Wirtschaftraum relativiert werden (Rump und Eilers 2017, S. 25).

Derart variable und innovative Arbeitsverhältnisse, welche auch als „agile Organisationen" (Boes und Kämpf 2011) bezeichnet werden können, bringen für

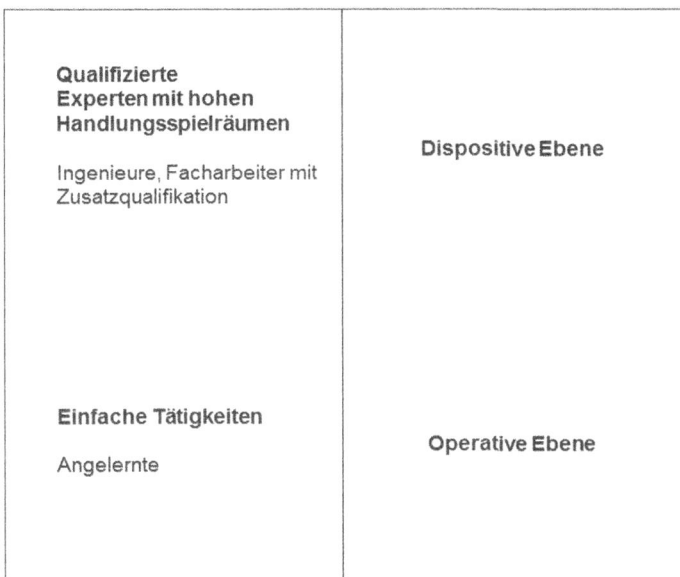

Abb. 3.6 Polarisierte Organisation (In Anlehnung an Hirsch-Kreinsen 2015, S. 94)

die Mitarbeiter eines Unternehmens nicht nur positive Aspekte mit sich. Zu einer derart höheren Komplexität durch Koordination und Abstimmung können flexible Arbeitsformen, -zeiten und -orte führen (Grabmeier 2014). Ferner wird durch solch flexible Arbeitszeiten und -orte die gemeinsame Zeit von Führungskräften und Mitarbeitern stark verringert. Dies führt zwangsläufig zu negativen Konsequenzen für den Teamzusammenhalt, Vertrauensbildung und der gemeinsamen Bewältigung von Herausforderungen (Rump und Eilers 2017, S. 22). „Face-to-face" Kommunikation wird von Mitarbeitern nach wie vor priorisiert. Fehlt diese, wird in den meisten Fällen nur noch kommuniziert, wenn es absolut notwendig ist (Frauenhofer IAO 2013, S. 12).

Betriebsklima

Primär werden das Betriebsklima und das Miteinander in Organisationen durch die vorherrschende Unternehmenskultur bedingt (Rump et al. 2014, S. 26). Zahlreiche informationstechnische Neuerungen wirken durch die zunehmende Digitalisierung auf die Kultur bzw. die Beschäftigten ein (Rump et al. 2014, S. 26). Durch diese Entwicklung verändert sich zwangsläufig und schleichend die Unternehmenskultur. Als Beispiele sind die Veränderungen der Geschäftsprozesse, die Flexibilisierung der Arbeitsorganisation oder die Verflachung der Hierarchie zu nennen (Rump et al. 2014, S. 26).

Folgende Abbildung fasst die möglichen Auswirkungen auf das Betriebsklima, welche durch die Digitalisierung bedingt sind, zusammen.

Als effektive Methode zur Gestaltung einer durch die Digitalisierung geprägten Kultur gelten Partizipationsmodelle. Diese besagen, dass die Unternehmenskultur durch Partizipation in der Entscheidungsfindung und Autonomie am Arbeitsplatz gefördert werden kann (Rump et al. 2014, S. 26.)

3.2 Digital Leadership

Nachdem bereits mögliche Konsequenzen für die Arbeitswelt durch Industrie 4.0 beschrieben wurden, soll näher darauf eingegangen werden, welche Auswirkungen diese auf die Führung des Unternehmens hat.

Hierzu bedarf es zunächst einer Beschreibung dessen, was unter Führung zu verstehen ist. In der einschlägigen Fachliteratur findet sich eine Vielzahl an Definitionen für den Begriff (Unternehmens-) Führung (u. a. Becker 2015).

Wild, an dem sich im Folgenden orientiert werden soll, versteht Führung als die zielorientierte Gestaltung und Steuerung sozialer Systeme. Zentrales Merkmal dieses Führungsverständnisses ist die Beeinflussung des menschlichen Verhaltens, welches auf die Erreichung bestimmter Ziele gelenkt werden soll (Wild 1982,

Konsequenzen durch die Digitalisierung auf das Betriebsklima

Rückgang persönlicher Kontakte und Gespräche;

Problematik des zwischenmenschlichen Wissenstransfers;

Erhöhung der Wissenstransferoptionen;

Reduzierung der Gruppendynamik;

Engere Verzahnung zwischen den Mitarbeitern zur bestmöglichen Bewältigung der anstehenden Aufgaben;

Zunahme der indirekten Kommunikation, für deren Funktionieren Medienkompetenz sowie Verbalisierungs- und Visualisierungskompetenz Voraussetzungen sind.

Abb. 3.7 Konsequenzen durch die Digitalisierung (vgl. Rump et al. 2014, S. 25)

S. 32). Unter einem Führungssystem wiederum ist die Gesamtheit des Instrumentariums, der Regeln, Prozesse und Institutionen zu verstehen, mit denen Führungsaufgaben zu erfüllen sind (Wild 1982, S. 32.). Als wichtigste Bestandteile eines solchen Führungssystems unterscheiden *Wild und Schmidt* (1973, S. 32):

- Allgemeine Führungsprinzipien;
- das Zielsystem bzw. Zielbildungssysteme;
- das Planungssystem;
- das Organisationssystem;
- das Kontrollsystem;
- das Informationssystem;
- das Motivationskonzept und Anreizsystem;
- das Personalentwicklungssystem.

Grundsätzlich unterscheidet die Mehrzahl der Autoren zwischen strukturell-systematischen und personal-interaktiven Führungsdimensionen (Nerdinger et al. 2014). Die Erfüllung von Management bzw. Führungsaufgaben umfasst vorrangig die indirekte Führung. Durch unmittelbare Interaktion zwischen Führungskräften und Mitarbeitern erfolgt hingegen die direkte Führung (auch als Leadership bezeichnet) (Nerdinger et al. 2014, S. 80 ff.).

Führungskräfte werden von der steigenden Komplexität (beispielsweise durch flexible Arbeitsformen und -zeiten) und der Beschleunigung der Märkte in bisher unbekannter Art und Weise gefordert. Um diesen neuen Entwicklungen zu begegnen, muss sich die Führungskultur grundlegend verändern (Grabmeier 2014, S. 1 f.). Laut einer 2014 durchgeführten Studie befürworten mehr als drei Viertel der Befragten eine moderne Führungskultur, welche auf offenen und flexiblen Netzwerkstrukturen, Vertrauen in die Mitarbeiter, Eigenverantwortung der Mitarbeiter sowie einer Vernetzung mit den Kunden basiert (Initiative Neue Qualität der Arbeit 2014, S. 9). Die Mitarbeiter stellen hierbei spezielle Anforderungen an die Führungskräfte, welche ebenfalls in einer 2014 durchgeführten Studie abgefragt wurden. Durch die Befragung wurde deutlich, dass neben Fach- und Methodenkompetenz die Sozialkompetenz deutlich in den Vordergrund rückt (Hays 2014, S. 10). Abb. 3.7 fasst die Ergebnisse nochmals grafisch zusammen.

Auffallend ist, dass die Befragten das Managen von Veränderungen als eine zentrale Herausforderung erachten, obwohl es hierbei stark an der Umsetzung mangelt. Bemerkenswerterweise spielt im Gegensatz dazu der Umgang mit der steigenden Komplexität eine deutlich kleinere Rolle (Hays 2014, S. 12). Abb. 3.8 greift diese Soll-Ist-Vergleiche der zukünftigen Herausforderungen nochmal anschaulich auf (Abb. 3.9).

Abb. 3.8 Anforderungen an Führungskräfte (In Anlehnung an Hays 2014, S. 10)

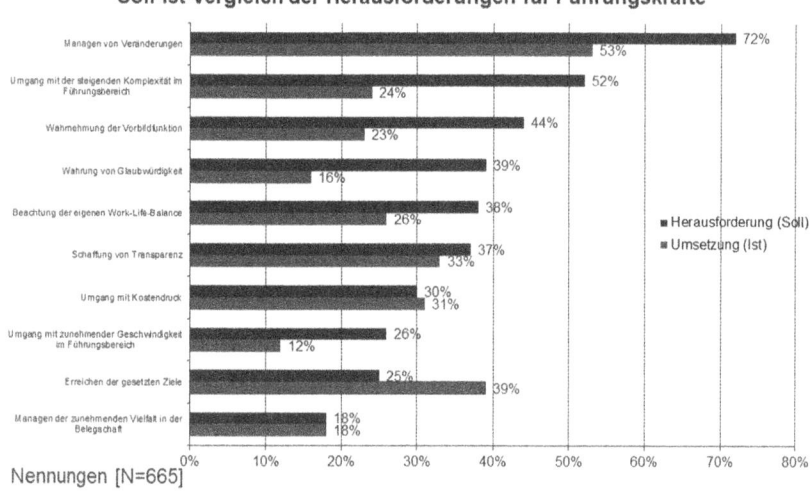

Abb. 3.9 Soll-Ist-Vergleich der Herausforderungen für Führungskräfte (In Anlehnung an Hays 2014, S. 12)

3.3   Mittelstand

In der deutschen Volkswirtschaft erwirtschaften mittelständische Unternehmen einen Großteil der Wertschöpfung (Hausch und Kahle 2004, S. 5) und werden daher zu Recht als „Wirtschaftsmotor" (Bundesministerium für Wirtschaft und Energie 2018) der deutschen Wirtschaft verstanden. Zudem gelten kleine und mittlere Unternehmen (KMU) auch als gern diskutiertes Objekt sowohl in der Praxis (Becker und Ulrich 2011, S. 2 ff.) als auch in der Wissenschaft (Becker et al. 2008, S. 4). Erschwerend kommt hinzu, dass die Vielzahl der synonym verwendeten Begriffe wie zum Beispiel kleine und mittlere Unternehmen (KMU), Mittelstand und Familienunternehmen sowie deren klare Abgrenzung nur schwer durchzuführen ist und bisher noch stark fragmentiert und uneinheitlich gehandhabt wird (Damken 2007, S. 57 ff.). In Deutschland haben sich derzeit drei Definitionen hervorgehoben, die zunehmende Verbreitung und Zustimmung finden und die für eine Zuordnung zur Gruppe des Mittelstands verwendet werden kann.

Darunter ist zunächst der Mittelstandsbegriff der *EU-Kommission* (Europäische Kommission 1996) anzuführen. Die Europäische Kommission (2003), die eine rein quantitative Einteilung vorsieht, zählt zu kleinen und mittelständischen Unternehmen diejenigen Unternehmen, die weniger als 250 Mitarbeiter beschäftigen und entweder nicht mehr als 50 Mio. Euro Umsatz pro Jahr erwirtschaften oder nicht mehr als 43 Mio Euro Bilanzsumme ausweisen.

Des Weiteren hat sich auch das *Institut für Mittelstandsforschung (IfM)* Bonn der Klassifizierung des Mittelstandbegriffs angenommen und berücksichtigt neben quantitativen Werten zudem auch einige qualitative Aspekte (Günterberg und Kayser 2004, S. 11). Die KMU-Definition des IfM Bonn sagt quantitativ aus, dass ein Unternehmen mit unter 500 Mitarbeitern und einem Jahresumsatz von bis zu 50 Mio. Euro als mittelständig gilt.

Für die vorliegende Studie und auch die nachfolgenden Ausführungen wird bewusst die etwas abweichende Definition des *Europäischen Forschungsfeldes für Angewandte Mittelstandsforschung (EFAM)* herangezogen und verwendet. Die Definition berücksichtigt neben den in der untenstehenden Tabelle genannten Größenklassen auch qualitative Merkmale:

• Alle eigentümergeführten Unternehmen und Familienunternehmen;
• Managementgeführte Unternehmen bis zu einer Mitarbeiterzahl von ca. 3000 Mitarbeitern und/oder bis zu einer Umsatzgröße von ca. 600 Mio. Euro;
• Unternehmen, die beide Definitionsmerkmale aufweisen.

Die kombinierte, qualitativ-quantitative Sichtweise dient als Abbild des Selbstverständnisses sowie der betrieblichen Realität des Mittelstands (Abb. 3.10).

Unternehmensgröße	Beschäftigte	Jahresumsatz
Kleinstunternehmen	bis ca. 30	bis ca. 6 Mio. EUR
Kleine Unternehmen	bis ca. 300	bis ca. 60 Mio. EUR
Mittlere Unternehmen	bis ca. 3.000	bis ca. 600 Mio. EUR
Große Unternehmen	3.000 und mehr	ab ca. 600 Mio. EUR

Abb. 3.10 Quantitative Mittelstandsdefinition des EFAM (vgl. Becker und Ulrich 2011, S. 29)

Allein durch quantitative oder qualitative Definitionen erweist sich eine Eingrenzung des Begriffs Mittelstand als unzureichend (Wallau 2005, S. 1 ff.). Deshalb wird die Betrachtung um die beiden Aspekte Besitz und Leitung erweitert und als Grundlage einer Typologie mittelständischer Unternehmen verwendet. Nach Definition des *EFAM* lassen sich fünf charakteristische Unternehmenstypen innerhalb des Mittelstands unterscheiden.[3] Die Typologie ist in einem zweiten Schritt mit den bereits diskutierten quantitativen und qualitativen Mittelstandskriterien zu kombinieren.

Für die vorliegende Untersuchung sollen insbesondere die drei in der untenstehenden Abbildung dargestellten Betriebstypen Eigentümer-Unternehmen, Familienunternehmen und fremdgeführter Mittelstand, also der gesamte Mittelstand mit Familientradition, thematisiert werden. Diese werden dann den atypischen Unternehmensformen, also mischfinanzierten Unternehmen und Publikumsgesellschaften, gegenübergestellt (Abb. 3.11).

Eine Vielzahl mittelständischer Unternehmen klassifizieren sich als Eigentümer-Unternehmen. Diese Unternehmen besitzen bezüglich ihrer Leitungs- und Besitzstruktur besondere Merkmale. Einer Einzelperson können sowohl Besitz als auch Leitung eindeutig zugeordnet werden. Von Interesse sind hinsichtlich dieses Unternehmenstyps insbesondere die Auswirkung der vorliegenden Besitz- und Leistungsstruktur auf die Ausprägung des Geschäftsmodells. Hier besteht die Vermutung, dass persönliche Neigungen und Eigenschaften des Eigentümers das Unternehmen in besonderem Maße prägen.

Familienunternehmen weisen in Bezug auf die Leitungs- und Besitzstruktur einen unmittelbaren Einfluss der besitzenden Familie auf. Oberster Entscheidungsträger (zum Beispiel als CEO) ist stets ein Familienmitglied – auch dann, wenn ein Fremdmanagement in der Geschäftsführung etabliert ist.

Der fremdgeführte Mittelstand zeichnet sich dadurch aus, dass sich das Unternehmen im Besitz einer Einzelperson oder einer Familie (mindestens zwei Personen)

---

[3] Die detaillierte Beschreibung der einzelnen Unternehmenstypen kann bei Becker und Ulrich 2011, S. 30 f. nachvollzogen werden.

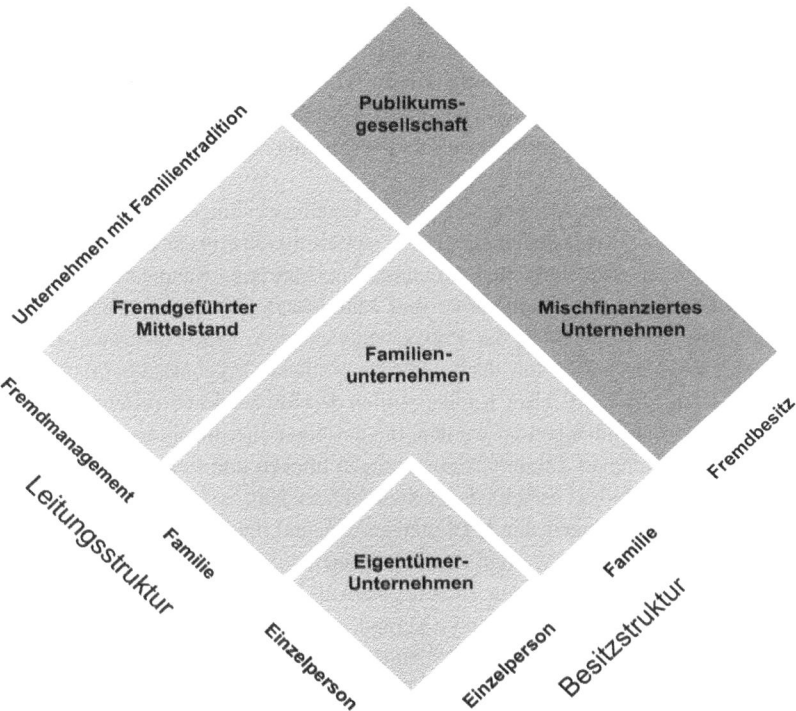

Abb. 3.11 Typologie des Mittelstands (vgl. Becker und Ulrich 2011, S. 30)

befindet, während die Leitung komplett an ein externes Management vergeben wird. Aufgrund der zunehmenden Entfernung der Familie vom operativen Geschäft werden in Anlehnung an die quantitative Mittelstandsdefinition des *EFAM* nur Unternehmen mit bis ca. 3000 Mitarbeitern oder 600 Mio. Euro Jahresumsatz zu dieser Gruppe gezählt. Größere Unternehmen mit ähnlichen Besitz- und Leitungsstrukturen sind qualitativ eher mit Publikumsgesellschaften vergleichbar.

3.4 Bisherige Erkenntnisse

Der Einfluss der Industrie 4.0 auf die Arbeitswelt und Industrie wird bereits trotz der Tatsache, dass sie nicht als vollendet gilt, als erheblich betitelt (Singh 2015, S. 9). Das Konstrukt der Digitalisierung und Industrie 4.0 sowie alle damit einhergehenden Veränderungen für die Aufbau- und Ablauforganisation im Unternehmen und die betroffenen Mitarbeiter stellt dementsprechend ein Forschungs- wie Praxisthema dar. Um in Zukunft die Neuerungen erfolgreich nutzen zu können, befassen sich sowohl Wissenschaftler als auch die Praxis mit der Thematik. Trotzdem können Studien zur Veränderungen der fortschreitenden digitalen Arbeitswelt und auch die Annahmen von Wissenschaftlern nur als *Prognosen* und *Schätzungen* angesehen werden.

Der erste Teil dieses Abschnitts stellt die Ergebnisse einiger ausgewählter Forschungs- als auch Praxisstudien dar. Diese repräsentieren von der Praxis geäußerte *Vermutungen* in den Bereichen Organisation, Führung, Rahmenbedingungen, Change Management, Arbeitnehmer und Mittelstand. Da die Ergebnisse dieser Studien vor allem die Sicht der Praxis widerspiegeln, haben sich auch bereits vermehrt Wissenschaftler mit der Interpretation dieser Ergebnisse befasst. In einem weiteren Abschnitt dieses Kapitels sollen deshalb zunächst wissenschaftliche Erkenntnisse zusammengefasst werden, die aus einer eher theoretischen Perspektive auf die möglichen Zukunftsveränderungen blicken und sich dabei auf einige ausgewählte Ergebnisse verschiedener Studien beziehen.

Da die Veränderungen durch Digitalisierung und Technologisierung als sehr schnelllebig interpretiert werden können, können sie ebenfalls als komplex und flexibel wahrgenommen werden. Es ist deshalb als besonders sinnvoll zu erachten, die bisherigen Erkenntnisse auf ihren Veränderungsgehalt zu überprüfen und sich den Themen in regelmäßigen Zeitabschnitten erneut anzunehmen. Die in diesem Abschnitt dargestellten bisherigen Erkenntnisse im Forschungsbereich der digitalen Arbeitswelt und Industrie 4.0 dienen der weiteren Untersuchung als Anhaltspunkte und am Ende auch als Vergleichsbasis.

Die erste Studie, die hier zitiert werden soll wurde im Jahr 2015 durch die Universität St. Gallen mit einem Telekom Shareground-Team zum Thema Arbeit 4.0: Megatrends digitaler Arbeit der Zukunft – 25 Thesen (Telekom Shareground und Universität St. Gallen 2015), durchgeführt. Die Studie fokussierte sich methodisch auf die persönliche Befragung von weltweiten Experten, die im Themenbereich arbeiten, wobei sowohl aus Praxis als auch Wissenschaft Aussagen aufgenommen wurden. Aus der weltweiten Befragung von 60 Experten, durchgeführt von Wissenschaftlern der Universität St. Gallen und einem Shareground-Team, folgte die Ableitung von 25 Megatrends zur digitalen Arbeitswelten. Zehn Experten des Top-Managements der Telekommunikations- bzw. ICT-Branche, neun Experten am MIT, des Berkman Center der Harvard Universität, der Berkeley & Stanford Universität sowie Mitarbeiter im Silicon Valley, fünf Experten an der LMU und TU München, Humboldt-Universität Berlin, Johann-Wolfgang-Goethe-Universität Frankfurt und Universität Wien, fünf Experten der Verbands- und Gewerkschaftsvertreter und zwei Experten aus Unternehmensberatungen wurden in 31 leitfadengestützten Interviews zu ihrer Einschätzung der momentanen und zukünftigen Lage befragt.

Die inhaltlich in drei Bereiche geteilte Studie beschäftigt sich im ersten Teil mit sechs Thesen zur Auflösung der Organisation, wobei sowohl die Struktur innerhalb einer Organisation als auch ihre Beziehungen zur Außenwelt betrachtet werden. Die klare Strukturierung von Organisationen entlang von Organigrammen wird nach Ansicht der befragten Experten zukünftig nicht mehr stattfinden. Stattdessen geben komplexe IT-Systeme Aufgaben und Prozesse vor und bestimmen damit die Abläufe, wodurch sich *Organisationsformen homogenisieren*. Zuvor geschlossene Organisationsstrukturen werden aufgrund von Transparenzansprüchen und der Notwendigkeit der Co-Creation mit Kunden geöffnet und die Organisationsgrenzen verschwimmen, wodurch die *Crowd zu einem Teil der Wertschöpfung* wird. Diese Auflösung von Grenzen kann vermutlich zur Flexibilität des Unternehmens beitragen und Chancen für das Geschäftsmodell bieten. Damit geht jedoch auch eine Art Abkehr vom Mitarbeiter hin zum Kunden als Teil des Unternehmens einher, die im *Prosumismus* unentgeltlich und freiwillig an der Arbeit partizipieren. Die Prägung durch Netzwerke führt zu standardisierten, weder für Mitarbeiter noch Kunden direkt ersichtlichen Back-End-Prozessen. Die *Abspaltung* der Arbeitsplätze von eindeutigen organisationalen Zugehörigkeiten und der Produkte von Absendern kann als eine Konsequenz daraus angesehen werden. Das bedeutet auch, dass hochqualifizierte Fachkräfte, die weltweit in *Special Interest Communities* vereint sind, die Organisationszugehörigkeit auflösen und ein Organisieren überflüssig machen. Dies hat unter anderem eine *Abweichung der Unternehmen von Festanstellungen* zur Folge. Zudem erweitert sich die Nachfrage nach der Arbeitsleistung von spezifischen Experten auf den weltweit transparenten und verfügbaren Markt, wodurch auch der Arbeitsmarkt selbst grenzübergreifend flexibler wird und sich die Arbeit nicht mehr an den Wohnort bindet.

Der Fokus des zweiten Bereichs liegt auf der Arbeit in der digitalen Netzwerkökonomie. Damit ist die Rolle der Menschen gemeint, die sie im Leistungserstellungsprozess innehaben. Die Experten konstatieren zu diesem Bereich, dass sich die Rolle des Menschen im *Produktionsprozess* weg von einem Macher hin zu einem *Überwacher* verändert. Der Mensch *interagiert* zukünftig in einer vollkommen neuen Art und Weise mit Maschinen und nutzt diese nicht allein als Instrument, sondern überwacht die Prozessschritte und Arbeitsweisen der Maschinen. Eine weitere These umfasst die *räumliche Verortung des Leistungserbringers*, die obsolet wird. Die Arbeitsleistung kann global durch hochqualifizierte Spezialisten in Projektarbeit geleistet werden und bindet sich wie bereits angemerkt nicht mehr an den Ort der Organisation. Durch die Grenzüberschreitungen, die in Projektarbeiten möglich werden, lösen sich traditionelle Arbeitsorte und -zeiten auf, was zu individuellen *Gestaltungsmöglichkeiten*, jedoch auch zu neuen Belastungen führt. Die Auflösung traditioneller Arbeitszusammenhänge und -abläufe führt dazu, dass *Selbstmanagement* zu einer Kernqualifikation wird. Auch wenn sich die Rolle des Menschen verändert, ist vor allem *Nichtlineares Denken* weiterhin ein wesentlicher menschlicher Arbeitsbereich der bestehen bleibt, da Kreativität und unternehmerische Fähigkeiten nicht durch Technologie ersetzt werden können. Die Erbringung von kreativen und geistigen Leistungen muss in Zukunft auch materiell *umgesetzt* werden können. Die vom Nachwuchs geforderten Skills gehen über zu *nicht-formalen Qualifikationen*. Diese wiederum richten ihre Aufmerksamkeit auf technisches Können. Cloud- und Clickworker werden in *Virtual Labors* digitale Leistungen im Akkord erstellen. Es kommt zu einer Transformation vom Sammeln der Daten hin zu einer sinnvollen Kombination und dem Auslesen und Weiterverarbeiten dieser. Personenbezogene, auf Interaktivität und sozialen Kontakt beruhende Tätigkeiten werden aufgewertet, standardisierbare Tätigkeiten hingegen können maschinell ersetzt werden. Arbeitsverhältnisse wie *Distanzarbeit* oder Crowd- und Clickworking bieten die Möglichkeit, jene sozialen Gruppen in den Arbeitsmarkt zu integrieren, die vormals für bisherige Arbeitsverhältnisse nicht zur Verfügung standen.

Im dritten Bereich fragen die Forscher mögliche Herausforderungen für die Führung und Organisation in Unternehmen ab. Vor allem die Herausforderungen liegen in den Augen der Experten in der *Abkehr von physischen Büros*, die nur noch temporär Platz für menschliche Interaktion bieten. Damit beeinträchtigt die Loslösung des Arbeitnehmers vom Arbeitgeber außerdem die systematische Personalentwicklung. Die große Distanz zwischen Arbeitgeber und Arbeitnehmer macht nicht nur den Auswahlprozess, sondern auch die Motivation und Kontrolle der Mitarbeiter komplexer, wobei zukünftig vor allem das Motivieren gegenüber dem Kontrollieren an Bedeutung gewinnt. Persönliche Beziehungen können künftig nur über unpersönliche Kanäle aufgebaut werden, was sowohl für die Arbeitnehmer als auch Arbeitgeber Flexibilität und ein Umdenken erfordert. Aufgrund der Digitalisierung individueller Daten entwickelt sich auch die *Personalauswahl* zu einem weniger intuitiven Prozess. Geschäftsmodelle werden sich transformieren, was aber gleichzeitig die Weiternutzung bisheriger Strukturen nötig macht. Die Mitarbeitermotivation kann durch die Aufwertung von *Gamification* und *intuitiver Bedienbarkeit* sichergestellt werden. Die Datenerhebung, die dazu nötig ist, muss jedoch hinsichtlich ihres praktischen Nutzens unter *ethischen* Gesichtspunkten abgewogen werden.

Als Grundaussage dieser Arbeit sind die Herausforderungen an die Organisationsform, an Führungskräfte und auch an die Arbeit selbst, vor allem durch digitale Arbeit, betroffen. Diese Veränderungen müssen durch Lernen, ethisches Abwägen und das Verschieben der eigenen Blickwinkel in unternehmerische Entscheidungen integriert werden.

Spezifischer als mit den allgemeinen Rahmenbedingungen hat sich eine Studie von Kirchner (2015) mit den Konturen der digitalen Arbeitswelt befasst (Kirchner 2015, S. 763 ff.). Er betrachtet Digitalisierung als Nutzung und Verfügbarkeit von *Informations- und Kommunikationstechnologien* (IKT) und fokussiert sich dabei speziell auf die Verwendung von *Computern* und des *Internets*. Kirchner sieht in den Veränderungen durch Computer und Internet die Kontur der Arbeitswelt am stärksten beeinflusst und somit als wichtige Veränderung für die Arbeitnehmer an. Zur Überprüfung seiner Annahmen dient Kirchner der Teildatensatz des *European Working Conditions Survey* (EWCS) von 2010. Dieser Datensatz ist der erste, der einen Zusammenhang von beruflicher IKT-Nutzung und dessen Einfluss auf die *Arbeitsqualität* quantitativ prüft. Für die übergeordnete Studie des EWCS wurden in mehreren europäischen Ländern Beschäftigte befragt. Kirchner entwickelt aus den Ergebnissen dieser Befragung und seinen Annahmen sowie bereits erhobenen Studien in den Grundlagen Hypothesen, die er anhand dieses – für deutsche Beschäftigte repräsentativen – Teildatensatzes überprüft. Aus 2005 Fällen formuliert Kirchner neun Hypothesen. Die mit einer 7er-Skala abgefragte *berufliche IKT-Nutzung und Einflussfaktoren,* wie persönliche Eigenschaften, Beruf und Beschäftigungsbedingungen stellen die untersuchten Variablen dar. Darüber hinaus werden zentrale Aspekte der *Arbeitsqualität* abgefragt; hier im Speziellen die Arbeitsmarktlage, Belastungen am Arbeitsplatz und Handlungsspielräume.

Die Arbeitsmarktlage enthält die vier Variablen ,Einkommensniveau', ,Einkommenszufriedenheit', ,Karrierechancen' und ,Arbeitsplatzunsicherheit'. Die Variablen ,Entgrenzung von Arbeits- und Privatleben' sowie ,Stressniveau der Arbeitssituation' stellen den Zusammenhang von IKT-Nutzung und Belastung am Arbeitsplatz dar. Die *Handlungsspielräume* untersuchen die Variablen der ,Autonomie' und ,Organisationspartizipation'. Kirchner legt als abhängige Variable die berufliche Computer- und Internetnutzung fest und überträgt diese in zwei Regressionsmodelle. Neben dieser integrierten Sichtweise teilt er die Variable zusätzlich in einem neuen Modell auf und verknüpft in diesem einzeln die Internetnutzung als abhängige und Computernutzung als unabhängige Variable. Die Daten aus dem EWCS-Datensatz gehen als unabhängige Variable ein.

Da die Computer- und Internetnutzung als Variable ordinale Skalen aufweist, gehen sie in einer Logit-Regression ein. Die IKT-Nutzung und Arbeitsplatzqualität hingegen gehen in eine separate Regression ein, wobei der zentrale Aspekt der Arbeitsqualität als abhängige Variable eingesetzt wurde. Wie sich die IKT-Nutzung auf die Handlungsspielräume je Beschäftigtengruppe auswirken wurde extra berechnet, wobei marginale Effekte geschätzt und Kontraste zwischen den Beschäftigtengruppen

gebildet wurden. Zur besseren Interpretation erfolgt die Nutzung von Gewichtungs-
variablen, die nach den Erkenntnissen aus bisherigen Untersuchungen und den
Grundlagen gewählt werden.

Die Ergebnisse der Studie zeigen, dass die *Berufsstruktur* determiniert, wie
stark die IKT-Nutzung ausgestaltet ist. Dabei zeigt sich im Besonderen der *Arbeits-
kontext* und nicht wie etwa vermutet das Geschlecht, die Rekrutierung oder das
Alter als überformend bedeutend für die IKT-Nutzung. Aus diesem Grund bildet
sich eine digitale Kluft zwischen Berufsgruppen ab. Eine *Verbesserung* oder *Ver-
schlechterung* der Arbeitsqualität als Folge der Nutzung von IKT kann durch die
Studie nicht nachgewiesen werden. Es findet stattdessen als Resultat der digitalen
Möglichkeiten nur eine Neukonfiguration der Arbeitsplatzbedingungen statt, welche neue Chancen und Risiken hervorbringen. Die Digitalisierung und die
IKT-Nutzung erweitern vor allem die Handlungsspielräume der Mitarbeiter, sowohl innerhalb ihrer Organisation als auch innerhalb einer Berufsgruppe. Der Berufsgruppe betreffend erweitert sich der Handlungsspielraum durch den *Informati-
sierungsschub* (vgl. Pfeiffer 2005) und verändert die Struktur. Außerdem kommt es
dadurch zum Verschwimmen der Grenzen verschiedener Berufsgruppen. In den
Berufen mit IKT-Nutzung lassen sich so bei Arbeitnehmern *neue Potenziale* aus-
schöpfen. Diese Ergebnisse stützten die in den 25 Thesen festgehaltenen Veränderungen, die durch die Universität St. Gallen und der Sharegoup der Telekom festgehalten wurden. In der Diskussion um Digitalisierung und Industrie 4.0 und den
diskutierten Auswirkungen auf den Mitarbeiter können die Erkenntnisse dahingehend bestätigen, dass eine tatsächliche Zusatzbelastung durch Internet- und Computernutzung wahrgenommen wird. Die *tatsächliche Zusatzbelastung* wie Freizeit-
arbeit, steht in engem Zusammenhang mit der Nutzung von Internet.

Die Untersuchung der Auswirkung von Digitalisierung, Industrie 4.0 oder die
Nutzung von IKT auf die Arbeitswelt ist mit dieser Studie nicht abgeschlossen,
sondern erfordert die Einbeziehung vieler verschiedener Bereiche. Die Nutzung
von Technologien kann durch große Unterschiede zwischen den einzelnen Berufsgruppen beeinflusst, behindert oder sogar blockiert werden.

Eng mit dieser Thematik der Zusammenhänge von Stress und Nutzung von IKT
hängt auch eine Studie von Hammermann und Stettes (2016) zusammen (Hammermann und Stettes 2016, S. 3 ff.). Sie untersuchen zum Thema familienfreundliche
Arbeitswelt im Zeichen der Digitalisierung, ob Familie und Beruf durch die nun
permanent verfügbaren Technologien wie Intranet, Internet oder Mobile Devices
noch vereinbar sind. Solche Technologien erlauben Mitarbeitern einen Zugang zu
betriebsinternen Informationen unabhängig von Zeit und Ort. Die Frage ist dabei,
ob aus diesem Grund digitale Technologien und die Computernutzung ein Potenzial zur besseren Vereinbarkeit von Arbeit und Familie schaffen. Diese Ansicht

unterschiedet sich nämlich *signifikant* zwischen Unternehmen 3.0 und Unternehmen 4.0 und sollen in der Studie aufgearbeitet werden. Die Autoren untersuchen auf Grundlage der Ergebnisse des *IW-Personalpanels 2015* die Ausprägung des Zusammenhangs zwischen Digitalisierung im Unternehmen und Familienfreundlichkeit. Weist die *Unternehmenskultur* eine fokussierte Familienfreundlichkeit auf, besteht die Annahme, dass in diesen Unternehmen auch tatsächlich eine bessere Unterstützung der Familienfreundlichkeit vorzufinden ist. Die Untersuchung beruht dabei auf Datensätzen von *1399* Teilnehmern (Personalleiter und Geschäftsführer) aus Unternehmen der Sektoren *Industrie und Dienstleistung*, mit den drei Größenklassen 5 bis 49 Mitarbeiter, 50 bis 249 Mitarbeiter und mehr als 250 Mitarbeiter.

Darüber hinaus erfolgte eine Befragung *2500* Beschäftigter aus verschiedenen Branchen – außer dem öffentlichen Dienst – bzgl. ihrer Beurteilung der Familienfreundlichkeit in der Unternehmenskultur.

Die Unternehmen wurden zunächst in Unternehmen 3.0 und 4.0 unterschieden. Unternehmen 4.0 kennzeichnen sich durch die bereits eingeführte Nutzung digitaler Technologien und Informationsprozesse. Darunter fällt auch, ob Informationen über Angebote des Unternehmens auf einem digitalen Weg verbreitet werden. Zu Anfang werden die Ergebnisse der Befragung der Personalleiter und Geschäftsführer aufgezeigt. Sie beschreiben, dass mithilfe dieser digitalen Technologien und Informationsprozesse eine regelmäßige Informationsversorgung über das Angebot *familienfreundlicher Maßnahmen* stattfindet, wobei das vor allem in *Unternehmen 4.0* gilt und damit laut Erkenntnissen der Befragung doppelt so häufig wie in Unternehmen 3.0. Die Wahrnehmung der Familienfreundlichkeit in ihrer Unternehmenskultur ist folglich in Unternehmen 4.0 signifikant höher als in Unternehmen 3.0 – aus Blickwinkel der Personalverantwortlichen und Geschäftsführer.

Diese Signifikanz trifft für die Befragten auch für *Telearbeit* und *mobiles Arbeiten* zu, die beide in Unternehmen 4.0 häufiger auftreten. Die Abspaltung von betrieblichen Standorten und physischer Anwesenheit, zum Beispiel bei Kunden, befürchten die Personalleiter und Geschäftsführer aufgrund des originären *Flexibilisierungszugewinns*, der der Digitalisierung zugesprochen wird, allerdings nicht. Damit stehen die Einschätzungen der befragten Praxexperten entgegen der Thesen aus Beispiel eins dieser Studienaufarbeitung in diesem Buch.

Die Befragung zeigt zudem, dass familienfreundliche Unternehmen eine stärkere *Förderung* von *Arbeitszeitkonten*, *Sabbaticals* und die Aufteilung von Aufgaben auf *Teilzeitkräfte* aufweisen. Das schlägt sich im *Gestaltungsspielraum* und *Mitspracherecht* im Hinblick auf die Arbeitszeitenfestsetzung nieder. Diese sind in Unternehmen 4.0 signifikant höher als in Unternehmen 3.0 und stellen als individuelle Gestaltung eine Ergänzung zum flexiblen Arbeitsort dar.

Diese Ausprägungen familienfreundlicher Unternehmenskultur können jedoch nur stattfinden, wenn die *Potenziale* der *Technologien* erkannt und auch willentlich genutzt werden.

Anschließend erfolgte eine Befragung der Beschäftigten selbst, um die Aussagen der Führungskräfte zu reflektieren und eine Einschätzung der Anwender bzw. der Betroffenen selbst darzulegen. Die Beschäftigten weisen einem Unternehmen *hohe Familienfreundlichkeit* zu, wenn es das Angebot *mobiler* Arbeit gibt. Eben jenen Unternehmen wird in der Folge grundsätzlich eine familienfreundlichere *Unternehmenskultur* attestiert.

Zusammenfassend ist die grundlegende Erkenntnis der beiden Befragungen, aus Sicht der Personalleiter und Geschäftsführer wie auch aus Sicht der Beschäftigten selbst, dass Unternehmen, die eine Nutzung digitaler Technologien aufweisen, zum einen als Unternehmen 4.0 eingestuft werden und ihnen darüber hinaus eine familienfreundlichere Unternehmenskultur attestiert wird.

Neben den internen Veränderungen könnte die Digitalisierung und Industrie 4.0 auch auf die Struktur des Unternehmens einen wesentlichen Einfluss haben, was Staufen/Staufen Digital Neonex 2016 zum Thema ihrer Studie gemacht haben (Staufen und Staufen Neonex 2016). Die Digitalisierung und Möglichkeiten der Industrie 4.0 könnten die Entwicklung von einem Lean zu einem *Smart Enterprise* vorantreiben. Die Skepsis vieler Unternehmen, besonders im Mittelstand, besteht jedoch trotz Darlegung der vielfältigen Chancen weiterhin. Staufen/Staufen Digital Neonex hat deshalb 277 Industrieunternehmen, darunter 70 Prozent aus dem Maschinen- und Anlagenbau sowie der Elektro- und der Automobilindustrie, zum Fortschritt der Industrie 4.0 und deren Umsetzung in ihrem Unternehmen befragt. Um eine Einschätzung ableiten zu können, wurden Umsetzungsgrade festgelegt, wobei diese die Phasen Vorbereitung, Beobachten und Analysieren sowie Planungs- und Testphase umfassen.

Im Ergebnis zeigt sich, dass sich *40 Prozent* der Studienteilnehmer in der *Vorbereitung* auf die Industrie 4.0 befinden, *33 Prozent* die Situation *beobachten* und *analysieren* und sich *neun Prozent* bereits in der *Planungs- und Testphase* befinden. Lediglich *sieben Prozent* geben an, Industrie 4.0 bisher *operativ umfassend umgesetzt* zu haben. Verglichen mit den Ergebnissen der Vorjahresstudie sind damit 2016 bereits *doppelt* so viele Unternehmen mit der operativen Umsetzung beschäftigt.

Es zeigt sich vergleichend, dass die *Elektroindustrie* die Analyse- und Beobachtungsphase bereits überstanden hat, wobei sechs von zehn Betrieben die Verfolgung operativer *Einzelprojekte* erwähnen. Im *Maschinenbau* hingegen treten starke Abweichungen auf. Während einige Unternehmen überhaupt *keine* Erfahrungen haben, haben andere in dieser Branche die Beobachtungsphase bereits überschritten und steuern auf die Planungs- und Testphase zu.

Der Schwerpunkt von Industrie 4.0-*Maßnahmen* ist der Befragung nach direkt in der *Produktion (87 Prozent)* sowie in der *Logistik und Lagerhaltung (58 Prozent)* zu finden. Damit ist primär der direkte Bereich betroffen, aber auch hier zeigt sich, dass indirekte Bereiche zunehmend als relevant für die intelligente Fabrik als Gesamtkonzept gesehen werden. In der *Forschung und Entwicklung* arbeiten inzwischen *44 Prozent* der Unternehmen mit Industrie 4.0-Technologien. Im *Vertriebsbereich* gehen die Unternehmen mit Erweiterungen der Geschäftsmodelle im After-Sales-Bereich voran.

Die *Motive* der Unternehmen fallen unter die traditionellen kaufmännischen Kategorien: Neben der *Effizienzsteigerung* (88 Prozent) spielt die Stärkung der *Transparenz* von Abläufen (79 Prozent) sowie die Senkung der *Kosten* (61 Prozent) eine wichtige Rolle für Unternehmen. Die *Kundenwünsche* spiegeln, außer in der Elektroindustrie mit einem Anteil von 64 Prozent, kein Motiv wider (30 Prozent). Zudem stellen auch innovative und langfristige Ziele, wie zum Beispiel eine individualisierte Fertigung mit der *Losgröße eins* als extremste Ausgestaltung, *keine* wichtigen Motive für Industrie 4.0-Maßnahmen dar.

Das *fehlende Wissen bei Führungskräften* wird in *74 Prozent* der Unternehmen als Widerstand für den Übergang zu einem Smart Enterprise angesehen. Dies zeigt die übergeordnete Rolle der *menschlichen Kompetenzen* gegenüber den technischen Anforderungen in Bezug auf Industrie 4.0 als Erfolg. Aufgrund des fehlenden Know-hows auf Führungsebene muss ein Aufbau von Digital- und Smart-Data-*Kompetenzen* erfolgen, um so deren Verständnislevel anzuheben. Auf Mitarbeiterebene mangelt es laut den Befragten oft an IT- und *Automatisierungskompetenz* sowie einem ganzheitlichen, integrierbaren *Systemwissen*. Die Unternehmenskultur muss darüber hinaus *innovationsfördernd* ausgestaltet sein. Demgegenüber sind hohe Kosten, fehlende Normen, eine unzureichende Netz-Infrastruktur oder fehlende Technologie als ungemein unwichtigere Hindernisse anzusehen.

Vorausschauend betrachtet, wird die Industrie 4.0 als wichtiger Treiber des *Erfolgs* gesehen *(74 Prozent)*. Die Rolle der Industrie 4.0 als Treiber für Forschung und Entwicklung nimmt jedoch ab, im Vergleich zum Vorjahr ist dieser Anteil von 72 auf 57 Prozent gesunken.

Auch die Belegschaft wird durch die Industrie 4.0 tangiert. Bezüglich deren Auswirkungen auf die Mitarbeiter repräsentiert die Studie zweierlei Meinungen. Fünf von zehn Unternehmen erwarten merkliche Veränderungen der Mitarbeiterzusammensetzung. Den ganzheitlichen Einfluss der Industrie 4.0 bewerten die Befragten auch auf unterschiedliche Weise. Während die eine Hälfte von Stabilität ausgeht, stellt sich die andere auf Veränderung im *Geschäftsmodell* ein.

Die Veränderung der Zusammenarbeit mit Lieferanten ist ebenfalls von Bedeutung (55 Prozent).

Einen Angriff von neuen *Wettbewerbern* mit Innovationen der Digitalisierung bzw. Industrie 4.0 auf das eigene Geschäft erachten nur *10 Prozent* der Unternehmen in den nächsten *zwei Jahren* als wahrscheinlich. *32 Prozent* glauben an einen negativen Einfluss innerhalb der nächsten *fünf Jahre* und in Anbetracht der nächsten *zehn Jahre* werden *50 Prozent* erreicht.

Die technologische *Umsetzung* von Industrie 4.0 wird bisher nur von vier Prozent umfänglich hinterfragt, 26 Prozent weisen aufgrund von *Nachrüstungen* bestehender Anlagen ein eher evolutionäres Vorgehen auf. Eine Kombination dieser Vorgehensweisen zeigen 70 Prozent.

Acht von zehn Befragten sprechen *Hochlohnländern* wieder mehr Potenzial in Bezug auf die Verlagerung von *Produktionsstätten* zu. Die Attraktivität Deutschlands als Fertigungsstandort ist für 60 Prozent denkbar, da auch durch Smart Factory Lohnkosten einen geringeren Einfluss haben werden.

Hinsichtlich der Organisation des Unternehmens zeigen sich nur langsame Entwicklungen. Die Umstellung von Linien- auf *Projektorganisation* ist bisher nur in jedem sechsten Unternehmen erfolgt, jedes dritte Unternehmen hat entsprechende Pläne. 44 Prozent haben keinerlei Pläne diesbezüglich. Die Bereiche Vertrieb, Service, Entwicklung und Produktmanagement stellen in beinahe jedem fünften Unternehmen eine integrale Einheit. Durch die *IT-Infrastruktur* und digitale Schnittstellen entstehen meist Ineffizienzen und Kostensteigerungen. Aus diesem Grund haben 16 Prozent ihre digitalen Schnittstellen bereits *verringert*. Ebenfalls hat erst ein Viertel der Unternehmen seine analogen Abläufe digitalisiert.

Bezogen auf die Frage nach dem Anteil der *Wertschöpfung*, die vom *Menschen* geschaffen wird, gehen die Unternehmen von 59 Prozent aus. In fünf Jahren werden 50 Prozent erwartet und in zehn Jahren nur noch 40 Prozent. Das zeigt eine deutliche Hinwendung zur Digitalisierung als Wertschöpfungsfaktor.

78 Prozent der befragten Unternehmen setzen sich mit der Datenauswertung und -nutzung auseinander, allerdings sehen sich nur Zweidrittel in der Lage, das dafür nötige Know-how aufbringen zu können, was mit der Einschätzung zu fehlenden Kompetenzen sowohl in der Geschäftsleitung als auch in der Mitarbeiterschaft zurückzuführen ist. Grundlegende Kompetenzen im Umgang mit Big Data beeinflussen jedoch den *Unternehmenserfolg*. Jedes zwanzigste Unternehmen übergibt die Datenauswertung wohl deshalb an einen externen Dienstleister.

Die Ergebnisse dieser Studie zeigen, dass die Industrie 4.0 zunehmend Einzug in die Unternehmen hält. Allerdings vollziehen sich die Chancen und die Umsetzung noch zögerlich, was sich anscheinend vor allem auf die Unternehmenskultur, fehlendes Wissen und Kompetenzen zurückführen lässt.

Bitkom hat sich 2016 mit den Zukunftsaussichten und dem Status der Industrie 4.0 befasst (Bitkom 2016). Ähnlich wie die Studie von Staufen/Staufen Neonex 2016 hat sich auch Bitkom mit dem Umsetzungsgrad der Industrie 4.0 befasst. Sie wollen mit der Studie eine Orientierungsgrundlage für Unternehmen des produzierenden Gewerbes schaffen. Neben der Fokussierung auf produzierendes Gewerbe und den dortigen Umsetzungsstand der Industrie 4.0, sollen für IKT-Unternehmen neue *Geschäftspotenziale* offengelegt werden, da es keine allgemeingültige Übereinstimmung über den Einfluss von Industrie 4.0 auf Unternehmen unterschiedlicher Branchen gibt. Ein Arbeitskreis hat sich zur Identifikation neuer Potenziale damit befasst, Anwendungsfälle zu erstellen, deren *Durchführungsgrad* später untersucht wurde. Hierfür wurden die Anwendungsfälle auf die Arbeitsgruppenmitglieder verteilt und hinsichtlich zuvor definierter Thesen beleuchtet. Die Klassifizierung dieser Anwendungsfälle fand nach der Anwendungskategorie sowie dem Branchensektor statt. Dies ermöglicht eine Darstellung jener Branchen, in denen sich Industrie 4.0 schon vollzieht. Die Identifikation der heute als typisch für Industrie 4.0 verstandenen Innovation sowie die Bestimmung derjenigen Branchensektoren, in denen sie bereits stattfinden, war Ziel der Untersuchung.

Zur Befragung wurden unterschiedliche *Kategorien* gebildet, die die auftragsgesteuerte Produktion, Value-Based Services, Assistenzsysteme, Transparenz und Wandlungsfähigkeit ausgelieferter Produkte, wandlungsfähige Fabrik, Adaptive Logistik und Smart Engineering umfassen.

Bitkom legt für die Befragung zusätzlich fest, welche Branche befragt werden soll. Die hier untersuchte Branche ist auf das *verarbeitende Gewerbe* eingegrenzt. Eine Einteilung wurde dabei in acht gleichgroße, inhaltlich verwandte Bereiche vorgenommen, ergänzt um einen neunten Branchensektor Sonstiges. Eine Zusammenführung mit den zehn Anwendungskriterien ergibt eine Matrix mit 90 Marktsegmenten, wobei die Gewichtung der untersuchten *203* Anwendungsfälle ausblieb. Die Bewertung erfolgte mit null und eins, wodurch eine Aussage über die Intensität der Aufnahme technischer Methoden in einem Branchensektor des verarbeitenden Gewerbes ermöglicht wird. Bei Anwendungsfällen, die sich auf mehrere Bereiche ausdehnen können, erfolgte eine Eintragung in die jeweiligen Bereiche.

Die meisten Anwendungsfälle können in den Branchensektor *Maschinenbau* eingeordnet werden (ca. 30 Prozent). Dem folgen Hersteller von DV-/Elektronik-/-Optik-Erzeugnisse (ca. 18 Prozent), Fahrzeugbau bzw. Fahrzeug-Zulieferer (ca. 16 Prozent) sowie Metallerzeugung und -bearbeitung (ca. 11 Prozent). Untersucht nach der Anwendung der unterschiedlichen gebildeten Kategorien zeigt sich, dass *Assistenzsysteme*, im Besonderen Automatisierungslösungen am häufigsten auftreten (ca. 40 Prozent in Summe). Value-Based Services, wandlungsfähige Fabrik und Adaptive Logistik schließen sich diesen erst mit deutlichem Abstand an.

Die *Heterogenität* der Anwendungsfälle zeigt sich vor allem durch Blick auf die Einzel-Module auf der einen Seite und komplexen, integrierten Entwicklungs-, Produktions- und Logistik-Systeme auf der anderen Seite. Eine weitere Feststellung ist, dass viele der Anwendungsfälle sich noch im *Planungs- und Entwicklungsstadium* befinden. Den Schwerpunkt im verarbeitenden Gewerbe bilden aber eindeutig die *Automatisierungslösungen*, gefolgt von neuen Geschäftsmodellen oder Services auf Basis von datengetriebenen und vernetzen Anwendungen. Zudem zeigt sich in *maschinennahen* Branchensektoren eine höhere *Aktivität* in Bezug auf Industrie 4.0 als in servicenahen Branchensektoren.

Auch eine Studie des IAB Nürnberg zu digitalen Arbeitswelten – Stand der Digitalisierung in Deutschland befasst sich 2016 mit der Abfrage des *tatsächlichen* und *zukünftig geplanten Einsatzes moderner digitaler Technologien* (IAB et al. 2016). In *2032* Unternehmensbefragungen in Deutschland, die durch das IAB und das Zentrum Europäischer Wirtschaftsforschung per Telefon durchgeführt wurden, versuchen die Forscher einen Einblick über den Einsatz digitaler Technologien zu erhalten. Die in vier Betriebsgrößenklassen und fünf Wirtschaftsbereiche eingeteilten Unternehmen sollten Auskunft darüber geben, wie sich durch diese Nutzung die Beschäftigtenzahl, die Qualifikationsstruktur, Tätigkeiten, Fähigkeiten und Kompetenzen verändern.

Der Beginn der Befragung stellte das *Verständnis* der Unternehmen zu digitalen Technologien in den Vordergrund, um eine einheitliche Basis für die weitere Untersuchung zu bereiten. Diese erste Frage zeigte, dass ein unterschiedliches Begriffsverständnis bei Dienstleistern und Produktionsbetrieben herrscht. *Dienstleister* verstehen unter digitalen Technologien Software, Algorithmen, Analysetools wie Big Data, Cloud-Computing Systeme oder Online-Plattformen, während *Produktionsbetriebe* hingegen einen Anstieg an selbststeuernden Anlagen, Smart Factories, Cyber-Physische Systeme und das Internet der Dinge damit verbinden.

Die Studie zeigt, dass moderne digitale Technologien bereits heute einen *zentralen Bestandteil des Geschäftsmodells* in deutschen Unternehmen darstellen (18 Prozent). Die Ergebnisse zeigen darüber hinaus, dass 34 Prozent der Unternehmen digitale Technologien nutzen, 15 Prozent über einen Einsatz nachdenken und eine Anschaffung bei zwei Prozent in Planung steht. Jedoch zeigt die Studie auch, dass sich ein Drittel der Unternehmen noch nicht mit deren Nutzung auseinandergesetzt hat. In dem Fall, im dem das Geschäftsmodell eines Unternehmens die Nutzung moderner Technologien aufweist, beträgt der Anteil moderner Technologien an Produktions- sowie Büro- und Kommunikationsmitteln 20 Prozent. Alle weiteren Unternehmen weisen nur einen Anteil von 10 Prozent auf.

Die in *Informations- und Kommunikationstechnologie-Bereichen* tätigen Unternehmen (Dienstleister sowie Produktionsunternehmen) weisen eine sehr hohe

Nutzung moderner digitaler Technologien auf. So sehen knapp die Hälfte der Betriebe diese als *zentralen Bestandteil* ihres Geschäftsmodells an. Ein weiterer Bereich, in dem diese Technologien als zentral angesehen wird (18 Prozent), stellt die wissensintensive Dienstleistung dar, wobei 60 Prozent sogar deren Nutzung aufweisen. Produktionsbetriebe und nicht-wissensintensive Betriebe haben sich zu 30 Prozent noch nicht mit dem Einsatz moderner digitaler Technologien auseinandergesetzt.

Diese Ergebnisse zeigen folglich auch, dass die *Nutzung* moderner Technologien in Dienstleistungsunternehmen höher ist als in Produktionsunternehmen. Digitale Technologien als Geschäftsmodell-Bestandteil treten nur bei sieben Prozent der Produzenten, jedoch bei fast 20 Prozent der Dienstleister auf. Bei der eigentlichen Nutzung zeigen sich mit 30 Prozent der Produktionsunternehmen und 34 Prozent der Dienstleister weit weniger Differenzen. Diese geringfügigen Unterschiede gelten auch für die Anschaffungsplanung. Demgegenüber hat sich knapp die Hälfte der Produzenten noch gar nicht mit dem Einsatz beschäftigt. Die Dienstleister zeigen hier einen Anteil von 30 Prozent.

Die Umfrage hat sich zudem auf die *Unternehmensgröße* fokussiert. *Größere Produktionsunternehmen* (50 und mehr Mitarbeiter) weisen eine intensivere *Nutzung* moderner Technologien oder zumindest deren *Planung* auf. Kleinere Produzenten (weniger als 50 Mitarbeiter) setzen diese zu 36 Prozent ein. Dienstleister zeigen hingegen eine weniger ausgeprägte Abhängigkeit der Nutzung von der Unternehmensgröße. Die Ergebnisse zeigen eine Abnahme des Anteils der Betriebe mit zunehmender Betriebsgröße in Bezug auf die Nutzung moderner Technologien.

Die Befragung hat sich zudem mit den *Chancen und Risiken* der Nutzung moderner digitaler Technologien beschäftigt. Dabei wird deutlich, dass Betriebe, die diese Technologien bereits *nutzen*, vor allem *Chancen* sehen. Eine Steigerung der *Arbeitsproduktivität*, eine bessere Erfüllung von *Kundenwünschen* sowie das Angebot neuer *Produkte* und *Dienstleistungen* sollen durch den Einsatz möglich werden. Keinen Einfluss haben die Technologien laut Nutzern und Nicht-Nutzern jedoch auf die körperliche *Belastung* der Beschäftigten. Eine Senkung von Arbeits-, Lagerungs- sowie Energiekosten wird auch *nicht* angenommen.

Das Fazit der Untersuchung zeigt also, dass Unternehmen sich bezüglich moderner Technologien zu Industrie 4.0 und Digitalisierung kategorisieren lassen. Es zeigt sich aber auch, dass sich die Implementierung und die Bewertung im Vergleich der Branchen stark unterscheiden.

Auch das ifaa Trendbarometer Arbeitswelt 2016, ifaa, Düsseldorf hat sich 2016 mit den Trends der Digitalisierung befasst (Institut für angewandte Arbeitswissenschaften 2016). Im Rahmen der Studie wurden *Fach- und Führungskräfte* der

Wirtschaft und darüber hinaus Personen aus *Verbänden* und *Wissenschaft* nach ihren Einschätzungen zu den *Trends* der Digitalisierung und Industrie 4.0 befragt. In der von September 2016 bis Januar 2017 durchgeführten Untersuchung wurden *649* Personen befragt, worunter sich mehrheitlich Mitglieder der Wirtschaft befanden (64 Prozent). Aus Verbänden waren 16 Prozent der Befragten, aus der Wissenschaft 8 Prozent und Sonstige stellten zwölf Prozent dar. Hinsichtlich der Unternehmensgröße der aus der Wirtschaft kommenden Befragten, weisen 30 Prozent der Unternehmen 500 Mitarbeiter oder mehr auf, 24 Prozent 100 bis 499 Mitarbeiter und 10 Prozent 99 Mitarbeiter oder weniger.

Um die Ableitung von Trends zu ermöglichen, wurde zu Beginn der Studie die Bedeutsamkeit von *Themen* abgefragt. Dabei wurde auf einer 4er Skala von sehr niedriger Bedeutung bis hin zu sehr hoher Bedeutung unterschieden. *Relevante Themen* stellen demzufolge kontinuierliche *Verbesserungsprozesse, Prozessorganisation, Führungsmanagement, gesetzlicher Arbeits- und Gesundheitsschutz sowie die Arbeitszeitflexibilität* dar. Wichtige Themen befinden sich außerdem im Bereich Produktionssysteme, Fachkräftesicherung, Arbeitszufriedenheit, ergonomische Arbeitsgestaltung, arbeitsbezogene psychische Belastung, BGM, Digitalisierung/Industrie 4.0 und Leistungsbeurteilung. Themen wie Leistungsentgelt, altersgerechte Arbeitszeiten, erfolgsabhängige Vergütung, lebenssituationsabhängige Arbeitszeiten und der Einsatz von Werkverträgen sind als unbedeutend eingestuft. Nach dieser ersten Abschätzung der Ansichten befragte das ifaa die Bedeutung von *Digitalisierung* und *Industrie 4.0*. Im Ergebnis zeigt sich, dass die Befragten diese Bereiche *zukünftig* als immer bedeutender ansehen. Dabei hat die Bedeutung nicht nur einen positiven Effekt, sondern es fallen auch arbeitsbezogene psychische Belastungen, Fachkräftesicherung und Arbeitszeitflexibilität und das klassische Thema der Prozessorganisation darunter.

Vergleicht man die Bewertung zwischen verschiedenen Unternehmensgrößen, werden zwischen kleinen und großen Betrieben erhebliche Unterschiede vor allem im gesetzlichen Arbeits- und Gesundheitsschutz und Betrieblichen Gesundheitsmanagement deutlich. Die Themen *Industrie 4.0/Digitalisierung* werden in *mittleren Unternehmen* mit *sehr niedriger Bedeutung* bewertet, da es hier in vielen Fällen an finanziellen und/oder personellen Ressourcen mangelt. Kleinere Unternehmen messen eben diesen Themen jedoch eine höhere Bedeutung bei, da sie als Folge ihrer geringen Größe schneller auf Veränderungen reagieren können müssen.

Die Themen Industrie 4.0 und Digitalisierung haben den Ergebnissen der Studie folgend besonders Einfluss auf den Personalbereich, indem sie Veränderungen in der Arbeitswelt schaffen. Die Befragten erkennen diese Veränderungen, allerdings spricht man ihnen bisher nur geringe Bedeutung zu.

Neben den bisher vor allem in Deutschland stattfindenden Studien hat sich McKinsey & Company über Ländergrenzen hinweg einem Vergleich der Umsetzungstiefe von Industrie 4.0 gewidmet und in dieser Studie auch Digitalisierungsthemen thematisiert (Wee et al. 2015).

McKinsey führte für diese Studie 50+ *Tiefeninterviews* mit Experten aus produzierenden Unternehmen, Technologieunternehmen und Start-Ups in *Deutschland*, *USA* und *Japan* zu den *Einschätzungen* zu Industrie 4.0 im produzierenden Gewerbe durch. Dies geschah anhand eines 21 Fragen umfassenden Fragebogens, mithilfe dessen die Experten Einschätzungen zu Wichtigkeit, Signifikanz und Bewertung abgeben konnten. Im Speziellen wurden sie zu den möglichen Veränderungen des *Industriesektors* aufgrund von Industrie 4.0 und hierinliegenden Trends befragt. Alle Unternehmen arbeiten mit 50 oder mehr Mitarbeitern. Um die Befragungen vergleichen zu können wurden acht *Werttreiber* identifiziert, die typische Einflussfaktoren auf die *Performance* von Produzenten präsentieren und in einem Digitalisierungskompass zusammengefasst. Außerdem wurden neben der Darstellung der übergreifenden Ergebnisse zu einem Themenbereich auch Vergleiche zwischen den Ländern durchgeführt.

Eine Erkenntnis dieser Befragung ist der hohe Einfluss von Industrie 4.0 auf nur einen geringen Teil der Betriebsausstattung. *Deutsche* Unternehmen weisen eine gewisse *Vorsicht* in Bezug auf Investitionen in Industrie 4.0-Technolgien auf.

Die Experten erwarten im Allgemeinen einen Anstieg der *Erträge* um 23 Prozent und der *Produktion* um 26 Prozent. 84 Prozent der befragten Technologieanbieter und 58 Prozent der Produzenten erwarten den Markteintritt neuer *Konkurrenten*. Diese Kategorie wurde zusätzlich in die drei Länder unterschieden und zeigt, dass in Deutschland den Eintritt nur 46 Prozent, in Japan 63 Prozent und in den USA 92 Prozent erwarten.

Hinsichtlich der Vorbereitung sehen sich 76 Prozent der Technologieanbieter als gut *vorbereitet* auf die Industrie 4.0. Bei Herstellern fühlen dies nur 48 Prozent. Im Ländervergleich liegen hier große Unterschiede vor. 83 Prozent der amerikanischen Unternehmen fühlen sich gut vorbereitet. In Deutschland tun dies nur 57 Prozent und in Japan 34 Prozent. Im Hinblick auf die *Cybersicherheit* betrachten vor allem deutsche Unternehmen das IT-Outsourcing als schwierig umsetzbar (57 Prozent würden es versuchen, aber nur 15 Prozent davon weltweit). 83 Prozent der amerikanischen Unternehmen hingegen sehen das IT-Outsourcing als eine Möglichkeit. Außerdem erwarten deutsche Experten die größten *Barrieren* für die Einführung im Prozess- und Kontroll-Know-how der Mitarbeiter, Datensicherheit und Sicherheitssystemen, einheitlichen Standards für den Datentransfer und end-to-end Wireless-Verbindung in Netzwerken.

Die Bereiche *Arbeit, Entwicklungszeit* und *Qualität* sind laut den Befragten am wichtigsten für Verbesserungspotenziale.

Im Ländervergleich zeigen sich also große Unterschiede hinsichtlich der Einschätzung der Digitalisierung und Industrie 4.0. Es kann davon ausgegangen werden, dass bei einer andauernden Zurückhaltung Deutschlands eine Überholung durch die anderen Staaten möglich ist.

Weg von der Nutzung der Informations- und Kommunikationstechnologien selbst, hin zur Rolle der Anwender dieser Technologien hat eine weitere Studie sich 2017 mit der Integration von Business & IT und der neuen Rolle der Leistungssteuerung befasst (Baumöl und Grawe 2017, S. 362 ff.). Diese Studie beruht auf der Annahme, dass die digitale Transformation ein technischer Prozess ist, der vor allem durch die im Unternehmen bestehende IT bzw. das IT-Management durchzuführen ist respektive dieser obliegt. Business und IT als technische Experten sind deshalb auf die Informationen über Prozesse und Aufgaben im Unternehmen zu unterrichten, weshalb des Weiteren abgeleitet wird, dass nur ein *Zusammenspiel* der einzelnen Organisationseinheiten auch zu einer erfolgreichen Umsetzung der digitalen Transformation führen kann. Mithilfe von vier *Experteninterviews* werden die Notwendigkeit einer Business/IT-Integration sowie die möglichen Anpassungen auf Ebene der Leistungssteuerung bei der Einführung von Digitalisierung untersucht. Die Experten führen unter anderem aus, dass strategische Entscheidungen im Kontext der *Digitalisierung* organisationsweite Entscheidungen darstellen, sich also auf die strategische Ausrichtung und Ziele des Unternehmens beziehen, die in alle Unternehmensbereiche heruntergebrochen werden müssen. Neben dieser grundlegend strategischen und qualitativen Entscheidung zur Digitalisierung kann eine *Digitalisierungsstrategie* nur realisiert werden, wenn die IT in das Business als technische Ausführungsebene *integriert* wird. Diese Grundannahmen überprüfen die Autoren anhand eines konzipierten Leitfadens, der zehn Fragen zur Einschätzung der Einordnung der IT-Organisation bei den Experten abfragt. Die Antworten zeigen zunächst auf, dass dreiviertel der befragten Unternehmen eine *funktionale* Organisation aufweisen und damit die IT funktional einzuordnen ist. Den Charakteristika funktionaler Organisationen folgend (Baumöl und Grawe 2017, S. 362 ff.), sehen alle Experten hohe *Abstimmungsbedarfe* zwischen den Fachbereichen und der IT, um die Leistungssteuerung angemessen digitalisierbar zu machen. Die Notwendigkeit, die IT stärker *einzubinden* wird deshalb zusätzlich als Notwendigkeit genannt. Gleichzeitig wird der IT jedoch zu wenig Fach- und Bereichskenntnis zugeschrieben, woraus Unklarheiten über Abläufe sowie Konflikte und Ineffizienzen für alle Unternehmensbereiche hervorgehen. Außerdem kommen die Experten zu der Erkenntnis, dass in einer funktionalen Organisation kein bereichsübergreifendes IT-Controlling implementierbar ist.

Die Ergebnisse der Studie heben hervor, dass die *Digitalisierung* nicht nur *Auswirkungen* auf die IT in Form neuer technischer Möglichkeiten, sondern auf *alle Bereiche* hat. Dies erfordert eine engere Verbindung von der IT mit den Fachbereichen, um zur Wertschöpfung beizutragen und sinnvolle Instrumente zu implementieren, die der Aufgaben- und Ablauforganisation zuträglich sind.

Aufgrund der sehr geringen Stichprobe ist diese Studie jedoch nur als Momentaufnahme anzusehen und nicht als repräsentativ zu betrachten. Die *starke* Rolle der IT in der Einführung und Durchführung digitaler Technologien wird durch diese Befragung trotzdem deutlich. Sie muss verstärkt in Aktion treten, sodass sie zukünftig zur *Wertschöpfung* und somit zum Gesamtunternehmensgeschehen beitragen kann.

Wie bereits einige der Studien zeigen, sind nicht nur die Prozesse der Unternehmen betroffen, sondern auch die Mitarbeiter als Anwender der Technologien oder Betroffene der Umstrukturierungen. Eine Studie zu Führungsverhalten und -veränderung von Hays Deutschland, Österreich, Schweiz, 2014/15 greift diese Veränderungen für den Personalbereich eines Unternehmens auf (Hays 2015).

Der regelmäßig veröffentlichte HR-Bericht des Personaldienstleisters Hays hat 2014/15 für das Schwerpunktthema Führung 665 Entscheider mittels Online-Fragebogen befragt. Die Teilnehmer umfassen mit 65 Prozent deutsche, zu 16 Prozent österreichische und zu 18 Prozent schweizerische Personalentscheider. Hinsichtlich der Branche kommen 44 Prozent der Entscheider aus dem Dienstleistungsbereich, 37 Prozent aus Industrieunternehmen und 19 Prozent aus dem öffentlichen Sektor. Unterschieden nach der Stellung im Unternehmen stammen 20 Prozent der Befragten aus der Unternehmensleitung, 28 Prozent sind Führungskräfte im Personalbereich, 30 Prozent sind den Fachabteilungen zuzuordnen und 21 Prozent sind Mitarbeiter ohne Führungsverantwortung.

Für die Befragten gelten als Top-Fünf-HR-Themen der Ausbau der *Führung* im Unternehmen, die Bindung der *Mitarbeiter*, die Weiterentwicklung der *Unternehmenskultur*, die Förderung von *Talenten* sowie der *Beschäftigungsfähigkeit* der Mitarbeiter. Die Etablierung einer Work-Life-Balance, der Flexibilisierung von Arbeitsstrukturen und Gewinnung neuer Mitarbeiter schließen sich diesen Themen an. Der Steuerung der demographischen Entwicklung, dem Aufsetzen neuer Vergütungsmodelle und der Förderung von Diversity wird demgegenüber weniger Relevanz beigemessen.

Der wichtigste Bereich innerhalb der Führung ist heute die *Sozialkompetenz* von Führungskräften (78 Prozent). 72 Prozent sehen hier allerdings auch den größten *Handlungsbedarf*. Anschließend folgt die *Methodenkompetenz* der Führungskräfte (14 Prozent) und am drittwichtigsten sehen die Befragten mit 7 Prozent die *Fachkompetenz*.

Aus diesem Grund stellt auch die Etablierung einer *Feedbackkultur* mit 71 Prozent die wichtigste Aufgabe dar. Dem folgen mit 69 Prozent die *Motivation* der Mitarbeiter sowie das Aufzeigen von deren *Entwicklungsmöglichkeiten* (66 Prozent).

Die *Herausforderungen* für Manager sehen die Befragten in der begrenzten Zeit für ihre Führungsaufgaben (79 Prozent). Zudem äußern sie Kritik an einer übermäßigen Kontrolle von Mitarbeitern.

Im Rahmen der *Digitalisierung* und der damit einhergehenden Veränderung der Arbeitswelt übernehmen Führungskräfte vor allem die Rolle der *Change Manager*. Die Veränderungen aus Digitalisierung und Industrie 4.0 zu managen stellt für viele eine weitere große *Herausforderung* dar (72 Prozent). Auch der steigenden *Komplexität* im Führungsbereich (52 Prozent) und der Wahrnehmung der *Vorbildfunktion* (44 Prozent) müssen sich die Führungskräfte stellen.

Zukünftig erwarten die Befragten allen voran einen Einfluss durch steigende *Komplexität* der Arbeit (78 Prozent), die zunehmende *Beschleunigung* von Abläufen (77 Prozent) und die steigenden *Ansprüche* der Kunden (76 Prozent) sowie den Bedeutungszuwachs von *Wissen und Kompetenz* (74 Prozent). Keinen Einfluss erwartet man durch die Internationalisierung der Belegschaft (35 Prozent).

Damit zeigt sich, dass im Personalwesen besonders Veränderungen der weichen Faktoren im Vordergrund der Überlegungen und Anpassungsbedarfe stehen, das heißt es werden neue oder andere Kompetenzen benötigt und das Führungsverhalten bzw. der -stil gegenüber den Mitarbeitern entwickelt sich neu. Einen direkten Bezug der Veränderungen zur Digitalisierung kann durch die Studie nicht aufgedeckt werden.

Auch eine Studie zu Führungskultur im Wandel der Initiative Neue Qualität der Arbeit/Bundesministerium für Arbeit und Soziales hat sich 2016 mit den sich verändernden Wertvorstellungen und Herausforderungen für Führungskräfte beschäftigt (Bundesministerium für Arbeit und Soziales 2016).

Die Studie umfasst *400* Tiefeninterviews mit *Führungskräften* und verfolgt das Ziel, festzustellen, welche unbewussten *Wertvorstellungen* und kollektiven mentalen Muster das Handeln bestimmen und welche *Herausforderungen* sich zukünftig für die Führungsebene ergeben. Nach Branchen aufgeteilt wurden 233 Dienstleister, 82 Fertigungsunternehmen, 54 Handelsbetriebe und 31 andere Sektoren befragt und die Ergebnisse in zehn Kernaussagen zusammengefasst.

Zunächst widmet sich die Befragung den Erfolgsfaktoren von Führungskräften. Darunter fallen laut den Ergebnissen vor allem *Flexibilität* und *Diversität*. Auch die *Prozesskompetenz* stellt eine wichtige Führungsfähigkeit dar. Bezogen auf die Organisation eines Unternehmens ist sich die Mehrheit der Führungskräfte darüber einig, dass *Netzwerkstrukturen* in Zukunft für die *Organisation* am besten geeignet sind und dadurch die Begegnung mit modernen Arbeitswelt-Herausforderungen vereinfacht wird.

Die Gründung von *Kooperationen* ist für mehr als die *Hälfte* der befragten Führungskräfte notwendig, da mit den *herkömmlichen Wettbewerbsstrategien* die Grenzen der Leistungsfähigkeit erreicht sind. Es wird außerdem mehr *Einfühlungsvermögen* und *Einsichtsfähigkeit* in der Führung erwartet. Vorrangig ist hierbei die Entwicklungsbegleitung. *Motivatoren* wie materielle Anreize und Gehalt stufen die Führungskräfte in Zukunft als weniger relevant ein. *Wertschätzung, Entscheidungsfreiräume* und *Eigenverantwortung* nehmen hingegen als Motivationsfaktoren zu.

Steuerung und Regelung in klassischen *Linienhierarchien* sehen die Befragten *nicht* mehr als passende Basis für gute Führung an, womit auch ein Wandel der Führungskultur einhergeht. 75 Prozent der Experten halten einen Paradigmenwechsel der *Führungskultur* für notwendig, da gemäß deren Einschätzung die Lücke zwischen den Führungsanforderungen und der Führungspraxis zu groß wird. Begegnet Deutschland diesem Wandel nicht offen, wird es im europäischen Vergleich nicht führend sein können. Dies führt zu der Annahme der Befragten, dass es hinsichtlich gesellschaftlicher Themen eine Verschiebung hin zu mehr Stakeholder-Verantwortung geben wird.

Die Herausforderungen der Digitalisierung und Industrie 4.0 führen zusammenfassend also zu einer deutlichen Veränderung des Verständnisses von Führung. Diese Veränderung fordert wiederum mehr Flexibilitätsanforderungen von Führungskräften und verändert ihr Kompetenzprofil.

Welche Potenziale sich aus der digitalen Arbeitswelt für Führung und Qualifizierung ergeben untersucht die Studie von Frost/Sandrock/Schüth im Rahmen des Teilprojekts des ifaa 2016 (Frost et al. 2016).

Das ifaa untersucht mit dem Teilprojekt „Führung und Unternehmensorganisation" des Projekts „Prävention 4.0 – Handlungsfelder und -Leitfaden für eine präventive Arbeitsgestaltung in der digitalen Arbeitswelt 4.0" des Bundesministeriums für Bildung und Forschung alle sich für Führung und Qualifizierung von Mitarbeitern ergebenden Veränderungen. Dabei wurden neun *Fach- und Führungskräfte* aus Metall- und Elektroindustrie-Unternehmen befragt, die bereits Einführungserfahrungen mit digitalen Technologien besitzen. Sie sollten Handlungsempfehlungen für eine produktive und gesunde Gestaltung der Führung und Organisation in Unternehmen 4.0 geben. Die 45–90-minütigen, auf teilstrukturierten Interviewleitfäden basierenden Befragungen erfolgten bei Personen des unteren, mittleren oder oberen Managements unterschiedlicher Unternehmensbereiche (wie Leiter der Produktion, Vice President HR, CEO etc.).

Die Befragung zeigt auf, dass es in Bezug auf die von der European Foundation for Quality Management festgelegten *Kernkompetenzen* der Führung keine Veränderungen gibt, sodass sie diese auch zukünftig *gestalten* und *verwirklichen*. *Ethische Komponenten* werden für die Führungskräfte bedeutender. Die Werkzeuge, mit denen Führungskräfte arbeiten, haben sich durch den Einsatz digitaler Technologien verändert. Ein Wegfall von papierbasierten, administrativen Aufgaben wird in der indirekten Führung erwartet. Zudem gehen die Experten von einem Shift zur direkten Führung im Sinne von *Leadership* aus. Des Weiteren werden Entscheidungen dezentraler. Der Grund dafür ist der Bedeutungs- und Verfügbarkeitszuwachs von Informationen und Daten. Die Schaffung eines Verständnisses der Mitarbeiter über den Gesamtprozess und die Befähigung, Entscheidungen auf Basis der vorliegenden Daten zu treffen, wird nun zunehmend fokussiert. Hierfür werden zukünftig von Führungskräften *Rahmenbedingungen* erstellt. Die Zielfestsetzung und -abstimmung wird als Managementaufgabe an Relevanz gewinnen. Die Förderung individueller Stärken und Ressourcen nimmt nach Einschätzung der Experten zu, weshalb *individualisierte Ziele und Wertschätzung* stärker in den Vordergrund der Führungsaufgaben rücken.

Darüber hinaus wird von der direkten Führung eine stärkere situative und individualisierte Führung gefordert. Die Führungskräfte müssen ihren Mitarbeitern in Zukunft mehr Freiräume bieten und Autonomie schaffen, um als *Coaches* oder *Befähiger* die Mitarbeiter zu unterstützen und deren Stärken zu entwickeln. Einer guten Führungskraft wird außerdem die Aufgabe zugesprochen, die Mitarbeiter im Umgang mit den Technologien positiv zu stimmen und deren Vertrauen dem Einsatz von Technologien gegenüber zu fördern.

Bezogen auf die Person der Führungskraft wird durch die Experten mehr *Offenheit* und *Empathiefähigkeit gefordert*. Auf fachlicher Ebene wird von den Führungskräften *technologisches Wissen* und *Systemdenken/-wissen* verlangt.

Aufgrund der Digitalisierung und damit einhergehender Komplexität erwarten die Experten hinsichtlich der Führungskompetenzen Veränderungen, vor allem von Fähigkeiten zur *Selbstregulierung*, vom *Prioritätensetzen* und der *Disziplin*. Besonders der digitalen Kommunikation müssen durch die Führungsebene eindeutige Voraussetzungen bzw. Grenzen auferlegt werden.

Die Kommunikation wird durch die Vernetzung und Virtualität an Anzahl und Vielfalt ihrer *Wege* zunehmen und diese beschleunigen sowie verkürzen. Nach Meinung der Experten ergeben sich daraus potenzielle formale und fachlich-inhaltliche Fehler. Eine Intensivierung der Entscheidung über die Kommunikationsstruktur seitens der Manager wird von Nöten sein.

Als Folge der Arbeit 4.0 erleben Führungskräfte eine Verschiebung ihrer Tätigkeiten. Eine umfassende Veränderung von Kernkompetenzen findet nicht statt, analytische und technische Fähigkeiten und das Führen der Mitarbeiter im klassischen Sinne werden aber bedeutender.

Diesen Ergebnissen schließt sich auch die Studie zu Guter Führung von der Beratungsgesellschaft Mercer (2016) an (Zwick 2016, S. 36 f.). *100* leitende *HR-Manager* großer Unternehmen wurden zu ihrer Einschätzung der individuellen Führungsleistung von Managern befragt, um herauszufinden, ob im Rahmen der Digitalisierung hier ein gewollter Rollenwandel hin zum *Gatekeeper* stattfindet. Im ersten Bereich der Studie stellt Mercer dar, welche fünf großen *Hürden* durch die Führungskräfte nach Meinung der HR-Manager überwunden werden müssen, um überhaupt professionell führen zu können. Für die Studienteilnehmer zählen zu diesen Hürden eine schlechte *Governance* (52 Prozent), *Konkurrenz* zwischen Führungskräften (41 Prozent), mangelnde Unterstützung durch den eigenen Vorgesetzten (41 Prozent), unrealistische *Ziele* (37 Prozent) und mangelnde Resilienz der Organisation (33 Prozent).

Der zweite Bereich befasst sich mit den *Top-5-Eigenschaften*, die eine Führungskraft in *Zukunft* aufweisen sollte. Hier nannten die Probanden die *Veränderungsbereitschaft*, Prioritäten zu setzen, *Kommunikationsfähigkeit, strategisches* Denken und Veränderungen umzusetzen als sehr wichtige Elemente.

Die Hauptfrage nach der *Rolle* der Führungskräfte im Unternehmen zeigt, dass sich diese nicht wie erwartet verändert. 53 Prozent sehen die Führungskraft als eine *unterstützende* Rolle an. 28 Prozent betrachten die Führungskraft als Berater und für weitere 13 Prozent ist er Experte. Nur sechs Prozent sprechen ihm die Rolle als *Gatekeeper* und Initiator für das Thema Organisation zu.

Die Annahme, dass die Führungskräfte aufgrund der Digitalisierung die Gatekeeper-Rolle im Unternehmen einnehmen, wird von ihnen selbst nicht bestätigt. Stattdessen gehen sie davon aus, dass sich ihre Rolle und deren Ausgestaltung zukünftig eher weichen Faktoren zuwendet.

Die unterschiedlichen Ergebnisse zur Einschätzung der zukünftigen Rolle von Führungskräften in der Digitalisierung, Industrie und Arbeit 4.0 ziehen außerdem die Frage nach sich, ob sich das Führungsverhalten zudem verändert. Die Studie zu Führungsverhalten von Roland Berger stellt 2017 die Ergebnisse eines Trend Survey dar (Seufert und Bonnaud 2017). Dazu führten die Berater *300 Tiefeninterviews* in verschiedenen Unternehmen. 54 Unternehmen haben mehr als 10.000 Mitarbeiter, 56 Unternehmen sind von mittlerer Größe mit 1000 bis 10.000 Mitarbeitern und 203 kleine Unternehmen weisen weniger als 1000 Mitarbeiter auf. Hinsichtlich der Ausgestaltung von Human Resources (HR) konnten letztlich sechs Bereiche identifiziert werden, in denen eine Verbesserung von HR stattfinden muss.

Die Haupterkenntnis dieser Umfrage ist die große Kluft zwischen der Realität und dem Erwünschten (27,3 Prozent). Diese Lücke ist bei großen Unternehmen besonders hoch (37,5 Prozent).

Die größten Lücken zwischen Wunsch und Realität zeigen sich zum einen im *Talent Management, Strategic Workforce Planning, People Analytics, Leadership, Digitization of HR Processes and Services* sowie *Change-Management und Kultur*. Damit belegt diese Studie konträr zu den vorangegangenen, dass die Digitalisierung und Industrie 4.0 für HR keine primären Interessenbereiche bilden. Die Ergebnisse zeigen jedoch, dass die Auswirkungen der Datensammlung über die Mitarbeiter Kernthema der Personalabteilungen darstellen werden. Auch wenn diese nicht exakt genannt wurden, so stellen die Digitalisierung und Industrie 4.0 dennoch relevante Themen für die Personalverantwortlichen dar, vor allem aus einer datenschutzrechtlichen Sichtweise.

Neben dem großen Themenbereich der Führung in Unternehmen widmen sich auch vermehrt Untersuchungen der Arbeit 4.0. So etwa auch die Studie zu Arbeiten im Mittelstand 4.0 von Ludwig et al, 2016 (Ludwig et al. 2016, S. 71 ff.).

Diese Studie untersucht die Sicht des Mittelstands auf die Themen Industrie 4.0 und Cyber-Physische-Produktionssysteme (CPPS). Dabei spielen vor allem die Erwartungshaltung und Bedenken bezüglich Industrie 4.0 und CPPS im Mittelstand eine große Rolle, weshalb *15 Experten* aus Industrie und Wissenschaft, IG-Metall und Gewerkschaften sowie Betriebsräten befragt wurden. Der Autor hat in seiner Arbeit zudem bereits erhobene Studien ausgewertet und aus diesen bisherigen empirischen Erkenntnissen sechs Schwerpunkte ermittelt, innerhalb derer sich für Arbeitnehmer- und Arbeitgeberverbände beteiligungsorientierte und sozialpartnerschaftliche Herausforderungen ergeben können.

Zunächst widmet sich die Befragung der Einführung und Nutzung von CPPS. Es zeigt sich zunächst, dass eine der Herausforderungen in der *Adaptierbarkeit* von CPPS und Einführungsstrategien von Industrie 4.0 liegt. Ohne eine Anpassung der CPPS können klein- und mittelständische Unternehmen (KMU) diese nicht nutzen, da sie vor allem auf Großserien spezialisiert sind, KMU hingegen aber auf Nischen mit Spezial- und Einzelfertigungen. Die Anpassung der CPPS in den KMU muss einen flexiblen Einsatz sowie mögliche Erweiterungen erlauben. Aufgrund der Heterogenität der Systeme sind diese zuvor zu untersuchen und auf diese Anforderungen hin zu bewerten.

Die Probanden sagen zudem aus, dass die im Mittelstand bestehenden komplexen Produktionsanlagen besser kontrolliert und gesteuert werden können müssen, was eine Herausforderung für die *Mensch-Maschine-Kooperation* darstellt. *Unklarheiten der Kooperation und Standardisierung* in der Wertschöpfungskette sowie Impulse zur *Standardisierung* bedürfen einer Klärung, um die Akzeptanz im Unternehmen zu fördern. Dabei darf die Berücksichtigung *sozialpartnerschaftlicher* Vorgehensweisen nicht vernachlässigt werden und es muss zudem Konzepte und Infrastrukturen geben, die eine Erlernung neuer Technologien ermöglicht.

Eine weitere Herausforderung stellt die *Qualifikation* und *Mitarbeiterqualifikation* dar. Aufgrund technologischer Innovationssprünge erforderlich werdende Weiterbildungen der Mitarbeiter müssen von den Unternehmen mit den jeweiligen Bedingungen und Angeboten sowie eventuellen Auszeiten hierfür unterstützt werden. Es muss möglich sein, dass die Beschäftigten Anforderungen anhand konkreter Aufgaben analysieren und schließlich lösen. Deshalb muss es ein Angebot für arbeitsplatznahe Qualifizierungsmöglichkeiten für Industrie 4.0 Themen geben. Daneben besteht ebenfalls Bedarf an arbeitsplatznahen und prozessintegrierten *Lernmöglichkeiten*, um Erfahrungs- und implizites Wissen zu nutzen und weiterzugeben. Die Experten erwarten eine Zunahme von Erfahrungswissen. Kooperationen zu *Vernetzungstechnologien* an Prozessen der Kompetenz-entwicklung werden nötig sein.

Die vierte Herausforderung *Daten- und Prozesssicherheit* tangiert vor allem die KMU, da sie oft als Lieferanten fungieren. KMU sehen sich einer *beliebigen Austauschbarkeit* gegenübergestellt, da eine durch die Industrie 4.0 ermöglichte Transparenz der Wertschöpfungskette eine realzeitliche Produktionsverfolgung und eine externe Sicht auf die Produktion möglich machen.

Eine Abwerbung von *Mitarbeitern* durch Kooperationspartner ist zudem ein Problem für KMU. *Sensible Daten* können intern zwar zu Effizienzsteigerungen führen, im Hinblick auf externe Großkunden besteht jedoch aufgrund von Sicherheitsmängeln eine erhöhte Datentransparenz und somit die Gefahr, dass diese den Preisdruck auf die kleinen und mittleren Zulieferunternehmen erhöhen. In Bezug auf das Eigentum und den Schutz dieser Daten muss auch aufgrund der Gefahr, dass Wettbewerber diese Informationen nutzen, Klarheit geschaffen werden. Dies stellt in manchen Fällen noch einen Hinderungsgrund für die Implementierung der Industrie 4.0 dar.

Ein weiteres Spannungsfeld im Rahmen des *Datenschutzproblems* zeigt sich auch mit Bezug auf die Arbeitnehmerschaft. Die Überwachung des Mitarbeiterverhaltens wird durch die Nutzung mobiler Endgeräte sowie der Vernetzung mit Rechnern erleichtert. Es bedarf somit einer Überprüfung, ob eine Anonymisierung der Personendaten erreicht werden kann und ob die Erhebung dieser Daten überhaupt von Nöten ist.

Als letztes Spannungsfeld werden der *Arbeits- und Gesundheitsschutz* sowie neue *Flexibilitätskompromisse* aufgegriffen. Eine Untersuchung der Folgen von Industrie 4.0 auf die *Gesundheit* der Beschäftigten sollte nach Meinung der Befragung erfolgen. So fordern die Experten auch die Förderung der Work-Life-Balance, indem Betriebsvereinbarungen bezüglich der Flexibilität des Arbeitshandelns, des Lernverhaltens und der Interaktionsarbeit aufgestellt werden. Die Aufrechterhaltung und Förderung der *kognitiven Leistungsfähigkeiten* der Mitarbeiter sowie eine Vermeidungsstrategie für Über- und Fehlbelastungen stellen in diesem Kontext wichtige Maßnahmen dar.

Die Implementierung von Industrie 4.0-Themen in mittelständischen Unternehmen geht laut den Ergebnissen der Studie nicht unkompliziert von statten. Aufgrund ihrer speziellen Unternehmenscharakteristika, die oftmalige Bearbeitung von Nischen-Märkten sowie die Fokussierung auf die Innovations- und Leistungsstäke der Mitarbeiter erwarten Betriebe aus dem Mittelstand keine Vorteile aus einer Losgröße von eins und einer Erhöhung der Transparenz.

Neben den einzelnen Anforderungen und Veränderungen, denen sich Mitarbeiter, Organisationen und Führungskräfte ausgesetzt sehen stellen sich Forscher auch die Frage, ob nicht einheitliche Standards für die digitale Transformation gesetzt werden sollten. Die Studie zur Bedeutung von Standards für die digitale Transformation von Engels (2017) widmet sich dieser Frage (Engels 2017, S. 21 ff.).

Es sollte untersucht werden, ob für eine Förderung des gemeinsamen Arbeitens im Unternehmen ein vernetztes Handeln im Industrie- und Dienstleistungssektor einer Setzung von verschiedenen Standards bedarf. Die Bedeutung von Standards im Rahmen der digitalen Transformation wurde auf Basis des Datenpools des IW-Zukunftspanels 2016 mit *1227* befragten Unternehmen untersucht. Der Ausgangsgedanke der Untersuchung besagt, dass für die globale Zusammenarbeit in *Netzwerken* handlungsbezogene Standards auferlegt werden müssen, um dieser Arbeit gewisse Rahmenbedingungen vorzulegen, wodurch *Schnittstellenproblematiken* vermieden oder gelöst werden sollen.

Die Ergebnisse der Studie beruhen dabei auf Aussagen von Geschäftsführern von kleinen und mittleren *Industrie- und Dienstleistungsunternehmen* bezüglich ihrer Erwartungshaltung gegenüber den Standards für die digitale Transformation.

Gründe für eine Standardisierung sind bei 85 Prozent der befragten Unternehmen zum einen die Befriedigung von *Kundenanforderungen*, wobei sich bei 56 Prozent eine Einführung oder zumindest eine Planung von Standards nachweisen lässt. Ein weiterer Grund sind für 76 Prozent der Befragten die möglichen *Kosteneinsparungen*. Für 69 Prozent sind der *Wettbewerbsdruck* und für 36 Prozent die *Lieferantenanforderungen* Gründe, im Unternehmen Standards einzuführen. Standards aufgrund von Kundenanforderungen sind vor allem für Unternehmen aus der *Informations- und Kommunikationstechnologiebranche* wichtig, Wettbewerbsdruck und Lieferantenanforderungen sind dagegen eher in *Logistik und Großhandel*

(79 Prozent) relevant. *Chemie-, Pharma- und Kunststoffunternehmen* (87 Prozent) standardisieren vorwiegend aus Gründen der Kosteneinsparung.

Betrachtet man die Ergebnisse nach Unterscheidungen im Umsatz, so zeigt sich, dass umsatzstarke Unternehmen (mehr als 50 Mio. Euro Umsatz pro Jahr) Wettbewerbsdruck als Grund für Standardisierung nennen (79 Prozent). Umsatzschwächere Unternehmen standardisieren aus diesem Grund dagegen nur zu 68 Prozent. Ältere Unternehmen (Gründung vor 2011) nennen vor allem Kostengründe als Auslöser für die Standardisierung.

Die Ergebnisse von t-Tests zeigen, dass allen voran diejenigen Unternehmen *Standardisierungsgründe* als wichtig erachten, die bereits eine digitale Ausrichtung aufweisen.

Zudem zeigen die t-Tests auch, dass aufgrund der Einführung von Standards eine Einsparung von *Prozesskosten* möglicher erscheint als bei Unternehmen, die diese nicht einführten. Bei den Unternehmen, die Prozesskosten einsparen ist zu erkennen, dass eine Implementierung externer wie auch interner Standards erfolgte.

Einsparungen von Prozesskosten lassen sich auch hinsichtlich der Branche unterteilen. Unternehmen der *Medien- und IKT-Branche* berichten am häufigsten von Einsparungen (82 Prozent). 79 Prozent der Dienstleister berichten dies auch. Logistikunternehmen und Großhändler erwähnen Standardisierung aufgrund von Einsparungen am seltensten (67 Prozent). Besonders umfassend sind die Einsparungen bei Chemie-, Pharma- und Kunststoffunternehmen, vermutlich aufgrund der hohen Produktvielfalt.

Die Experten sehen zu 58 Prozent das unklare *Kosten-Nutzenverhältnis* als *Hemmnis* der Standardisierung an. Dies zeigt sich allen voran in der Metall- und Elektroindustrie. Für 54 Prozent ist zudem eine fehlende Implementierung von Standards bei Kunden und Lieferanten ein Hemmnis.

Für den *digitalen Transformationsprozess* scheint bei 85 Prozent der befragten Unternehmen ein Einsatz von Standards von großer Bedeutung zu sein. Eine eher geringere Bedeutung hat er für 12 Prozent. Keine Bedeutung hat die Standardisierung für drei Prozent.

Eine durchgeführte Regressionsanalyse ergibt, dass neben dem Umsatz auch eine etablierte Digitalstrategie einen positiven, signifikanten Effekt auf die Wahrscheinlichkeit hat. Aus diesem Grund sind Standards auch hier von hoher Bedeutung.

Eine Odds-Ratio weist den Zusammenhang zwischen der Strategie und dem Einsatz von Standards nach. So weisen Unternehmen mit einer auf die *digitale Transformation* fokussierten Strategie eine höhere Wahrscheinlichkeit dafür auf, dass für sie eine Standardisierung von hoher Bedeutung ist. Ein Zusammenhang kann auch zwischen der Anzahl der Partner und der Bewertung der Standardisierung hergestellt werden. Allerdings wird hier ein negativer, signifikanter Effekt der Partneranzahl auf die Bedeutung der Standardisierung festgestellt.

Kein Zusammenhang konnte letztlich zwischen der Bedeutung der Standards mit einer tatsächlichen Einführung dieser aufgezeigt werden. Dies zeigt sich am Anteil der Befragten. Für 43 Prozent der befragten Unternehmen sind Standards zwar von hoher Bedeutung, eine reale Standardisierung wurde jedoch noch nicht vorgenommen.

Damit zeigt die Untersuchung auf, dass für die Setzung von Standards neben der Digitalisierung vor allem die Branche eine entscheidende Rolle spielt. Die Lenkung des unternehmerischen Handelns auf passende Weise und allen voran im Hinblick auf kosteneffizientes Arbeiten kann durch Erstellung von Standards gewährleistet werden. Dies zeigt sich besonders in denjenigen Unternehmen, die sich schon Themen der digitalen Transformation und der Netzwerkbildung geöffnet haben.

Den Umsetzungsstand der Industrie 4.0 im Mittelstand wird in einer Studie von Deloitte in Zusammenarbeit mit dem Europäischen Kompetenzzentrum für Mittelstandsforschung (2016) abgefragt (Deloitte 2016).

Die *211* zu Industrie 4.0 befragten mittelständischen Unternehmen hatten im Durchschnitt 750 Mitarbeiter, einen Umsatz von 100 Mio. Euro und 93 Prozent der Befragten waren Mitglieder der ersten oder zweiten Führungsebene. Neben Online-Fragebögen wurden zur Triangulation mehrstündige *persönliche Interviews* geführt. Diese Interviews fanden mit *zehn Experten* aus Unternehmen, Wissenschaft und Beratung statt.

Zu Beginn der Studie erfolgte eine Abfrage des Verständnisses des Begriffs Industrie 4.0. *Industrie 4.0* sind für 55 Prozent (sehr stark) bzw. für 36 Prozent (stark) der befragten Unternehmen vor allem *digital vernetzte Systeme, intelligente und flexible Produktionsprozesse* (sehr stark 50 Prozent, stark 35 Prozent), *Digitalisierung* an sich (sehr stark 48 Prozent, stark 33 Prozent), *intelligente Wertschöpfungsketten* (sehr stark 42 Prozent, stark 35 Prozent) sowie *Internet der Dinge* (sehr stark 37 Prozent, stark 37 Prozent). 76 Prozent erwarten für die Zukunft eine vermehrte *Auseinandersetzung* mit Industrie 4.0. Hier spielen allen voran *Wettbewerbsgründe* eine große Rolle. 44 Prozent erwarten für den Mittelstand in Zukunft nur eine (sehr) geringe Bedeutung von Industrie 4.0 in Zukunft für den Mittelstand. 37 Prozent hingegen erwarten, dass Industrie 4.0 (sehr) bedeutend sein wird. Eine *Bedeutungszunahme* von Industrie 4.0 für den Mittelstand erwarten total 57 Prozent der Befragten.

30 Prozent sehen in *technologischen Veränderungen* einen sehr starken *Treiber*, 52 Prozent einen starken. Markt- und Kundenbedürfnisse werden von 32 Prozent als sehr stark in Bezug auf ihr Treiberpotenzial und von 46 Prozent als stark eingestuft. Zudem zählt auch das *Top-Management-Team* (TMT) zu den wichtigsten Treibergruppen.

Ein weiterer Befragungspunkt des ersten Teils war die Ausprägung der *individuellen Vorbereitung* und *bisherige Projekterfahrungen* mit Industrie 4.0. 31 Prozent der befragten Unternehmen sehen sich gut oder sehr gut vorbereitet, 25 Prozent sehen sich schlecht oder sehr schlecht vorbereitet. Etwas weniger als die Hälfte der Betriebe gibt an, in den letzten zwölf Monaten an konkreten Projekten mitgearbeitet zu haben. 84 Unternehmen weisen demnach eine Projektdurchführung auf. 86 Prozent dieser Unternehmen nahmen dabei *Prozessoptimierungen* vor, 80 Prozent erstellten *vernetzte Systeme*, 79 Prozent beschäftigten sich mit *automatisierten Prozessen* und 57 Prozent mit der Implementierung von *Technologien*.

Der zweite Teil der Befragung beschäftigt sich mit den Auswirkungen auf das *Geschäftsmodell* der mittelständischen Unternehmen. 60 Prozent der befragten Unternehmen geben an, in Konkurrenz zu mehreren Unternehmen mit qualitativ homogenen Produkten zu stehen, wobei diese Produkte auf Kosten- und/oder Qualitätsbasis untereinander zu differenzieren sind. Aus diesem Grund wird Industrie 4.0 in diesen Fällen als *Generator für Effizienzpotenziale* betrachtet. Industrie 4.0 schafft für 32 Prozent der Teilnehmer einen *Zeit- und Innovationswettbewerb*. Wettbewerbsvorteile können aufgrund von neuen Technologien zur Geschäftsmodellinnovation entstehen.

Im Hinblick auf das eigene Geschäftsmodell zeigen 42 Prozent keine Neigung zu einer *Anpassung* ihres Geschäftsmodells. 31 Prozent weisen hingegen *Aktivitäten* auf. Eine Erweiterung und Individualisierung des Angebots beweist Veränderungen besonders in den *Schlüsselaktivitäten* des Unternehmens. Darüber hinaus werden Veränderungen der *Kundenbeziehungen* und *Nutzenversprechen* erwartet. Hinsichtlich der Vertriebskanäle, Kundensegmente, Einnahmequellen und Liquiditätssituation sehen die Befragten kaum Veränderungen. Zudem erhöht sich die Transparenz der *Kostenstrukturen* und es erfolgt eine Senkung der Gesamtkosten.

Der Anteil derjenigen, die eine eigene Industrie 4.0 – Strategie vorweisen, ist mit nur 23 Prozent sehr gering. Dieser Anteil spiegelt sich so ähnlich auch für Ziele, Kennzahlen und Indikatoren sowie konkrete Maßnahmen wider.

Darüber hinaus beleuchtete die Studie auch den *Digitalisierungsgrad* des deutschen Mittelstands. 28 Prozent sind *vollständig vernetzt*, 29 Prozent gar nicht. Hinsichtlich der *Vernetzung mit Kunden* sind 13 Prozent nur sehr niedrig vernetzt, 36 Prozent eher niedrig vernetzt, 22 Prozent weder/noch, 24 Prozent eher hoch und nur fünf Prozent sehr hoch vernetzt. Eine sehr niedrige Vernetzung zeigt sich auch in der Beziehung zu den *Lieferanten* (69 Prozent). Der Großteil der Probanden gibt an noch Teil der Industrie 3.0 zu sein.

Die Bedeutung von *Data Analytics* wird von 41 Prozent als eher hoch eingeschätzt. Zum Einsatz kommen diese vor allem in der Produktion und dem Controlling (36 Prozent und 32 Prozent), gefolgt von Marketing und Vertrieb (27 Prozent) und Einkauf (27 Prozent). Laut den Teilnehmern existiert die Digitalisierung von *Funktionsbereichen* vor allem in den Bereichen *IT* (79 Prozent), *Controlling* (68 Prozent), *Produktion* (55 Prozent) und *Ausgangslogistik* (55 Prozent).

Die Befragung ging in einem weiteren Punkt auf die *Einschätzung des Erfolgs* im Rahmen von Industrie 4.0 ein. 66 Prozent sehen hier einen *hohen oder sehr hohen Einfluss*. *160* Befragte gaben eine Gewinnprognose ab. Daraus ist ablesbar, dass 88 erfolgreich und 72 weniger erfolgreich sind. Weniger erfolgreiche Unternehmen sind *stärker* an Industrie 4.0 interessiert. *Familienunternehmen* fokussieren sich auf das Nutzenversprechen, wohingegen *Nicht-Familienunternehmen* stärker auf Geschäftsmodellveränderungen und besonders auf die Veränderung der Kundenbeziehungen eingehen. Im Rahmen der Digitalisierung spielen der CFO und der CEO in großen Unternehmen eine wichtige Rolle. Die Qualifizierung der Mitarbeiter (53 Prozent), Datensicherheit (48 Prozent) und Definition von Industriestandards (47 Prozent) repräsentieren für die Studienteilnehmer die größten *Handlungsbedarfe*.

Als letzten Punkt wurden die Teilnehmer nach dem *Verantwortlichen* für die Industrie 4.0 befragt. Im Hinblick auf die strategische Bedeutung von Industrie 4.0 sehen 77 Prozent der Befragten Industrie 4.0 als Thema des *TMT*. Eine Diskussion der Maßnahmen im Beirat oder Aufsichtsrat sehen sie als möglich an. Das TMT nimmt als Verantwortlicher für die Themen der Industrie 4.0 unterschiedliche Rollen ein. Als *Mentor* sehen es 34 Prozent der Befragten, 31 Prozent als *Macher* und 30 Prozent als *Sponsor*. Die Durchführung von *Entscheidungen* zu Industrie 4.0 erfolgt meist *zentral, partizipativ, formell, geplant* und *rational*. In die Entscheidungsfindung zu Themen der Industrie 4.0 wird das TMT vor allem in den Bereichen *Produktion* und *Vertrieb* eingebunden. Die Beeinflussbarkeit durch Funktions- und Bereichsleiter wird auch eher hoch bewertet.

Industrie 4.0 und Digitalisierung sehen sich im Mittelstand hinsichtlich ihrer Beurteilung einer gewissen Heterogenität gegenübergestellt, wobei hierbei keine negative Beurteilung gegenüber der Digitalisierung erfolgte. Im Gegenteil erwarten die Teilnehmer durch den Einsatz digitaler Technologien eine Erfolgssteigerung, gerade wenn die Unternehmen zum aktuellen Zeitpunkt nur geringen Erfolg nachweisen können. Die Ergebnisse der Studie können allerdings auch einer anderen Interpretation unterworfen werden. Für die Unternehmen, die sich noch nicht weiter mit Industrie 4.0 und Digitalisierung befasst haben, kann es zu einem Digitalisierungsdruck kommen, wenn man den Erfolg der Geschäftsmodelltransformation von bereits digitalisierten Wettbewerbern näher beleuchtet.

Auch wenn bereits einige Studien im Verlauf der Zeit die Erwartungen zur Entwicklung der Industrie 4.0, Arbeit 4.0 und Digitalisierung abgefragt haben, so bedingt der revolutionäre Charakter dieser Entwicklungen, dass stetig weiter Einschätzungen erhoben werden. Auch die Studie von Ernst & Young Global Limited (EYG) zum Thema Arbeitswelt 2030 – Ein branchenspezifischer Ausblick in die Arbeitswelt von morgen in Deutschland, Österreich und der Schweiz (2018) reiht sich hier ein (Hernandez et al. 2018).

Im Rahmen der Studie wurden die erwarteten ökonomischen Veränderungen in Bezug auf die Arbeitswelt im Jahr 2030 dargestellt und quantifiziert. Hierfür wurde die *Szenarioplanung* als Methodik der strategischen Planung verwendet. Die daraus gewonnenen Erkenntnisse wurden anschließend durch *Interviews mit Experten* aus Wissenschaft und Wirtschaft erweitert.

Durch die Einführung der Industrie 4.0 in Unternehmen wird sich die bisherige Arbeitswelt grundlegend ändern. *Lebenslanges Lernen* sowie die Bereitschaft und Fertigkeit, sich *neue Kompetenzen und Qualifikationen* anzueignen, werden als Folgen für jeden Einzelnen gesehen und stimmen mit den bisherigen Abfragen überein. Durch den Einsatz von künstlicher Intelligenz (KI) werden menschliche Fähigkeiten (wie z. B. Kreativität, Inspirationsfähigkeit oder kritisches Denken) wieder vermehrt im Mittelpunkt stehen und sich die bisherigen Rollen von Arbeitgeber und Arbeitnehmer wandeln.

Besonders die Unternehmen stehen im Rahmen der Industrie 4.0 vor großen Herausforderungen. Die Verwendung neuartiger Technologien führt zu einer *erhöhten Flexibilität und Agilität* in der Arbeitswelt von morgen. Deshalb ist es für Unternehmen unerlässlich, ihr *Budget für Fort- und Weiterbildungsmaßnahmen zu erhöhen*, um zu gewährleisten, dass die Mitarbeiter auf dem neusten technologischen Stand sind. Auch die frühe *Anpassung an neue Geschäftsmodelle und -strukturen* sowie Investitionen sind diesbezüglich von hoher Bedeutung. Die Automobil- und Transportindustrie sowie die Produktion und der Einzelhandel werden durch die Einführung der Industrie 4.0 grundsätzlich mit Arbeitsplatzverlusten und Umsatzeinbußen konfrontiert. Der IT- und Finanzsektor und das Gesundheitswesen werden sich hingegen höchstwahrscheinlich vergrößern. In Deutschland, Österreich und der Schweiz ist eine erfolgreiche Umsetzung der Industrie 4.0 nur mit *Unterstützung der Gesellschaft und Politik* möglich, die die Vermittlung neuer Kompetenzen und Qualifikationen als Aufgabe haben sollte. Auch eine ganzheitliche Anpassung des Ausbildungsprozesses ist hierbei notwendig. Durch die Generierung unzähliger Daten müssen zudem *Regularien hinsichtlich Datensicherheit und -schutz* etabliert werden. Durch die Digitalisierung kommt es zu einer *Sektorverschiebung* der drei in der Studie betrachteten Länder, mit der sich die Wirtschaft und Gesellschaft zukünftig befassen muss. Folglich werden zukünftig beispielsweise Stellen mit mittleren Qualifikationen weniger nachfragt, wohingegen Stellen mit hohen Qualifikationen verstärkt benötigt werden. Als *Handlungsfelder* für Arbeitnehmer im Rahmen der Arbeitswelt 2030 können folgende Aspekte gesehen werden: der Arbeitswelt offen und flexibel begegnen, den Blick erweitern und sich auch mit weitergefassten Problemen auseinandersetzen sowie ein *häufiger Jobwechsel*. Unternehmen sollen sich auf ihren Unternehmenszweck konzentrieren, um weiterhin innovativ zu sein, lebenslanges Lernen der Mitarbeiter fördern und einen Prozess anstoßen, mit dem sich das Unternehmen an die neuen Technologien anpasst. Aufgabenbereiche für Organisationen und Regierungen sind die Anpassung regulatorischer Rahmenbedingungen, das Anstoßen der gesellschaftlichen Diskussion über die Aufteilung der Wertschöpfung durch künstliche Intelligenz und die *Abstimmung der Arbeitslosen- und Sozialversicherung* mit den aktuellen Anforderungen.

Der Wandel hin zur Industrie 4.0 stellt demnach sowohl Arbeitnehmer und Unternehmen, als auch die drei betrachteten Länder vor große Herausforderungen. Die *erhöhte Flexibilität und Agilität* durch die Einführung cyber-physischer Produktionssysteme und künstlicher Intelligenz führen zu weitgreifenden Veränderungen für die zukünftige Arbeitswelt. Das *Erlernen neuer Kompetenzen und Qualifikationen* aus Sicht der Mitarbeiter und die gleichzeitige *Vermittlung dieser Fähig- und Fertigkeiten* durch die Unternehmen stehen hierbei im Mittelpunkt. Um dies gewährleisten zu können, ist es die Aufgabe der Politik und der Gesellschaft, hierfür die *passenden Rahmenbedingungen* zu schaffen.

Die in der Praxis erhobenen Daten spiegeln somit die Einschätzungen derjenigen wider, auf deren Arbeitsplatz, Unternehmen und Leben sich die Industrie 4.0, Digitalisierung und der technologische Wandel auswirkt. Wissenschaftler sehen aus ihrer forschenden und teilweise theoretischen Perspektive die Herausforderungen unterschiedlich gewichtet, weshalb hier auch auf deren Ansichten eingegangen werden soll.

So reflektieren Arntz/Gregory/Zierahn in ihrem Beitrag die Einschätzung der Praxis im Hinblick auf den angeblich drohenden Arbeitsplatzabbau, der der Digitalisierung und Industrie 4.0 folgen wird (Arntz et al. 2016, S. 6 f.). Die Autoren konstatieren, dass zahlreiche renommierte Studien prognostizieren, dass die Einführung digitaler Technologien einen enormen Arbeitsplatzabbau mit sich bringt. Diese Studien betrachten aber lediglich die Berufsbeschreibung einzelner Berufe und nicht deren tatsächliche Tätigkeiten und tendieren folglich zu einer Überschätzung der negativen Auswirkungen. Die Autoren führen deshalb eine eigene Analyse nicht nur der Berufsbeschreibung, sondern der darin befindlichen unterschiedlichen Tätigkeitsfelder durch. Die Berechnung beruht auf PIACC-Daten, die einheitlich für alle OECD-Länder erhoben werden und errechnet den Automatisierungsgrad individueller Tätigkeitsfelder. Sie kommen durch diese Vorgehensweise zu dem Ergebnis, dass nur jeder zehnte Arbeitsplatz in Deutschland ein hohes Automatisierungspotenzial aufweist, da *interaktive Tätigkeiten* in den Berufsbeschreibungen oft nicht aufgeführt sind. Aber genau diese Tätigkeiten sind schwer durch Maschinen ersetzbar. Insgesamt wird von einem *positiven Effekt der Digitalisierung* auf die Anzahl der Arbeitsplätze ausgegangen, das heißt dass mehr Arbeitsplätze geschaffen als eliminiert werden.

Die Digitalisierung hat aber nicht nur Auswirkungen auf die Anzahl der Arbeitsplätze, sondern auch auf die *Kompetenzen und Qualifikationen*, die für die Erfüllung der Aufgaben benötigt werden. Vor allem *Kreativität* und *soziale Kompetenzen* werden zunehmend wichtiger, da der Mensch hier deutliche Vorteile gegenüber einer Maschine hat.

Die Autoren prognostizieren einen positiven Effekt der Digitalisierung auf die Arbeitsplätze und relativieren die Aussichten zum angeblichen Arbeitsplatzabbau.

Mit dieser angeblichen Gefahr des Arbeitsplatzabbaus befasst sich auch die Beratungsgesellschaft Roland Berger GmbH, die plakativ in Form von 12 Thesen der angeblichen Gefährdung der Arbeitsplätze durch die Digitalisierung widersprechen (Roland Berger GmbH 2017).

Die Digitalisierung hat nicht nur einen enormen Einfluss auf unseren Alltag, sondern vor allem auch auf die Wirtschaft – das Stichwort hierbei lautet *Disruption*. Durch die Nutzung digitaler Technologien können Geschäftsmodelle reformiert, *neue Kundenschnittstellen* geschaffen und Industriegrenzen neu gesetzt werden. Die *zunehmende Intelligenz der Maschinen* erlaubt eine immer umfassendere *Automatisierung vieler Aufgaben und Tätigkeitsbereiche*, welche nicht mehr nur auf die operative Ebene beschränkt ist. Diese Entwicklung lässt viele Fragen offen und führt aufgrund ihrer nicht abschätzbaren Eintrittswahrscheinlichkeit und Auswirkungen zu Verunsicherung. In den 12 zusammengefassten Thesen relativieren die Autoren die Interpretationsmöglichkeiten bisheriger Annahmen und zeigen dadurch auf, dass auch Chancen und Möglichkeiten durch die Digitalisierung zur Weiterentwicklung und Zukunftssicherung des Unternehmens und der Arbeitnehmer entstehen können. In *These 1* stellen sie deshalb zunächst fest, dass durch den Einsatz digitaler Technologien nicht die Arbeitsplätze gefährdet, sondern durch neuartige Produkte und Dienstleistungen, die nun entwickelt werden können neue Berufe gebildet werden. *Die Digitalisierung schafft folglich Arbeitsplätze und vernichtet diese nicht.* Die *zweite These* befasst sich dann sogleich mit der zunehmenden Automatisierung innerhalb der Arbeitsprozesse und verweist darauf, dass durch die effizientere und effektivere Produktion und Dienstleistung die Nachfrage erhöht werden kann. Folglich werden die Unternehmen wettbewerbsfähiger und *Arbeitsplätze* werden *gesichert*. Diese zweite These könnte auch negativ ausgelegt werden, wenn davon ausgegangen wird, dass mit der steigenden Automatisierung auch der Mensch als Bediener dieser Maschinen nicht mehr länger benötigt wird, es also aufgrund der steigenden Arbeitsproduktivität zur Gefährdung der Arbeitsplätze kommt *(These 3)*. Da aufgrund fehlender Investitionen derzeit allerdings oftmals eine Produktivitätskrise herrscht, wird diese dritte These relativiert. Zudem wird allgemein die Geschwindigkeit der Digitalisierung überschätzt *(These 4)*, denn es bedarf einer bestimmten Menge an technologischen Investitionen und Know-how im Umgang mit den arbeitsprozessvereinfachenden Technologien als

Voraussetzung für Innovationen. Die Umsetzung ist umfassend und wird noch einige Zeit in Anspruch nehmen.

In *These 5* halten sie fest, dass sich der digitale Wandel auf die Art und Vielfalt der zukünftig existierenden Jobs auswirkt, da insbesondere einfache Routinetätigkeiten zunehmend automatisiert werden. Somit resultiert die Digitalisierung in *strukturellen Veränderungen der Wirtschaft*. Die damit zusammenhängenden *digitalisierungsbedingten Effekte auf die Beschäftigung sind äußerst individuell* und müssen spezifisch analysiert werden (These 6). Vereinzelte Branchen wie beispielsweise das Transportwesen müssen mit starken Einflüssen der Automatisierung rechnen, während andere evtl. weniger stark betroffen sind. *These 7* besagt, dass in *Deutschland die Digitalisierung und der demografische Wandel in die gleiche Richtung weisen*, da Maschinen fehlende Arbeitskräfte ersetzen und Beschäftigte unterstützen können. Eng damit verzahnt ergibt sich auch, dass in Zukunft die *Bildungsfrage* immer stärker an Bedeutung gewinnen wird *(These 8)*, da diese entscheidet, ob Menschen für die Anforderungen der Digitalisierung gewappnet sind. Dafür werden neue Kompetenzen und Fähigkeiten benötigt, die durch *lebenslanges Lernen* erworben werden sollen. Hierfür müssen Aus- und Weiterbildungsmaßnahmen konkretisiert und die schulische und universitäre Ausbildung abgestimmt werden. Vor allem Fähigkeiten wie *Kreativität, Problemlösungskompetenzen, Kommunikation und nichtlineares Denken* sind dabei besonders wichtig.

Die Digitalisierung hat dabei vor allem auch zusammenhängend mit dem Wandel in der Einstellung junger Arbeitnehmer zur Arbeit eine Auswirkung. *These 9* besagt dazu, dass für *junge Arbeitnehmer der Sinn ihrer Arbeit für die Wahl ihres Jobs am entscheidensten ist*. Unternehmen stehen also vor der Herausforderung, diese jungen Mitarbeiter zu binden. Dabei ist es von großer Bedeutung, dass die Führungskraft die Beschäftigten motiviert, schätzt und ihre Stärken ausbaut. Die Unternehmenskultur ist somit ausschlaggebend in Bezug auf das Mitarbeiterrecruiting. Denn auch die *veränderten Arbeitsweisen* werden durch die Digitalisierung *ein fester Bestandteil der Unternehmenskultur (These 10)*. Diese wird in Zukunft verstärkt auf Ergebnisse und nicht mehr auf bloße Präsenz ausgerichtet sein. Außerdem wird die Arbeitswelt durch eine zunehmende örtliche und zeitliche Flexibilität geprägt. Aufgrund dieser Auflösung von Zeit und Ort für die Arbeit werden auch die Führungskräfte betroffen sein. In These elf sprechen die Autoren davon, dass die digitale Transformation die *Ansprüche an die Führungskräfte verändert*: Sie müssen nicht nur die bestehenden Geschäftsmodelle effizienter gestalten, sondern auch den Wandel hin zu neuen Geschäftsmodellen gestalten. Manager übernehmen vermehrt die Aufgabe des *Change Managers*, der den Wandel leitet und Mitarbeiter motiviert. In der letzten These (These 12) halten sie fest, dass aufgrund der digitalen und virtuellen Arbeitsformen eine *neue Interessensvertretung* benötigt wird, um die soziale Gerechtigkeit auch weiterhin zu wahren.

Die Digitalisierung wird umfassende Auswirkungen auf unsere Lebens- und Arbeitswelt haben. Allerdings wird sie nicht so schnell umgesetzt wie teilweise erwartet und die anfangs prognostizierte Massenarbeitslosigkeit wird nicht eintreten. Im Gegenteil – die positiven Effekte der digitalen Transformation werden überwiegen und somit Arbeitsplätze schaffen. Um die sich bietenden Chancen der Digitalisierung realisieren zu können, ist es jedoch fundamental, diese ausgiebig zu analysieren, zu diskutieren und richtig zu gestalten. Damit soll ein *Konsens* geschaffen werden, der als Grundlage für ein neues politisches und gesellschaftliches Denkmuster dient, Unternehmen zur richtigen Planung verhilft und Sicherheit für jeden Einzelnen schafft.

Ebenso nahm sich die Porsche Consulting GmbH dem Thema New Work an und beauftragte die Forsa Gesellschaft für Sozialforschung und statistische Analysen mbH mit der Durchführung einer deutschlandweiten repräsentativen Telefonumfrage über 1011 Teilnehmer im Zeitraum Dezember 2017 bis Januar 2018. Die Studie der Autoren Freibichler/Pfitzner/Schmucker beschreiben im Rahmen der Studie wie eine Arbeitsatmosphäre aussieht, die effektives Handeln der Mitarbeiter und Innovation fördert. Ein neuer Ansatz zur schnellen Umsetzung der New Work im gesamten Unternehmen wird vorgestellt. Die Kernpunkte sind, dass der Innovationsdruck in Unternehmen immer größer wird und Mitarbeiterpotenziale optimal genutzt werden müssen. Hierzu spielt die Arbeitsatmosphäre eine wichtige Rolle, da das physische, soziale und digitale Umfeld stark beeinflusst wie agil und effektiv die Zusammenarbeit der Mitarbeiter ist. Daher wird festgehalten, dass bereits 4 von 5 Chefs die Wichtigkeit der Arbeitsatmosphäre erkannt haben und sich dafür einsetzen diese zu verbessern. Die Umfrage hat allerdings auch ergeben das bis dato nur 37 % der Mitarbeiter in ihrer aktuellen Arbeitssituation sehr zufrieden sind und jeder zweite unter anderen Arbeitsbedingungen produktiver sein könnte.

Die Ergebnisse der Studie zeigen, dass durch acht Verhaltensprinzipien eine bessere Arbeitsatmosphäre angestrebt werden sollte: 1) Systematische Entscheidungsfindung, 2) hohe Fokussierung, 3) klare Verantwortung und Aufgaben, 4) Vertrauen, Sicherheit und Anerkennung, 5) schneller Wissensaustausch, 6) mutiges Vorgehen, 7) vielfältige Sichtweisen, 8) geistige Regeneration. Es wurde zudem festgestellt, dass eine klare Dreiviertelmehrheit (79 %) den Eindruck hat, dass sich ihre Vorgesetzten um gute Arbeitsbedingungen und eine gute Atmosphäre im Unternehmen bemühen. 16 Prozent sagen dagegen, dass sich ihre Vorgesetzten nicht dafür einsetzen. Bei der Zusammenarbeit mit den Kollegen ist die Arbeitsatmosphäre von großer Bedeutung: So gut wie allen, hauptsächlich im Büro tätigen Erwerbstätigen (99 %), ist eine freundliche Atmosphäre beziehungsweise kollegiales, hilfsbereites Miteinander wichtig – der deutlichen Mehrheit (76 %) ist dies sogar sehr wichtig. Neue Ideen einbringen zu können sowie klare Regeln und eine klare Aufgabenteilung haben zwar auch einen hohen Stellenwert, allerdings sind diese Aspekte jeweils „nur" etwa jedem zweiten Befragten sehr wichtig (47 % beziehungsweise 43 %). Ein Blick in die soziodemografische Verteilung zeigt darüber hinaus: Zwar legen sowohl Männer als auch Frauen mehr Wert auf eine gute Arbeitsatmosphäre als auf klare Regeln beziehungsweise klare Arbeitsteilung sowie die Möglichkeit, Ideen einbringen zu können – Kollegialität steht bei Frauen allerdings noch höher im Kurs als bei Männern. Männer schätzen es dagegen häufiger als Frauen, neue Ideen einbringen zu können. Daher hat Porsche Consulting Nudge Management als neues Führungsinstrument entwickelt. Die Anwendung einiger weniger Nudges (= Stupser), jene oben genannte acht Verhaltensprinzipien, kann die Arbeitsatmosphäre bereits deutlich verbessern. Die einzelnen Stupser sind wichtige Bausteine für New Work. Je mehr Nudges im Einsatz sind, desto effektiver und agiler wird die Zusammenarbeit. Dies ist wichtig für eine hohe Innovationskraft.

A.T Kearney und der Bundesverband der Personalmanager (BPM) haben in einer weiteren Studie mehr als 4000 Personalmanager zu den Auswirkungen der digitalen Transformation befragt. Die Ergebnisse sind, dass fast alle Unternehmen bereits jetzt oder in naher Zukunft starke Veränderungen im Geschäfts- oder Betriebsmodell aufgrund der Digitalisierung erfahren werden. Jedoch fühlen die meisten sich auf diesen Schritt noch nicht ausreichend vorbereitet. Als wichtigste Faktoren für eine erfolgreiche digitale Transformation werden Veränderungsbereitschaft in der Belegschaft, ein klarer Plan zu Umsetzung der Veränderungen sowie ausreichende Ressourcen im Personalbereich herausgestellt. Hierbei wird vom Personalbereich die Chance empfunden in der digitalen Transformation als Moderator und Gestalter des digitalen Wandels aufzutreten und somit eine strategische Rolle einzunehmen. Innerhalb der Studie wurden die Themen und Fragen über Betroffenheit sowie Chance/Risiko Einschätzungen der digitalen Transformation, HR goes digital und die Rolle des Personalmanagements im digitalen Veränderungsprozess behandelt.

Die Studie des Fraunhofer Instituts für Arbeitswirtschaft und Organisation (IAO) der Autoren Bauer/Rief/Kelter/Haner/Jurecic basiert auf einem Forecast Prozess von über 100 Experten und beschreibt das Szenario einer Arbeits- und Lebenswelt von Büro- und Wissensarbeitern, als Träger der Wirtschaftskraft, Wettbewerbsfähigkeit moderner Volkswirtschaften, im Jahr 2025. In den Mittelpunkt gerückt wurden hierbei die Möglichkeiten einer hochvernetzten, räumlich und zeitlich flexibilisierten Arbeitsorganisation, die sich an den individuellen Lebenskontexten orientiert und damit zu einer Steigerung von Innovationskraft, Effizienz und Effektivität beiträgt und sich auch in einer veränderten Gestaltung des Büroumfelds ausdrückt. Das Szenario soll ein Bild der möglichen zukünftigen Weiterentwicklung der sogenannten „Neuen Arbeitswelt" aufzeigen und gleichzeitig wird versucht diese aktiv mitzugestalten. Das Szenario soll frühzeitig Orientierung geben für die Weiterentwicklung der eigenen Organisation, individueller Lebensläufe aber auch für die

Entwicklung von Produkten und Dienstleistungen rund um die Büroarbeit. Es soll dabei helfen Ausprägungen, die von diesen skizzierten Entwicklungspfaden abweichen, zu erkennen. Dabei wurde sich auf einige zentrale Kernthemen fokussiert. Selbstverständlich sind darüber hinaus auch weitere oder abweichende Schwerpunkte in einer zukünftigen Entwicklung möglich. Das Szenario „digitale Arbeitswelten" basiert im Wesentlichen auf der Befragung ausgewählter Experten, sowie der Auswertung zahlreicher Quellen zu Trend- und Zukunftsstudien unterschiedlicher Verfasser und Schwerpunkte. Auf Basis der Literaturrecherchen und gemeinsamer Thesenentwicklungs – Workshops mit Vertretern der Forschungspartner wurden zunächst rund 250 Startthesen zur Zukunft der Büro- und Wissensarbeit entwickelt. In einem weiteren Schritt wurden diese auf 48 Schlüsselthemen in folgenden vier Themenbereichen verdichtet: 1) Übergreifende Entwicklungen, 2) Büroorganisation und Bürogestaltung, 3) Informations- und Kommunikationstechnologien 4) Lebensstile und Lebensweisen. Es wird festgehalten das in Zukunft die Büro- und Wissensarbeit hyperflexibel, multilokal und individuell wird. Die starke Orientierung an den individuellen Werten und Anforderungen der Büro- und Wissensarbeiter sorgt für eine hohe Kreativität und Innovationskraft und erlaubt zugleich eine hohe Leistung und Produktivität.

Literatur

Arntz M., T. Gregory, F. Lehmer, B. Matthes, und U. Zierahn. 2016. Dienstleister haben die Nase vorn – Digitale Arbeitswelten – Stand der Digitalisierung in Deutschland. *IAB Kurzbericht* (22). Nürnberg

Bainbridge, L. 1983. Ironies of automation. *Automatica* 19:775–780.

Baumöl, U., und C. Grawe. 2017. Die Integration von Business und IT und die neue Rolle der Leistungssteuerung. *HMD* 54(3): 362–374.

Becker, Wolfgang. 2015. *Unternehmensführung.* Bamberg: Otto-Friedrich-Univ.

Becker, W., M. Staffel, und P. Ulrich. 2008. *Mittelstand und Mittelstandsforschung.* Bamberg: Otto-Friedrich-Univ.

Becker, W., und P. Ulrich. 2011. *Mittelstandsforschung – Begriffe, Relevanz und Konsequenzen.* Stuttgart: Kohlhammer.

Bitkom. 2016. *Industrie 4.0 – Status und Perspektiven.* Berlin.

Botthof, A., und M. Bovenschulte. 2009. *Die Autonomik als integratives Technologieparadigma.* Berlin: Institut für Innovation und Technik.

Botthof, A., und E. A. Hartmann. 2015. *Zukunft der Arbeit in Industrie 4.0.* Berlin: Springer Vieweg.

Böhle, F. 2013. Subjektivierendes Arbeitshandeln. In *Lexikon der Arbeits- und Industriesoziologie,* Hrsg. Hirsch-Kreinsen Hartmut und Minssen Heiner, 425–429. Berlin: Nomos.

Boes, A., und T. Kämpf. 2011. *Global verteilte Kopfarbeit: Offshoring und der Wandel der Arbeitsbeziehungen.* Berlin: sigma.

Brynjolfsson, E., und A. McAfee. 2014. *The second machine age: Work, progress, and prosperity in a time of brilliant technologies.* New York: WW Norton & Company.

Bundesministerium für Arbeit und Soziales. 2016. *Führungskultur im Wandel – Kulturstudie mit 400 Tiefeninterviews*. Berlin.

Bundesministerium für Wirtschaft und Energie. 2018. Wirtschaftsmotor Mittelstand – Zahlen und Fakten zu den deutschen KMU. https://www.bmwi.de/Redaktion/DE/Publikationen/Mittelstand/wirtschaftsmotor-mittelstand-zahlen-und-fakten-zu-den-deutschen-kmu.pdf?__blob=publicationFile&v=32. Zugegriffen am 12.12.2018.

Damken, N. 2007. Corporate Governance in mittelständischen Kapitalgesellschaften – Bedeutung der Business judgment rule und der D & O-Versicherung für Manager im Mittelstand nach der Novellierung des § 93 AktG durch das UMAG, Edewecht.

Deloitte. 2016. Industrie 4.0 im Mittelstand. https://www2.deloitte.com›Industrie-4.0-im-Mittelstand-komplett-safe.pdf. Zugegriffen am 24.10.2019.

Demary, V. 2015. Digitalisierung, Vernetzung und Strukturwandel: Wege zu mehr Wohlstand. https://www.iwkoeln.de/fileadmin/publikationen/2015/252298/IW-Strukturbericht_2015.pdf. Zugegriffen am 24.10.2019.

Eichhorst, W. 2013. *Wie weiter am deutschen Arbeitsmarkt?* Bonn: Forschungsinstitut zur Zukunft der Arbeit.

Europäische Kommission. 1996. KMU-Definition: Empfehlung der Kommission vom 03. April 1996. *Amtsblatt der Europäischen Gemeinschaft*. Nr. L 107.

Europäische Kommission. 2003. KMU-Definition: Empfehlung der Kommission vom 06. Mai 2003. *Amtsblatt der Europäischen Gemeinschaft*. Nr. L124, S. 36.

Engels, B. 2017. Bedeutung von Standards für die digitale Transformation – Befunde auf Basis des IW-Zukunftspanels. *IW-Trends* 44(2): 21–44.

Fraunhofer IAO. 2013. Produktionsarbeit der Zukunft. https://www.google.com/url?sa=t&rct=j&q=&esrc=s&source=web&cd=4&ved=2ahUKEwiz4sKSprT-1AhUMaQKHWnYCe4QFjADegQIAhAC&url=https%3A%2F%2Fwww.iao.fraunhofer.de%2Fimages%2Fiao-news%2Fproduktionsarbeit-der-zukunft.pdf&usg=AOvVaw1VmHTfhlKiZGmSP1Oty9dB. Zugegriffen am 24.10.2019.

Fischer, H., J. Rump, und S. Eilers. 2013. Unternehmen. In *Arbeitswelt 2030. Trends, Prognosen, Gestaltungsmöglichkeiten*, Hrsg. Rump Jutta, 57–81. Stuttgart: Schäffer Poeschel.

Frost, M. C., S. Sandrock, und N. Schüth. 2016. Potenzialen der digitalen Arbeitswelt für Führung und Qualifizierung. *ZWF – Zeitschrift für wirtschaftlichen Fabrikbetrieb* 111(10): 639–644.

Gleich, R., H. Losbichler, und R. M. Zierhofer. 2016. *Unternehmenssteuerung im Zeitalter von Industrie 4.0: Wie Controller die digitale Transformation erfolgreich steuern*. München: Haufe-Lexware.

Grabmeier, S. 2014. New Leadership – Führung in der Digitale Arbeitswelten. https://www.google.com/url?sa=t&rct=j&q=&esrc=s&source=web&cd=2&ved=2ahUKEwiCzL_UmrTlAhVB-qQKHWCAMAQFjABegQIAxAC&url=http%3A%2F%2Finno-vation-evangelists.com%2Ffileadmin%2FDateien%2FPDF%2FArtikel%2FNew_Leadership_-_Fuehrung_in_der_Arbeitswelt_4.0.pdf&usg=AOvVaw2oVbrNjgJES4AJuRdfg8Hn. Zugegriffen am 24.10.2019.

Grote, M. 2009. *Entwicklungen, Kontexte, Grenzgänge*. München: Iudicium.

Günterberg, B., und G. Kayser. 2004. *SMEs in Germany, Facts and Figures*. Bonn: Institut für Mittelstandsforschung.

Hammermann, A., und O. Stettes. 2016. Familienfreundliche Arbeitswelt im Zeichen der Digitalisierung – Befunde auf Basis des Unternehmensmonitors Familienfreundlichkeit. *IW-Trends* 43(4): 3–22.

Hartmann, E. 2015. Arbeitsgestaltung für Industrie 4.0: Alte Wahrheiten, neue Herausforderungen. In *Zukunft der Arbeit in Industrie 4.0*, Hrsg. Alfons Botthof und Ernst Andreas Hartmann, 9–20. Wiesbaden.

Hausch, K. T., und E. Kahle. 2004. *Corporate Governance im deutschen Mittelstand. Veränderungen externer Rahmenbedingungen und interner Elemente*. Wiesbaden: Deutsche Universitäts-Verlag.

Hays. 2014. HR-Report 2014/2015: Schwerpunkt Führung. https://www.hays.de/documents/10192/118775/hays-studie-hr-report-2014-2015.pdf/1348857b-2941-466c-8f84-3eaae1121166. Zugegriffen am 24.10.2019.

Hays. 2015. HR-Report 2014/2015 Schwerpunkt Führung. https://www.hays.de/documents/10192/118775/hays-studie-hr-report-2014-2015.pdf/1348857b-2941-466c-8f84-3eaae1121166. Zugegriffen am 24.10.2019.

Hernandez, S., I. Ramirez, V. Roselli, G. Osei-Bonsu, und R. Karner. 2018. *What if employment as we know it today disappears tomorrow? A forward-looking view of the workplace in Germany, Switzerland and Austria in 2030*. London: Ernst & Young Global Limited.

Hirsch-Kreinsen, H. 2015. *Digitalisierung industrieller Arbeit: die Vision Industrie 4.0 und ihre sozialen Herausforderungen*. Baden-Baden: Nomos.

Huber, D., und T. Kaiser. 2015. Wie das Internet der Dinge neue Geschäftsmodelle ermöglicht. *HDM Praxis der Wirtschaftsinformatik* 52(5): 681–689.

Institut für angewandte Arbeitswissenschaft e. V. 2016. Ifaa-Trendbarometer Arbeitswelt, Düsseldorf.

Initiative Neue Qualität der Arbeit 2014. Führungskultur im Wandel.

Kagermann, H., W. Wahlster, und J. Helbig. 2013. *Umsetzungsempfehlungen für das Zukunftsprojekt Industrie 4.0, Abschlussbericht des Arbeitskreises Industrie 4.0, Promotorengruppe Kommunikation der Forschungsunion Wirtschaft – Wissenschaft*. Berlin: SAP.

Kagermann, H. 2014. Chancen von Industrie 4.0 nutzen. In *Industrie 4.0 in Produktion, Automatisierung und Logistik. Anwendung, Technologien, Migration*, Hrsg. Thomas Bauerhansl, 603–614. Wiesbaden: Springer Vieweg.

Kagermann, H., und B. Leukert. 2017. How the internet of things and smart services will change society. https://open.sap.com/courses/iot1?locale=de, Zugegriffen am 01.02.2019.

Kaufmann, T. 2015. *Geschäftsmodelle in Industrie 4.0 und dem Internet der Dinge – Der Weg vom Anspruch in die Wirklichkeit*. Wiesbaden: Springer.

Kirchner, S. 2015. Konturen der digitalen Arbeitswelt – Eine Untersuchung der Einflussfaktoren beruflicher Computer- und Internetnutzung und der Zusammenhänge zu Arbeitsqualität. *Kölner Zeitschrift für Soziologie und Sozialpsychologie* 67(4): 763–791.

Köhler-Schute, C. 2015. *Industrie 4.0: Ein praxisorientierter Ansatz*. Berlin: KS-Energy.

Lasi, Heiner, Fettke Peter, Feld Thomas, und Hoffmann Michael. 2014. Industrie 4.0. *Wirtschaftsinformatik* 6(4): 261–264.

Lee, J. D., und B. Seppelt. 2009. *Human factors in automation design*. Wiesbaden.

Ludwig, T., C. Kotthaus, M. Stein, H. Durt, C. Kurz, J. Wenz, T. Doublet, M. Becker, V. Pipek, und V. Wulf. 2016. Arbeiten im Mittelstand 4.0 – KMU im Spannungsfeld des digitalen Wandels. *HMD Praxis der Wirtschaftsinformatik* 53(1): 71–86.

Maitland, A., und P. Thomson. 2011. *Future work: How businesses can adapt and thrive in the new world of work*. Basingstocke: Palgrave Macmillan.

Nerdinger, F. W., G. Blickle, und N. Schaper. 2014. *Arbeits- und Organisationspsychologie*, 3. Aufl. Berlin: Springer-Lehrbuch.

Oehmichen, E., und C. Schröter. 2008. Medienübergreifende Nutzungsmuster. *Media Perspektiven* 8: 394–409.

Obermaier, R. 2016. Industrie 4.0 als unternehmerische Gestaltungsaufgabe: Stra-tegische und operative Handlungsfelder für Industriebetriebe. In *Industrie 4.0 als unternehmerische Gestaltungsaufgabe: Betriebswirtschaftliche, technische und rechtliche Herausforderungen*, Hrsg. Robert Obermaier, 3–34. Wiesbaden.

Pfeiffer, S. 2005. Technik, Informatisierung und Subjekt. www.isf-muenchen.de › pdf › TechnikInformatisierungSubjektReferat. Zugegriffen am 24.10.2019.

Roland Berger. 2017. Between ambition and reality – Key findings from the Roland Berger HR Trends Survey 2017.

Roth, A. 2016. *Einführung und Umsetzung von Industrie 4.0 Grundlagen, Vorgehensmodell und Use Cases aus der Praxis*. Berlin.

Rump, J., F. Schabel, und S. Grabmeier. 2011. *Auf dem Weg in die Organisation 2.0*. Sternenfels: Mut zur Unsicherheit.

Rump, J., Wilms G., und S. Eilers. 2014. Digitalisierung in der Arbeitswelt: Hintergründe und Handlungsansätze. In: *Identität in der Virtualität: Einblicke in neue Arbeitswelten und „Industrie 4.0"*. Hrsg, Welf Schröter, Welf, 9–37, Mössingen-Talheim: Talheimer.

Rump, J., und S. Eilers. 2017. Das Konzept des Employability Management. In *Auf dem Weg zur Arbeit 4.0. Innovation in HR*, Hrsg. Jutta Rump und Silke Eilers, 87–126. Berlin/Heidelberg: Springer Gabler.

Schäfer, S., und C. Pinnow. 2015. *Industrie 4.0 – Grundlagen und Anwendungen Branchentreff der Berliner Wissenschaft und Industrie*. Berlin: Beuth.

Seufert, J., und E. Bonnaud 2017. Between ambition and reality – Key findings from the Roland Berger HR Trends Survey 2017. *Roland Berger Focus*. Roland Berger GmbH. München.

Singh, M. 2015. Am Vorabend der vierten industriellen Revolution. *Controlling & Management Review* 59(5): 6–15.

Staufen/Staufen.Digital Neonex. 2016. *Deutscher Industrie 4.0 Index 2016*. Köngen.

Sydow, J. 1985. *Der soziotechnische Ansatz der Arbeits- und Organisationsgestaltung: Darstellung, Kritik, Weiterentwicklung*. Frankfurt.

Taylor, Frederick Winslow. 1977. *Die Grundsätze wissenschaftlicher Betriebsführung*. Weinheim: Beltz.

Telekom Shareground/Universität von St. Gallen. 2015. Arbeit 4.0: Megatrend digitaler Arbeit der Zukunft – 25 Thesen.

Trist, E. L., und K. W. Bamforth. 1951. Some social and psychological consequences of the Longwall method of coal-getting. *Human Relations* 4(1): 3–38.

Windelbrand, L. 2011. Zukunft der Facharbeit im Zeitalter „Industrie 4.0". *Journal of Technical Education* 2(2): 138–160.

Wild, J. 1982. *Grundlagen der Unternehmungsplanung*, 4. Aufl. Wiesbaden.

Wild, J., und Schmitd. 1973. Managementsysteme für die öffentliche Verwaltung: PPBS und MbO. *Die Verwaltung* 1(2): 217–229.

Wallau, F. 2005. Mittelstand in Deutschland – Vielzitiert, aber wenig bekannt. In *Mittelstand in Lehre und Praxis – Beiträge zur mittelständischen Unternehmensführung und zur Betriebswirtschaftslehre mittelständischer Unternehmen*, Hrsg. Friedrich Meyer, 1–15. Aachen.

Wee, D., R. Kelly, J. Cattelli, und M. Breurig. 2015. *Industry 4.0 – How to navigate digitization of the manufacturing sector. McKinsey Digital*. New York: McKinsey & Company.

Zwick, S. 2016. Studie: Nur 39 Prozent der Manager führen gut. *Wirtschaft + Weiterbildung* 28(11/12): 36–37.

Quantitative Erhebung

4

Zusammenfassung

Nachdem in Kapitel 3 wichtige terminologische Grundlagen zur digitalen Arbeitswelt, dem Digital Leadership aber auch dem Mittelstand darlegt und bestehende Erkenntnisse aus der wissenschaftlichen Literatur diskutiert wurden, soll nun im vorliegenden Kapitel 4 die durchgeführte quantitative Erhebung im Fokus der Betrachtung stehen. Diese Methode basiert auf einer zahlmäßig großen Erhebung zur Beschreibung und zur Operationalisierung von Sachverhalten. Durch diese bewusst getroffene nummerische Abbildung der Realität grenzt sich die quantitative Erhebung von qualitativen Datenerhebungen (siehe Kap. 5) ab, welche primär die verbale Beschreibung der Untersuchungsobjekte anstreben. Hierzu zunächst neben dem allgemeinen Forschungsdesign die gewählte Erhebungsmethode sowie der grundsätzliche Ablauf der Datenerhebung näher ausgeführt werden. Während in Abschn. 4.3 die Probanden charakterisiert und klassifiziert werden, sollen im Abschn. 4.3, welcher den thematischen Schwerpunkt des vierten Kapitels bildet, die Ergebnisse der quantitativen Erhebung diskutiert werden. Hierbei soll zwischen Rahmenbedingungen, der Organisation, der Zufriedenheit mit der Work-Life-Balance und möglichen Strategien bzw. Maßnahmen für die Diversity-Arten differenziert werden.

© Springer Fachmedien Wiesbaden GmbH, ein Teil von Springer Nature 2019   61
W. Becker et al., *Digitale Arbeitswelten im Mittelstand*,
Management und Controlling im Mittelstand,
https://doi.org/10.1007/978-3-658-24372-2_4

4.1   Forschungsdesign

Die Ableitung des Forschungsdesigns erfolgt grundsätzlich aus der/den Zielset-
zung(en) bzw. des Forschungsprojekts. Hierzu soll im Folgenden zunächst das
Feld möglicher Forschungsdesigns aufgezeigt werden. Auf diesen Überlegungen
aufbauend wird vor dem Hintergrund der Ziele des Forschungsprojektes ein geeig-
netes Forschungsdesign ausgewählt. Die daraus resultierenden Konsequenzen für
den gewählten Aufbau der quantitativen Studie sind ebenfalls zu diskutieren.

Grundsätzlich folgt jegliche empirische Forschungsarbeit einem logischen Aufbau, der Auskunft über zentrale Arbeitsschritte und eingesetzte Forschungsinstru-
mente gibt (Atteslander 2010, S. 55). Dieser schematische Forschungsaufbau wird
in der bestehenden wissenschaftlichen Literatur als Forschungsdesign oder Unter-
suchungsanordnung bezeichnet (Schnell et al. 2005, S. 211). Dies beschreibt demzufolge die grundlegende Art und Weise mit der eine empirische Fragestellung
untersucht werden soll.

Hiermit verbunden sind alle Entscheidungen, welche bspw. die Stichprobenaus-
wahl, die Wahl der Erhebungsmethoden und der Analysestrategien betreffen.
Jedoch ist ein Forschungsdesign nicht mit der zugrundeliegenden Methode der
Datensammlung (qualitativ und/oder quantitativ) gleichzusetzen. Vielmehr ist ein
Forschungsdesign deutlich umfassender zu verstehen. Es bildet die logische Struktur einer Untersuchung ab, welche wiederum die Methode der Datensammlung
beinhaltet. Die Reduktion eines Forschungsdesigns ausschließlich auf die Metho-
denebene verengt dadurch vielfach die Gesamtsicht auf die Zielsetzung der Untersuchung, diese hat nämlich das grundlegende Ziel, möglichst widerspruchsfreie
Erkenntnisse abzuleiten (Homburg et al. 2009, S. 175). Um bestmöglich die aufge-
worfenen Forschungsfragen zu beantworten, gewinnen deshalb Forschungsdesigns, die pragmatisch sowohl quantitative als auch qualitative Methoden umfassen
(sog. Mixed Method Research) zunehmend an Bedeutung, wobei der Einsatz parallel oder sequenziell erfolgen kann (Creswell und Plano Clark 2007, S. 5). Dieser
sachlogische Zusammenhang wird in Abb. 4.1 grafisch dargelegt.

Quantitative Forschungsmethoden basieren vornehmlich auf zahlenmäßigen
Erhebungen und Beschreibung von Sachverhalten. In dieser numerischen Abbil-
dung der Realität grenzen sie sich von *qualitativen Methoden* ab, die die verbale
Beschreibung der Untersuchungsobjekte anstreben.

Qualitative Methoden sind grundsätzlich durch die Umwandlung von Merk-
malsausprägungen in ein numerisches Format gekennzeichnet, in den Fällen in
denen Daten nicht natürlich in Zahlenform vorliegen (Schwaiger 2009, S. 421 f.).
Im Hinblick auf die Erklärungsmethodik lassen sich Forschungsdesigns in *explorative* und *konfirmatorische* Designs differenzieren. Dabei versucht der explorative

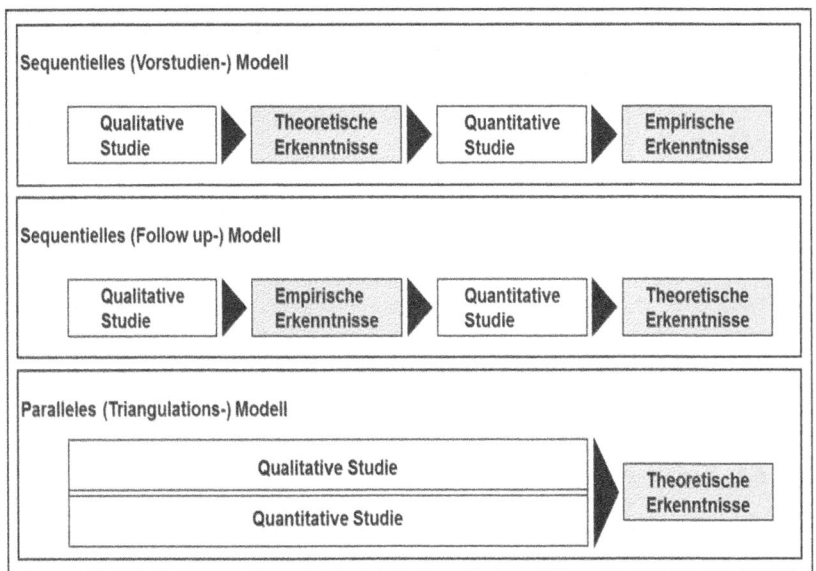

Abb. 4.1 Integration qualitativer/quantitativer Designs (In Anlehnung an Srnka 2007, S. 254)

Ansatz, unter einer großen Anzahl möglicher Variablen, Strukturen und Zusammenhänge zu erkennen und zu interpretieren. Die konfirmatorische Forschung hingegen baut auf bereits untersuchten Wirkungszusammenhängen auf und überprüft die, aus dieser Theorie begründeten Thesen, empirisch (Backhaus et al. 2003, S. 7). Backhaus et al. (2003) unterscheiden hinsichtlich der Forschung zugrundeliegenden Fragestellung strukturentdeckende und strukturprüfende Verfahren. Diese Klassifizierung wird in Abb. 4.2 grafisch aufgegriffen.

Aus den Ausführungen des Grundlagenkapitels (siehe Kap. 3) wird deutlich erkenntbar, dass digitale Arbeitswelten ein höchst aktuelles und zudem viel diskutiertes Thema darstellen. Es ist unstrittig, dass die Mitarbeiter in Unternehmen als wichtige Erfolgsfaktoren zu charakterisieren sind. Veränderungen der Arbeitswelt durch die industrielle Digitalisierung sind jedoch sehr heterogen fortgeschritten, was den Zweck des hier vorliegenden Forschungsprojektes begründet. Zudem ist festzuhalten, dass dieser spezielle Sachverhalt in der wissenschaftlichen Literatur, aber auch in der unternehmerischen Praxis bisher eher „stiefmütterlich" behandelt wurde und aufgrund dessen nur eine geringe Zahl an konzeptionellen und empirischen Studien dazu vorliegt (Abschn. 3.4). Das zu Grunde liegende Ziel der hier

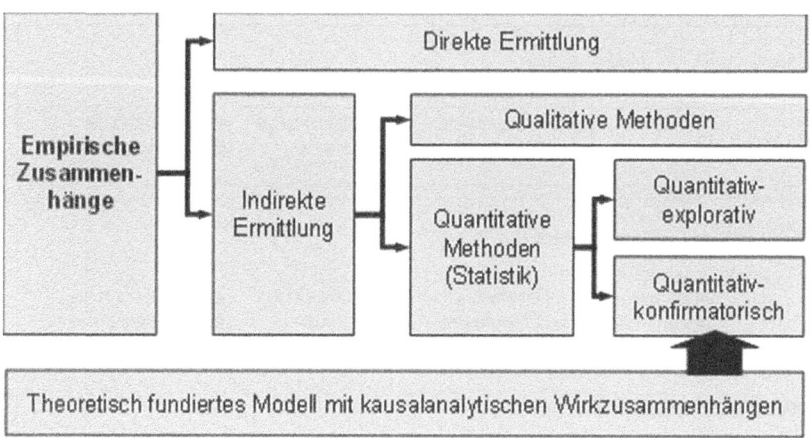

Abb. 4.2 Ermittlung empirischer Zusammenhänge (In Anlehnung an Becker 2011, S. 88)

vorliegenden Studie ist es daher, digitale Arbeitswelten phänomenbezogen zu untersuchen und nach Möglichkeit zu spezifizieren. Hierin begründet sich vornehmlich die Notwendigkeit, neue Daten zu generieren und in diesem Kontext zur Mehrung der Wissensbasis beizutragen. Es soll also insbesondere eruiert werden, wie sich die Arbeitswelt durch die Digitalisierung, Industrie 4.0 und ähnliche Trends verändert.

Dies führt dazu, dass in der vorliegenden Forschungsaktion *quantitativ-konfirmatorische* Elemente zum Einsatz kommen. Gleichzeitig soll der bisher eher rudimentäre Charakter des Kenntnisstands um wichtige Aspekte erweitert werden, was wiederum mit einer Erweiterung um *quantitativ-exploratorische* Elemente erreicht werden soll. Neben der wissenschaftlich-motivierten Zielsetzung sollen die Studienergebnisse zudem praxisorientierte Handlungsempfehlungen generieren.

Sinnvolle Forschungserkenntnisse können nach der Ansicht Beckers (vgl. hierzu Abb. 4.3) nur durch die Synthese von aus betriebswirtschaftlichen Theorien abgeleiteten und aus empirischen Daten hergeleiteten Argumentationsschritten entstehen. Die Forschung im Gegenstrom nach Becker findet in der vorliegenden Studie Anwendung, indem deduktiv aus theoretischen Erkenntnissen und induktiv aus bestehenden empirischen Studien Erkenntnisse zur digitalen Arbeitswelten abgeleitet werden.

Als ein klassisches Verfahren der Datenerhebung kann die Befragung identifiziert werden. Sie lässt sich in persönlich-mündliche, schriftliche, telefonische und Onlinebefragungen unterscheiden. Zur Verfolgung eines quantitativen Ansatzes

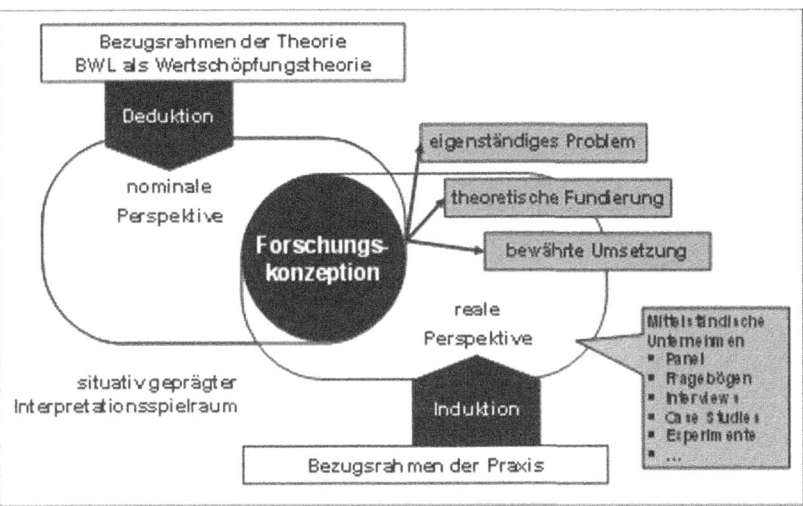

Abb. 4.3 Forschung im Gegenstrom (In Anlehnung an Becker 1990, S. 296)

muss stets darauf geachtet werden, die Daten möglichst standardisiert zu erheben (Diekmann 2006, S. 373 f.). Geleitet von dem grundsätzlichen Ziel, eine möglichst breite Querschnittserhebung durchzuführen, wird zur Erhebung der Daten auf das Erhebungsinstrument der schriftliche Befragung, welches mit Hilfe eines semi-strukturierten Fragebogens durchgeführt wird, zurückgegriffen. Bei einer reinen schriftlichen Befragung wird allerdings der Nachteil in Kauf genommen, dass die Erhebungssituation unkontrolliert ist und die befragten Personen eventuell Fragen falsch verstehen könnten (Döring und Bortz 2002, S. 253). Die Konstruktion eines Fragebogens ist der *Kunstlehre* zuzuordnen. Dabei ist die *Operationalisierung* der, im Vorfeld aufzustellenden, Forschungsfragen im Fragebogen das zentrale Problem bei der Entwicklung eines solchen Fragebogens. In der gängigen Literatur zur empirischen Sozialforschung werden mittlerweile alle Arten von *Fragetypen* beschrieben.

Offenheit bis zu respektive Geschlossenheit einer Frage bezeichnet den Spielraum, welcher dem Probanden eingeräumt wird. Die *offene Frage* enthält keine festen Antwortkategorien. Die befragte Person kann ihre Antwort völlig selbstständig formulieren. Diese wird erst später bei der Auswertung bestimmten Kategorien zugeordnet. Bei der *geschlossenen Frage* werden dem Befragten zugleich auch alle möglichen oder zumindest alle relevanten Antworten – nach vorab geordneten Kategorien – vorgelegt (Atteslander 2010, S. 146). Offene Fragen helfen Unwissenheit

und Missverständnisse der Probanden zu entdecken. Geschlossene Fragen hingegen generieren eine größere Einheitlichkeit der Antworten und erhöhen die Ver-
gleichbarkeit der Probanden. Bei einer geschlossenen skalierten Frage wird die
Intensität einer Meinung zudem operationalisierbar gemacht.

Zum Zweck der größtmöglichen Standardisierung wurden in vorliegender Studie mehrheitlich geschlossene Fragen formuliert, sowohl in *skalierter* als auch in
nicht-skalierter Form. Skalierte Fragen enthalten grundsätzlich stärker differen-
zierte Antwortmöglichkeiten. Nicht-skalierte Fragen dagegen bestehen oft nur aus
ja/nein-Antwortmöglichkeiten. Das Vorgeben fester Antwortalternativen fordert
stets das Wiedererkennungsvermögen der Befragten. Dies erleichtert sowohl die Beantwortung als auch die statistische Auswertung des Fragebogens.

Einige Fragen wurden hingegen als *halboffene Fragen* konzipiert, das heißt es
erfolgte eine Kombination aus offenen und geschlossenen Antwortalternativen.
Der Befragte kann somit bei bestehendem Bedarf zu den bereits vorgegebenen
standardisierten Antwortalternativen, ergänzende in der Regel qualitative Aussagen formulieren (Diekmann 2006, S. 408). Der Verwendung *geeigneter Skalen*
kommt im Forschungsprozess eine überragende Bedeutung zu. Die Skalentypen
der Fragen entscheiden darüber, welche sinnvollen Aussagen daraus formuliert
werden können. Grundsätzlich wird zwischen Nominal-, Ordinal-, Intervall-, Ra-
tio- und Absolutskalen unterschieden. Im hier eingesetzten Fragebogen kommt vor
allem die sogenannte *Likert-Skala* (Ordinalskala) zum Einsatz. Diese Skala dient,
in den empirischen Sozialwissenschaften, vornehmlich zur Messung von (Selbst-)
Einschätzungen (Rodeghier 1997, S. 19). In Fällen in denen die wissenschaftliche
Literatur wenig Anhaltspunkte für die Formulierung geschlossener bzw. halboffe-
ner Fragen bietet, wurden *offene Fragen* formuliert.

Eine Verbindung unterschiedlicher qualitativer und quantitativer Erhebungsmethoden wird als *Triangulation* bezeichnet. Beide Methoden lassen sich nach Kluge
(2001, S. 63 ff.) miteinander kombinieren und synthetisieren. In dieser Erhebung
wurde die Triangulation zur Fokussierung der standardisierten Befragung für die
Gestaltung des Leitfadens für die Interviews genutzt, um so die quantitativen Ergebnisse der schriftlichen Befragung durch Experteninterviews zu flankieren bzw.
zu verifizieren.

Nach Gläser und Laudel (2006, S. 10) sind Experten grundsätzlich definiert als:
„[…] Menschen, die ein besonderes Wissen über soziale Sachverhalte besitzen
und Experteninterviews sind eine Methode, dieses Wissen zu erschließen". Sie
stellen folglich kein Untersuchungsobjekt dar, sondern sind als Medien zu verstehen, die befragt werden, um Erkenntnisse zum eigentlichen Untersuchungsobjekt
zu erlangen. Schließlich werden durch die *Experteninterviews* die Äquidistanz
der Skalenwerte validiert und somit wird die bereits erläuterte Likert-Skala, die im

Wesentlichen eine Ordinalskala ist, zu einer Intervallskala bei der von gleichgroßen Abständen zwischen den Ausprägungen auszugehen ist.

Im Folgenden soll der Ablauf der Datenerhebung der empirischen Studie dargestellt werden. Die Herangehensweise an die Datensammlung für die empirische Studie ist an einen Standardartikel zur Konzeptualisierung komplexer Konstrukte angelehnt (Homburg und Giering 1996, S. 11 f.). Es werden folgende *fünf Schritte* verfolgt:

Der erste Schritt der *Grobkonzeptualisierung* ist bedeutend, um ein elementares Verständnis für die zu untersuchende Fragestellung zu erhalten. In der vorliegenden Studie wurde hierzu eine ausführliche Literaturrecherche genutzt, um den Status Quo der Forschungslandschaft zu diesem Thema darzustellen (Abschn. 3.4). Der nächste Schritt ist die Konstruktion einer ersten Version des Fragebogens. Diese wurde in einem Pretest von insgesamt zehn Probanden evaluiert. Ziel war hierbei vor allem die Überprüfung der nachfolgenden Aspekte:

- Grundsätzliches Interesse gegenüber der Befragung;
- Verständnis der Fragen;
- Schwierigkeitsgrad der Fragen;
- Dauer der Befragung sowie
- Effekte der Fragenanordnung.

Neben diesen Kriterien wurde der Fragebogen mehrmals überarbeitet und sodann eine finale Version erstellt. Darauf erfolgte die eigentliche Datenerhebung, welche im Zeitraum von September bis Oktober 2017 durchgeführt wurde. Als Methode wurde eine *Primärerhebung* ausgewählt. Der standardisierte Fragebogen richtete sich an den/die Top-Entscheider/in des Phänomens digitale Arbeitswelten und war von diesen selbstständig auszufüllen. Die Einladung inklusive Link zur Online-Umfrage wurde per E-Mail an die Probanden geschickt. Insgesamt wurden 40.000 Mittelständler auf diesem Wege kontaktiert. Es konnten 279 Unternehmen zur Teilnahme an der Umfrage gewonnen werden, sodass die Erfolgsquote akzeptable 0,7 Prozent beträgt.

Wichtige Eigenschaft *quantitativer Methoden* ist die Anwendbarkeit statistischer Verfahren (Schnell 2005, S. 447 f.). Die Daten der insgesamt 279 vollständig ausgefüllten Fragebögen wurden mit Hilfe einer Excel-Tabellenkalkulation erfasst. Nach Abschluss der Dateneingabe wurden alle Angaben einer *Plausibilitätskontrolle* unterzogen, bei welcher Fehleingaben und Werte bereinigt sowie unwahrscheinliche und unmögliche Wertkombinationen korrigiert bzw. entfernt wurden. Zur Auswertung der offenen Fragen erscheint eine inhaltsanalytische Vorgehensweise nach Mayring (2007, S. 70 ff.) ziel- und zweckorientiert. Dies bedeutet, dass das gesamte Antwortmaterial zur offenen Frage als Basis für die Kategorienbildung fungiert. Der *Prozess* der *qualitativen Inhaltanalyse* gestaltet sich im vorliegenden Fall wie folgt:

In einem ersten Schritt muss für die Frage ein sinnvolles Thema zur Kategorienbildung gewählt werden. Nach dieser Vorannahme wird das vorliegende Material sorgfältig durchgearbeitet, mit dem Ziel inhaltlich sinnvolle Kategorien zu bilden. Eine neue Kategorie entsteht dabei immer, wenn sich eine gegebene Antwort oder ein Antwortbestandteil nicht den aufgestellten Kategorien zuordnen lässt. Generell ist im Rahmen der *Analysemethodik* der hier vorliegenden Studie noch auf folgende zwei Punkte hinzuweisen.

- Aufgrund *fehlender* Antworten zu einzelnen Fragen können nicht immer alle Datensätze bei allen verwendeten Auswertungsverfahren berücksichtigt werden. Aufgrund der im Vorfeld bereits großzügig aussortierten und unvollständigen Fragebögen, handelt es sich hierbei jedoch um eine akzeptable Anzahl an Fragebögen mit fehlenden Angaben.
- Zum zweiten ist aufbauend auf den analysierten Untersuchungsergebnissen bei der Interpretation dieser Ergebnisse schließlich zu bedenken, dass sich jene Probanden, die sich die Zeit und Mühe nehmen, einen Fragebogen zu beantworten und zu retournieren, von anderen Probanden in ihrer Ausprägung sowie ihrer Expertise zum Thema stark unterscheiden können. Es besteht aus diesem Grunde immer die elementare Gefahr einer möglichen *Verzerrung der Antwort*, weshalb ein diesbezüglicher systematischer Fehler in den Untersuchungsergebnissen nicht mit abschließender Gewissheit ausgeschlossen werden kann.

Es existieren verschiedene *anerkannte Kriterien*, nach denen die Güte bzw. Qualität eines Fragebogens beurteilt werden kann. Zu den Hauptgütekriterien zählen Objektivität, Reliabilität und Validität. Sie stehen im folgenden Zusammenhang miteinander: Die *Objektivität* bildet die Voraussetzung für die *Reliabilität*, die ihrerseits wiederum die Voraussetzung für die *Validität* eines Fragebogens ist. Die Standardisierung wirkt sich am meisten bei der Objektivität aus, am wenigsten auf die Validität.

Entsprechend dieses inneren Sinnzusammenhangs (siehe Abb. 4.4) wird zunächst die Objektivität, darauf aufbauend die Reliabilität und zuletzt die Validität des erstellten Fragebogens betrachtet. Das Kriterium *Objektivität* zeigt an, wie unabhängig die Testergebnisse von denjenigen Forscher/innen sind, die die Daten erheben oder auswerten. Die Objektivität einer Untersuchung ist vom Standardisierungsgrad der Mess- bzw. der Erhebungsmethoden abhängig. Stark standardisierte Erhebungsinstrumente garantieren ein hohes Maß an Objektivität bei der Datener-

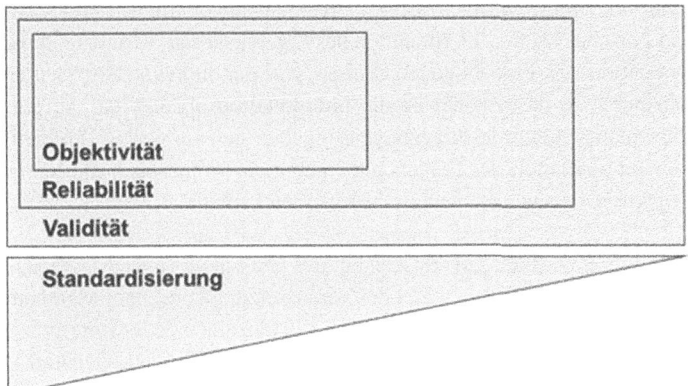

Abb. 4.4 Zusammenhang quantitativer Gütekriterien

hebung, standardisierte Auswertungsverfahren (z. B. mathematische Operationen) ermöglichen Objektivität bei der Datenauswertung. Es lassen sich verschiedene Arten von Objektivität analog der Forschungsphasen unterscheiden: Durchführungsobjektivität, Auswertungsobjektivität und Interpretationsobjektivität.

- Die *Durchführungsobjektivität* ist umso höher, je weniger die Forscher durch ihr äußeres Erscheinungsbild, sowie ihre Bedürfnis-, Ziel- und Wertstruktur, die Ergebnisse beeinflussen. Hieraus ergibt sich die Forderung nach einer geringstmöglichen sozialen Interaktion zwischen den Befragten und den Forschenden sowie standardisierten Bearbeitungshinweisen. Die Durchführungsobjektivität der vorliegenden Untersuchung ist insofern gewährleistet, als dass den Befragten ein standardisierter Fragebogen elektronisch zugeschickt wurde, den diese eigenständig – unbeeinflusst von einem Forscher – im Unternehmen ausfüllten.
- Das Kriterium der *Auswertungsobjektivität* ist erfüllt, wenn verschiedene Untersuchungsleiter bei der Auswertung desselben Fragebogens zu dem gleichen Ergebnis gelangen. Dies ist gewährleistet, wenn die Fragen weitestgehend geschlossen gestellt und die Itemformulierungen standardisiert sind. Bei den geschlossen-unskalierten und -skalierten Fragen handelt es sich um durchweg standardisierte Fragestellungen, bei denen die Antwortmöglichkeiten zum Ankreuzen bereits vorgegeben wurden, weshalb keinerlei Freiheitsgrade für die Auswertung der Fragebögen bestanden. Bei den wenigen offen gestellten Fragen, wurde bei der Vercodung und Eingabe der Antworten sowohl auf die Wahrung der intraindividuellen wie auch interindividuellen Objektivität geachtet.

- Die *Interpretationsobjektivität* ist schließlich abhängig von den Freiheitsgraden, die ein Forscher bei der Interpretation der Ergebnisse hat. Je unbeeinflusster die Interpretation der Fragebogenergebnisse von der individuellen Deutung des Forschenden ist, desto höher ist die Interpretationsobjektivität. Aufgrund der vorliegenden Struktur des Fragebogens ergaben sich nur geringe Freiheitsgrade bei der Interpretation der Fragebogenergebnisse, womit auch die Interpretationsobjektivität als gegeben angesehen werden kann.

Unter *Reliabilität* wird die Zuverlässigkeit, das heißt die formale Messgenauigkeit eines Fragebogens verstanden. Unter der Voraussetzung konstanter Messbedingungen ist ein Fragebogen dann reliabel, wenn die einzelnen Messwerte präzise und stabil, das heißt bei wiederholter Messung reproduzierbar sind. Generell können drei Arten unterschieden werden: die Retest-, Paralleltest- sowie Testhalbierungsreliabilität (Döring und Bortz 2002, S. 196 ff.) Da für die Überprüfung der *Retest-Reliabilität* derselbe Fragebogen zu zwei unterschiedlichen Testzeitpunkten der gleichen Testgruppe vorgelegt werden muss und die Messung der Paralleltest-Reliabilität zwei unterschiedliche Fragebögen bedingt, die das gleiche Konstrukt operationalisieren, kommt für die Reliabilitätsmessung des erstellten Fragebogens nur die Überprüfung der Testhalbierungs-Reliabilität in Frage.

Die *Validität* (Gültigkeit) zeigt an, ob ein Messinstrument tatsächlich misst, was es messen soll. Sie gilt als das wichtigste Testkriterium und gibt an, ob ein Fragebogen Testgültigkeit besitzt. Es lassen sich drei Formen, nämlich die Inhalts-, Kriteriums- und Konstruktvalidität unterschieden.

- *Inhaltsvalidität* ist gegeben, wenn möglichst alle Aspekte der Dimension, die gemessen werden sollen, berücksichtigt wurden. Die Höhe der Inhaltsvalidität eines Fragebogens kann jedoch nicht numerisch bestimmt werden, da keinerlei objektive Kriterien hierfür existieren, sondern beruht allein auf subjektiven Einschätzungen sowie fachlichen und logischen Überlegungen. Bei der Konstruktion des vorliegenden Fragebogens orientierte sich die Auswahl der Items an den in der Literatur zur Verfügung stehenden Untersuchungen und hierzu vorhandenen Erfahrungswerten. Dabei wurde versucht möglichst alle relevanten Determinanten zu erfassen. Für den Fall, dass ein Item vergessen wurde, haben die Probanden am Ende einer jeden Frage ein offenes Antwortfeld für weitere Determinanten zur Verfügung. Da prinzipiell jedoch keine objektive Aussage darüber getroffen werden kann, wie gut die Zusammenstellung tatsächlich ist, wird die Inhaltsvalidität nicht als Testkriterium, sondern eher als Zielvorgabe betrachtet, die bei der Konstruktion bedacht werden sollte (Döring und Bortz 2002, S. 199).

- Die *Kriteriumsvalidität* bezieht sich auf den Zusammenhang zwischen den empirisch gemessenen Ergebnissen des Messinstruments und einem anders gemessenen empirischen Außenkriterium.
- Eine hohe *Konstruktvalidität* liegt schließlich vor, wenn der Fragebogen das theoretische Konstrukt, das er messen soll, auch tatsächlich erfasst. In der Regel sind diese Konstrukte jedoch nicht direkt messbar, sondern müssen aufgrund logischer Folgerungen erschlossen werden. Da die Überprüfung der Konstruktvalidität auf einem Vergleich mit anderen theoretischen Konstrukten basiert, bei dem mehrere Konstrukte durch mehrere Erhebungsmethoden erfasst werden, kann im Rahmen dieser Studie mangels Vergleichswerte keine Aussage zur Konstruktvalidität des erstellten Fragebogens getroffen werden (Schnell et al. 2005, S. 150 ff.). Mayring (2007, S. 141) stellt fest, dass sich diese Maße nicht für die Beurteilung qualitativer Analysen eignen. Er schlägt für ihre Beurteilung sechs alternative Kriterien vor: Nähe zum Gegenstand, Verfahrensdokumentation, Regelgeleitetheit, Argumentative Interpretationsabsicherung, Triangulation und Kommunikative Validierung.

4.2 Charakterisierung der Probanden

Im Folgenden werden die Charakteristika der befragten mittelständischen Unternehmen anhand unternehmensklassifikatorischer Angaben dargelegt. Als Merkmale fungieren die Branchenzugehörigkeit, die Rechtsform, Angaben zu Mitarbeiteranzahl und Jahresumsatz, die Position der Probanden im Unternehmen, das Gründungsjahr sowie die Anzahl der Niederlassungen, gefolgt von einer Kontrastierung der Ergebnisse.

Branchenzugehörigkeit
In einer geschlossenen Fragestellung zur Charakterisierung der Befragten wird die Branchenzugehörigkeit ermittelt. Diese beinhaltet eine Branchenkategorisierung nach verarbeitender Industrie, Handel und Dienstleistungen (siehe Abb. 4.5)

Bezogen auf die Branchenzugehörigkeit der befragten mittelständischen Unternehmen stammen 37 Prozent aus dem industriellen Bereich, 54 Prozent aus öffentlichen und privaten Dienstleistungen und neun Prozent aus der Branche Handel.

Rechtsform
Die Rechtsform der befragten Unternehmen wird ebenfalls in einer geschlossenen Frage abgefragt (siehe Abb. 4.6).

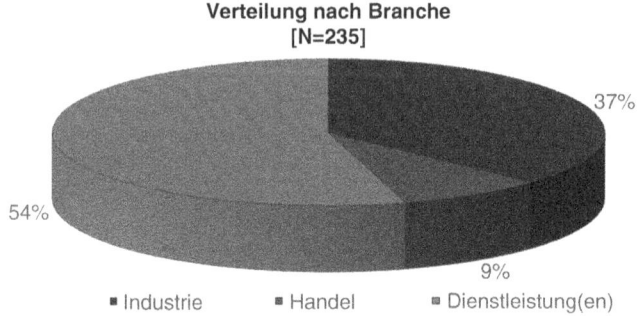

Abb. 4.5 Branchenzugehörigkeit

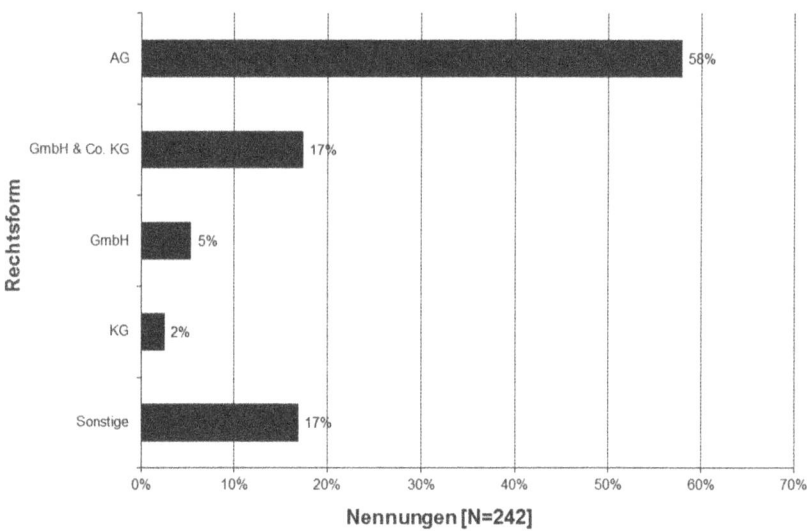

Abb. 4.6 Rechtsform der befragten Unternehmen

Unter den befragten Mittelständlern halten 58 Prozent die Rechtsform der AG, 17 Prozent der GmbH und Co. KG sowie 5 Prozent der GmbH. Bei zwei Prozent der Probanden handelt es sich um eine Kapitalgesellschaft (KG). Die verbleibenden 17 Prozent ordnen sich sonstigen Rechtsformen zu.

Unternehmensgröße

Weiterhin wurden die Probanden gebeten, spezifische Angaben zu ihrer Mitarbeiteranzahl, ihrem voraussichtlichen jährlichen Gesamtumsatz sowie der Anzahl ihrer Niederlassungen zu tätigen. Diese Charakteristika werden im Folgenden detailliert betrachtet.

Mitarbeiteranzahl

In einer offenen Frage wurden die Probanden gebeten, die Anzahl der derzeit im Unternehmen beschäftigten Mitarbeiter zu beziffern.

Wie Abb. 4.7 zu entnehmen ist, weisen die befragten Mittelständler in Bezug auf die Mitarbeiteranzahl einen Median von 130 Mitarbeitern auf. Konkretisiert nach den einzelnen Größenkategorien, beschäftigen 72 Prozent zwischen 30 und weniger als 300 Mitarbeiter. 21 Prozent beschäftigen zwischen 300 und weniger als 3000 Mitarbeiter, drei Prozent der befragten Unternehmen bis zu 30 Mitarbeiter und vier Prozent beschäftigen über 3000 Mitarbeiter.

Jährlicher Gesamtumsatz

Analog der Mitarbeiteranzahl sollte ebenfalls der voraussichtliche Gesamtjahresumsatz (siehe Abb. 4.8) in einer offenen Fragestellung von den Probanden angegeben werden.

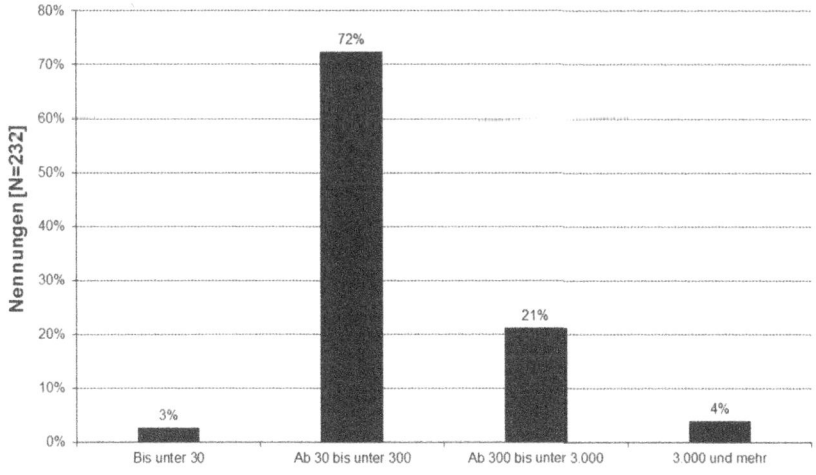

Anzahl der Mitarbeiter insgesamt (im In- und Ausland)

Abb. 4.7 Mitarbeiteranzahl der Probanden

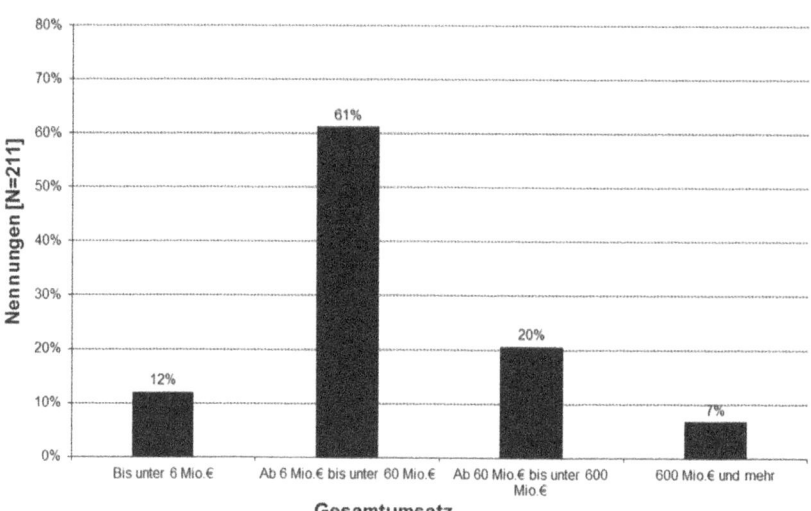

Abb. 4.8 Gesamtumsatz

Der voraussichtliche Gesamtumsatz des laufenden Geschäftsjahres der befragten Mittelständler beziffert sich im Median auf 16 Mio. Euro. Wie aus Abbildung 19 hervorgeht, weisen 12 Prozent der Unternehmen einen Umsatz kleiner als 6 Mio. Euro auf. 61 Prozent haben einen Umsatz von 6 bis unter 60 Mio. Euro; 20 Prozent von 60 bis unter 600 Mio. Euro und 7 Prozent der Mittelständler haben mehr als 600 Mio. Euro Umsatz.

Gründungsjahr
Das Gründungsjahr der Unternehmung wurde ebenfalls im Rahmen einer offenen Frage erhoben.

Wie die obige Abb. 4.9 verdeutlicht, wurde die überwiegende Zahl der Unternehmen nach 1990 (40 Prozent) gegründet, gefolgt von dem Zeitraum 1946 bis 1900 (34 Prozent) und 1900–1945 (14 Prozent). 12 Prozent der Unternehmen wurden hingegen vor 1900 gegründet.

Größenklassifikation gemäß des EFAMs
Anhand der Angaben zum Umsatz und der Mitarbeiteranzahl wird gemäß der quantitativen Mittelstandsdefinition des EFAM eine Zuordnung der befragten mittelständischen Unternehmen in unterschiedliche Größenklassen vorgenommen. Die untenstehende Abb. 4.10 verdeutlicht dies:

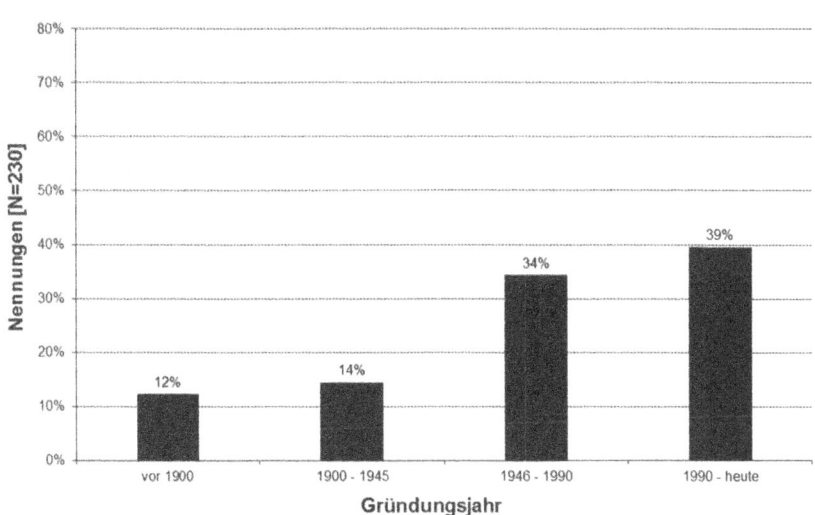

Abb. 4.9 Gründungsjahr

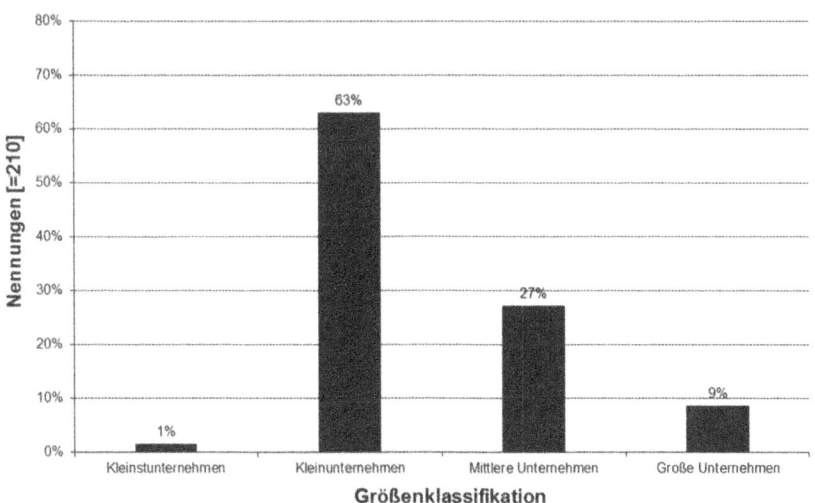

Abb. 4.10 Größenklassifikation nach EFAM

Ein Prozent der Unternehmen sind nach der EFAM-Klassifikation Kleinstunternehmen. Auf die Größenkategorien kleine Unternehmen entfallen 63 Prozent und auf die Kategorie mittlere Unternehmen 27 Prozent. 9 Prozent der Probanden sind große Unternehmen.

Anzahl der Standorte

Als weiteres Größenindiz werden die Probanden zusätzlich gebeten, die Anzahl ihrer Standorte in einer offenen Fragestellung anzugeben (siehe Abb. 4.11).

Bezogen auf die Anzahl der Standorte weisen die Probanden einen Median von einer Niederlassung auf. 40 Prozent der Mittelständler lokalisieren sich an einem Standort. 30 Prozent verfügen über 2 bis 5 Standorte und 18 Prozent über 6 bis 10 Niederlassungen. 12 Prozent geben an, an über 10 Standorten vertreten zu sein.

Familienunternehmen

Im Rahmen dieser geschlossenen Frage wurde eine Kategorisierung nach Familienunternehmen durchgeführt.

Hierbei konnte eine recht ausgeglichene Verteilung festgestellt werden (siehe Abb. 4.12). 52 Prozent der Probanden gaben an, dass es sich bei ihrem Unternehmen um ein Familienunternehmen handelt. Die verbleibenden 48 Prozent verneinten diese Frage.

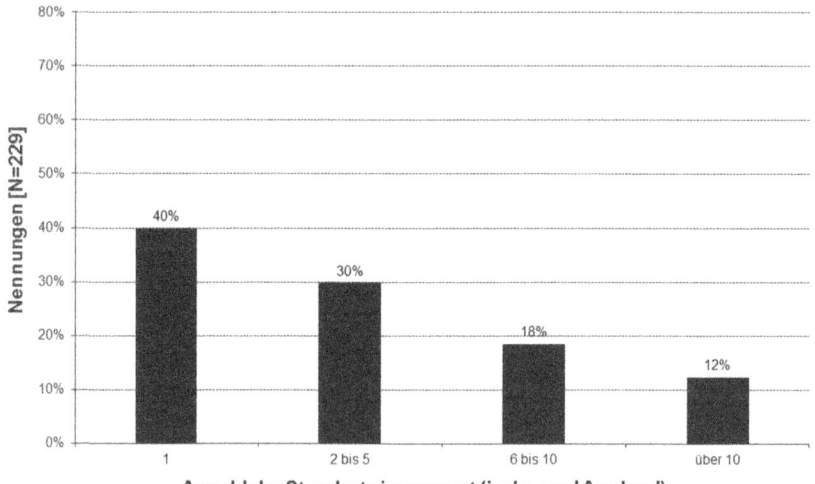

Abb. 4.11 Anzahl der Standorte

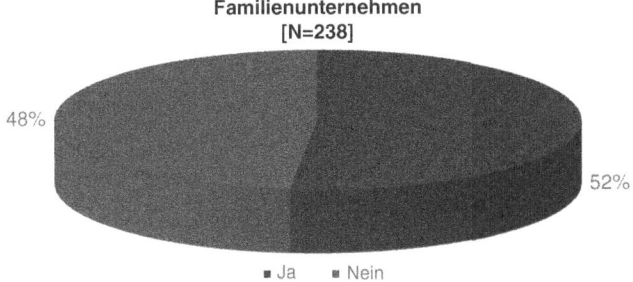

Abb. 4.12 Familienunternehmen

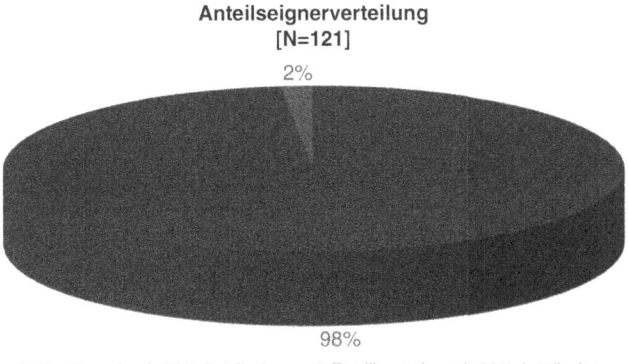

Abb. 4.13 Anteilseignerverteilung

Anteilseignerverteilung

Zudem wurde die Struktur der Anteilseigner der Familienunternehmen abgefragt.

In der überwiegenden Mehrheit der befragten Familienunternehmen (siehe Abb. 4.13) hält die Familie mehr als 50 Prozent der Anteile. Nur 2 Prozent der befragten Probanden gaben an, dass mehr als 50 Prozent der Anteile in Fremdbesitz sind.

Position im Unternehmen

Neben den größenklassifikatorischen Angaben wurde zudem die von dem antwortenden Unternehmensvertreter eingenommene Position als Eigentümer/Gesellschafter oder (angestellter) Manager im Unternehmen im Rahmen einer offenen Frage ergründet (siehe Abb. 4.14).

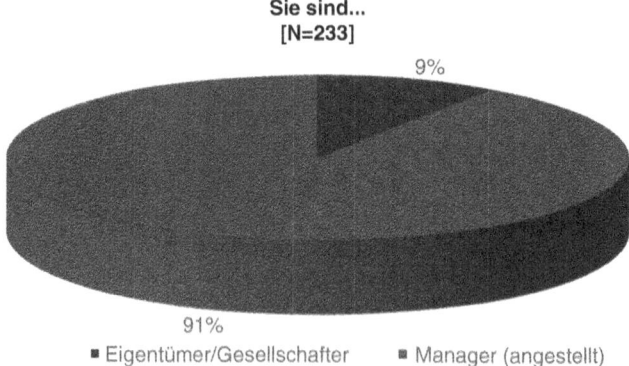

Abb. 4.14 Position der Probanden

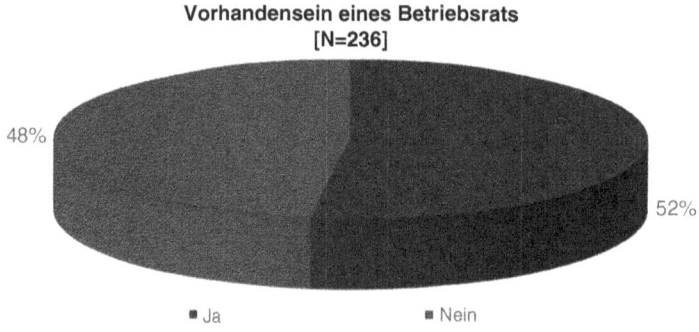

Abb. 4.15 Vorhandensein eines Betriebsrates

Die Auswertung verdeutlicht, dass der überwiegende Teil (92 Prozent) der mittelständischen Probanden als angestellte Manager im Unternehmen positioniert sind. 8 Prozent halten die Position des Eigentümers bzw. Gesellschafters inne.

Betriebsrat

In einer geschlossenen Frage wurde die Existenz eines Betriebsrates abgefragt.

Hierbei konnte ein beinahe ausgeglichenes Ergebnis festgestellt werden (siehe Abb. 4.15). 48 Prozent der befragten Probanden gaben an, dass in ihrem Unternehmen kein Betriebsrat existiert. Wohingegen in 52 Prozent der untersuchten Unternehmen ein Betriebsrat implementiert ist.

4.3 Ergebnisse der quantitativen Erhebung

4.3.1 Rahmenbedingung

Im Folgenden werden wichtige Rahmenbedingungen, welchen die Probanden ausgesetzt sind, abgefragt. Einleitend werden maßgebliche Trends abgefragt. Im weiteren Verlauf des Abschnittes wird das allgemeine Verständnis des Begriffes digitale Arbeitswelten erfragt. Abschließend soll die derzeitige und zukünftige Relevanz der digitale Arbeitswelten ermittelt werden.

Trends
Zunächst wurden Trends abgefragt, denen sich die Probanden im Rahmen der digitalen Arbeitswelten ausgesetzt sehen. Hierzu wurde eine Unterteilung in gesellschaftliche bzw. soziale, wirtschaftliche und technologische Trends vorgenommen. Die Probanden wurden hierbei im Rahmen einer geschlossenen Fragestellung gebeten anzugeben, ob ihr Unternehmen von einem entsprechenden Trend betroffen ist.

Gesellschaftliche/Soziale Trends
Einleitend wurden relevante Trends bezüglich gesellschaftlicher und sozialer Sachverhalte (siehe Abb. 4.16) ermittelt.

Bezüglich des demographischen Wandels ergibt sich ein recht ausgeglichenes Bild. 54 Prozent der befragten Probanden sehen ihr Unternehmen hiervon betroffen. Wohingegen ein großer Teil (72 Prozent) der Probanden im Fachkräftemangel einen wichtigen Trend sieht. Den Klimawandel erachten darüber hinaus 12 Prozent der Probanden als maßgeblichen Trend. Mehr als drei Viertel (78 Prozent) lehnen die Zunahme der Wissensgesellschaft als Trend ab. Der Wandel der Geschlechterrollen als sozialer Trend wird nur von 8 Prozent befürwortet. Wohingegen 38 Prozent der befragten Unternehmen den kulturellen Wertewandel als wichtigen Trend identifizieren.

Die Ergebnisse verdeutlichen, dass vor allem der Fachkräftemangel und der demographische Wandel als entscheidende Trends gesehen werden. Dies bestätigt eine 2015 durchgeführte Studie des Forschungsinstitutes Prognos. In dieser konnte ermittelt werden, dass in Deutschland bis 2030 drei Mio. Fachkräfte fehlen werden (Ehrentraut 2015, S. 20).

Wirtschaftliche Trends
Im weiteren Verlauf (Abb. 4.17) wurde die Bedeutung von wichtigen wirtschaftlichen Trends abgefragt.

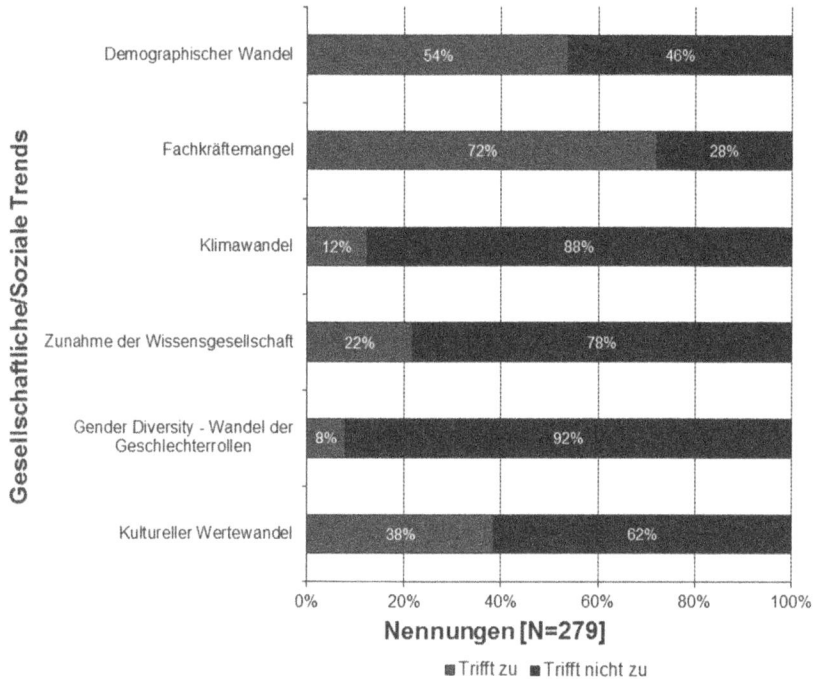

Abb. 4.16 Gesellschaftliche/Sozial Trends

Der Trend der zunehmenden Automatisierung wird von 45 Prozent der befragten Unternehmen angenommen während die Ressourcenknappheit nur von einem Viertel der befragten Probanden als wichtiger Trend gesehen wird. Ein Drittel sieht ihr Unternehmen von dem Trend der Globalisierung betroffen. Der Trend der Urbanisierung (10 Prozent), der deutschen Staatsverschuldung (6 Prozent) und der zunehmenden Schrumpfung der Mittelschicht (16 Prozent) wird von einem geringen Teil der befragten Probanden angenommen.

Hierbei wird deutlich, dass beinahe die Hälfte der Probanden die Automatisierung als einen wichtigen Trend sieht. Diese empirische Erkenntnis kann ebenfalls durch vorherige Studien bestätigt werden (Bonin et al. 2013; Arntz et al. 2016). Allerdings scheint der Mittelstand nur bedingt mit der Problematik der Ressourcenknappheit (Woschke et al. 2017) konfrontiert zu sein. Ebenfalls überraschend ist sicherlich die geringe Zustimmung hinsichtlich der Globalisierung.

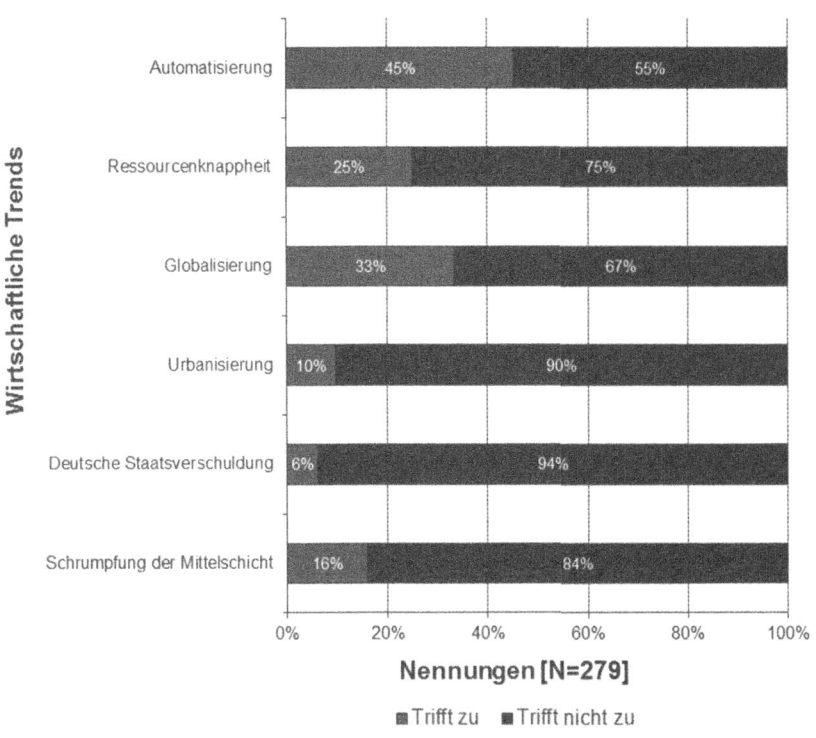

Abb. 4.17 Wirtschaftliche Trends

Technologische Trends
Abschließend wurde die Relevanz von technologischen Trends abgefragt (Abb. 4.18).

Die Digitalisierung als ein das Unternehmen betreffender Trend, spielt für 71 Prozent der befragten Probanden eine große Rolle, wohingegen nur 34 Prozent Industrie 4.0 als einen entscheidenden technologischen Trend wahrnehmen. Die globale Vernetzung wird von nahezu einem Drittel (32 Prozent) als Trend gesehen. Die Datensicherheit und der Datenschutz werden von 58 bzw. 56 Prozent als wichtiger Trend identifiziert.

Überraschend ist hierbei, dass ein überwiegender Teil die Digitalisierung als wichtigen Trend versteht aber nur rund ein Drittel Industrie 4.0. Auch könnte dies darauf zurückzuführen seien, dass sowohl in der Wissenschaft als auch in der

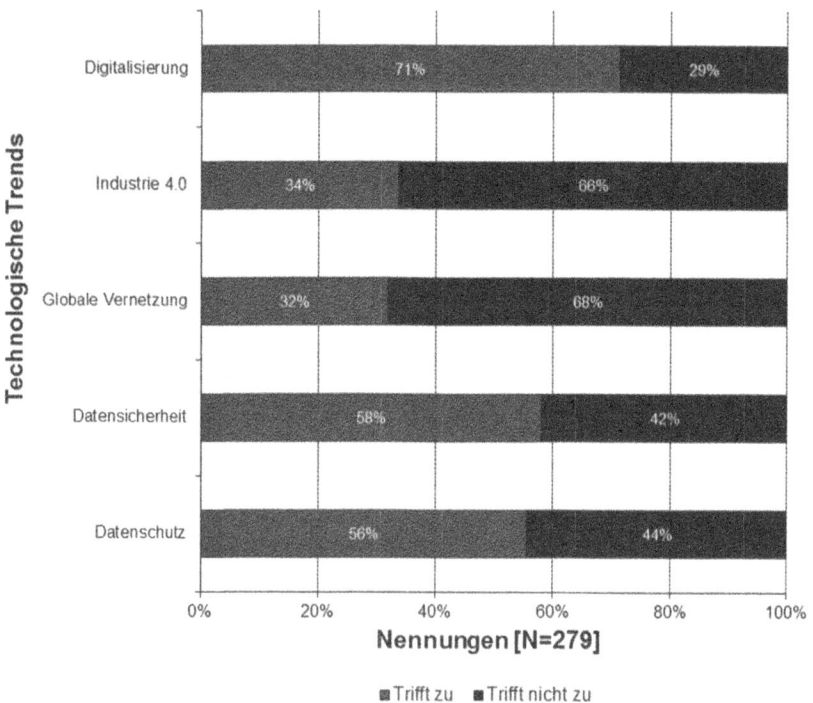

Abb. 4.18 Technologische Trends

Praxis verschiedenste Begriffe mit Digitalisierung bzw. Industrie 4.0 assoziiert werden. Dies könnte mitunter daran liegen, dass sich mittelständische Unternehmen mit dem Begriff noch nicht vertraut gemacht haben oder diesen schlichtweg nicht kennen. Ähnlich wie der wirtschaftliche Trend der Globalisierung spielt die globale Vernetzung als Trend eine eher untergeordnete Rolle. Für den deutschen Mittelstand scheint das Thema Datensicherheit bzw. Datenschutz eine wichtige Rolle zu spielen (vgl. Cooper et al. 2017).

Begriffsverständnis der digitale Arbeitswelten
Wie bereits in Abschn. 3.1 erläutert, werden mit Arbeit 4.0 verschiedene Begriffe in Verbindung gebracht. Diese terminologische Vielfalt, die zweifelsohne auch zur Verwirrung führen kann, könnte dementsprechend gleichermaßen in der unternehmerischen Praxis existieren. In diesem Zusammenhang wurden die Probanden gebeten anzugeben, inwieweit digitale Arbeitswelten mit unterschiedlichen Begriffen

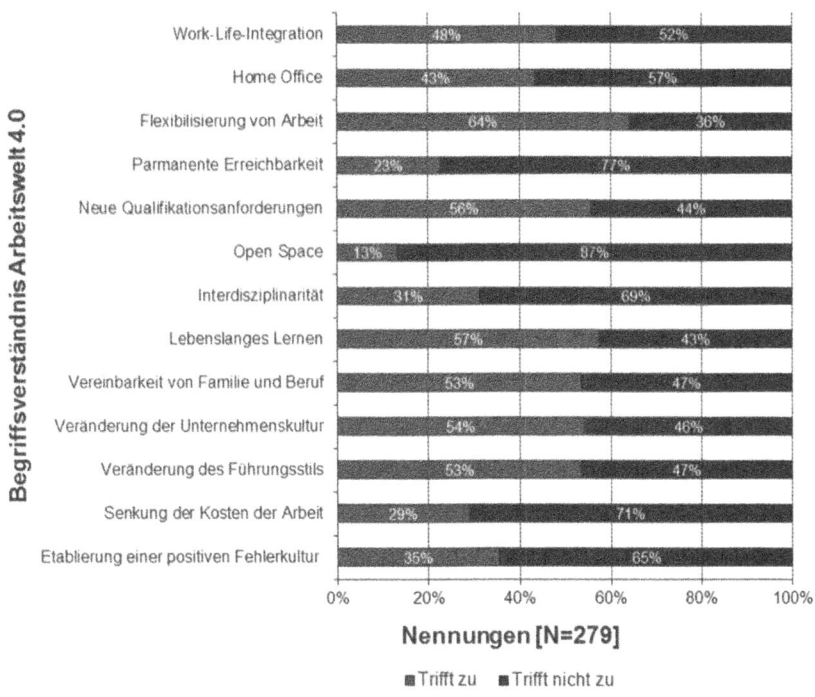

Abb. 4.19 Begriffsverständnis der digitale Arbeitswelten

assoziiert wird. Hierzu wurde eine geschlossene Frage verwendet, in der die Probanden gebeten wurden ihre Zustimmung auszudrücken (Abb. 4.19).

Die Zustimmung bezüglich der Work-Life-Integration (48 Prozent), des Homeoffice (43 Prozent), der neuen Qualifikationsanforderungen (56 Prozent), des lebenslangen Lernens (57 Prozent), der Vereinbarkeit von Familie und Beruf (53 Prozent), der Veränderung der Unternehmenskultur (54 Prozent) und der Veränderung des Führungsstils (53 Prozent) gestaltet sich recht ausgeglichen. Die permanente Erreichbarkeit sehen nur 23 Prozent als wichtigen Bestandteil der digitalen Arbeitswelten. Bei dem Schlagwort Open Space fällt die Ablehnung mit 87 Prozent deutlich höher aus. Die Interdisziplinarität wird von 31 Prozent der befragten Probanden als wichtiger Bestandteil der digitalen Arbeitswelten gesehen. Ähnlich verhält es sich mit der Etablierung einer positiven Fehlerkultur im Unternehmen (35 Prozent). Eine Senkung der Kosten der Arbeit findet eine 29 prozentige Zustimmung. Im Gegensatz dazu stimmen 64 Prozent der befragten Probanden dem Schlagwort Flexibilisierung der Arbeit zu.

Die Ergebnisse verdeutlichen, dass sowohl in der Wissenschaft als auch in der Praxis verschiedenste Begriffe mit digitale Arbeitswelten assoziiert werden. Verwunderlich ist die Tatsache, dass der Begriff Work-Life-Integration in der Praxis seltener als erwartet verwendet wird. Die Etablierung einer positiven Fehlerkultur wird von einem großen Teil der Probanden abgelehnt. Dies überrascht, da in einer 2014 durchgeführten Studie 77 Prozent der befragten Führungskräfte angegeben haben, dass dies ein wichtiger Bestandteil von digitale Arbeitswelten ist (Hays 2014, S. 10). Eine hohe Zustimmung hinsichtlich der Flexibilisierung der Arbeit findet sich ebenfalls in der Literatur (Fischer et al. 2013, S. 60 ff.). Die unterschiedliche Interpretation des Begriffs digitale Arbeitswelten begründet sich nicht zuletzt auch darin, dass die inhaltliche Bedeutung einem kontinuierlichen Wandel ausgesetzt ist. So beschreiben beispielsweise Messenger und Gschwind (2016) in ihrem Artikel das Virtuelle Office, die Weiterentwicklung des Homeoffice.

Derzeitige und zukünftige Relevanz der digitalen Arbeitswelten
Um die Bedeutung von digitalen Arbeitswelten im Mittelstand zu erforschen, wurden die Probanden gebeten anzugeben, welche Bedeutung digitale Arbeitswelten für ihr Unternehmen besitzt. Die Frage nach der Relevanz von digitalen Arbeitswelten ist geschlossen-skaliert (Abb. 4.20).

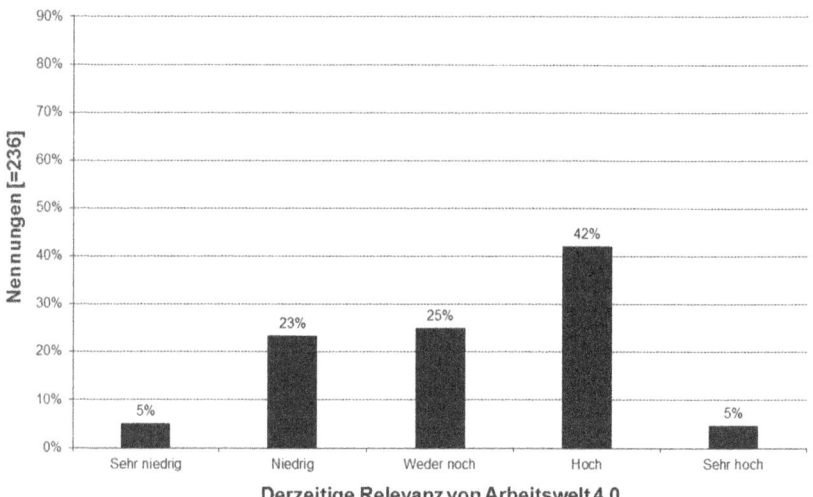

Abb. 4.20 Derzeitige Relevanz von digitale Arbeitswelten

Etwa die Hälfte der Probanden schätzen die aktuelle Relevanz der digitale Arbeitswelten als hoch (42 Prozent) bzw. als sehr hoch (5 Prozent) ein. Im Gegensatz dazu sind 23 Prozent der Meinung, digitale Arbeitswelten verfügen über eine niedrige Relevanz. 5 Prozent sind sogar der Meinung, digitale Arbeitswelten hätten eine sehr niedrige Relevanz. Ein Viertel der Probanden hat hierzu keine klare Meinung.

Hierbei kann festgehalten werden, dass noch kein eindeutiges Bild existiert, welche Bedeutung digitale Arbeitswelten für mittelständische Unternehmen haben. Dies könnte darauf zurückzuführen sein, dass das mögliche Potenzial von digitalen Arbeitswelten im Mittelstand noch nicht hinreichend bekannt ist. Die Uneinigkeit hinsichtlich der Bedeutung ist gleichwohl nachvollziehbar, wenn man bedenkt, dass das Thema digitale Arbeitswelten erst durch die von der Universität St. Gallen in Kooperation mit dem Shareground Team der deutschen Telekom 2015 durchgeführte Studie in den Fokus der Betrachtung gerückt ist (Shareground 2015). Neben der aktuellen Sicht wurden die Probanden auch nach der zukünftigen Bedeutung von digitalen Arbeitswelten befragt. Die Frage nach der zukünftigen Bedeutung von digitalen Arbeitswelten ist ebenfalls geschlossen skaliert (Abb. 4.21).

Ergibt sich für die aktuelle Relevanz der Thematik kein eindeutiges Bild, ist im Gegensatz dazu ein überwiegender Teil (86 Prozent) der befragten Probanden der Meinung, dass die zukünftige Relevanz der digitalen Arbeitswelten zunehmend ist.

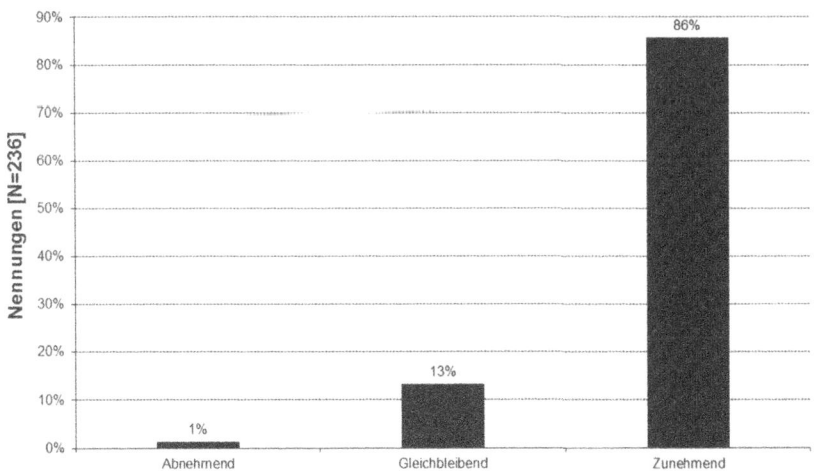

Abb. 4.21 Zukünftige Relevanz von digitalen Arbeitswelten

13 Prozent sehen keine zukünftige Veränderung. Ein Prozent der Probanden erwartet eine schwindende Bedeutung der Relevanz der digitalen Arbeitswelten. Die Angaben der Probanden bezüglich der zukünftigen Bedeutung von digitalen Arbeitswelten zeigen ein klares Bild im Vergleich zur aktuellen Bedeutung. Zu ähnlichen Erkenntnissen gelangt ebenfalls eine Studie des Instituts für Arbeitsmarkt- und Berufsforschung (Arntz et al. 2016).

4.3.2 Organisation

Zur Analyse der Organisationsgestaltung im Rahmen digitaler Arbeitswelten werden die Probanden zunächst mit provokanten Aussagen konfrontiert. Anschließend wird die Relevanz virtueller Organisationsformen erfragt. Den Abschluss des Abschnittes bildet die Überprüfung von Thesen.

Aussagen hinsichtlich der Organisationsgestaltung
Zunächst wurden die Probanden mit provokanten Aussagen bezüglich der Organisationsgestaltung konfrontiert und im Rahmen einer geschlossenen Frage um Zustimmung bzw. Ablehnung dieser Aussagen gebeten (Abb. 4.22).

Für die Hälfte der befragten Probanden spielen weiche Faktoren eine immer größere Rolle bei einer informations- und kommunikationsbasierten Organisationsgestaltung. Jedoch ist eine überwiegende Mehrheit (78 Prozent) nicht der Meinung, dass in den untergeordneten Hierarchieebenen viele Aufgaben durch die Technik substituiert werden, dies aber in den übergeordneten Ebenen nicht zu beobachten ist. Rund ein Viertel der befragten Probanden geht davon aus, dass digitale Arbeitswelten zum Abbau von Hierarchien führen. Allerdings sind 51 Prozent der Probanden der Meinung, dass starre Organisationsstrukturen durch digitale Arbeitswelten aufgebrochen werden. Der Aussage, dass Projektarbeit als neue Organisationsform im Rahmen digitaler Arbeitswelten zu den neuen Organisationsformen zählt, stimmen 41 Prozent der Befragten zu. Eine zunehmende Bedeutung der Agilität für die Unternehmensorganisation wird von 62 Prozent der Probanden angenommen. Der in der Literatur angesprochene Wandel zu einer flexiblen Organisationsgestaltung (Rump et al. 2011, S. 14 ff.) kann nur bedingt durch die gewonnenen empirischen Ergebnisse bestätigt werden. So wird dem Abbau von Hierarchien in der bestehenden Literatur eine sehr große Bedeutung zugesprochen (Rump et al. 2011, S. 50 ff.). Der Trend zur „zweigeteilten Organisationsstruktur" (Hirsch-Kreinsen 2015), also dass in den untergeordneten Hierarchieebenen viele Aufgaben durch die Technik substituiert werden, dies aber in den übergeordneten Ebenen nicht zu beobachten ist, wird nur von einem kleinen Teil der Probanden

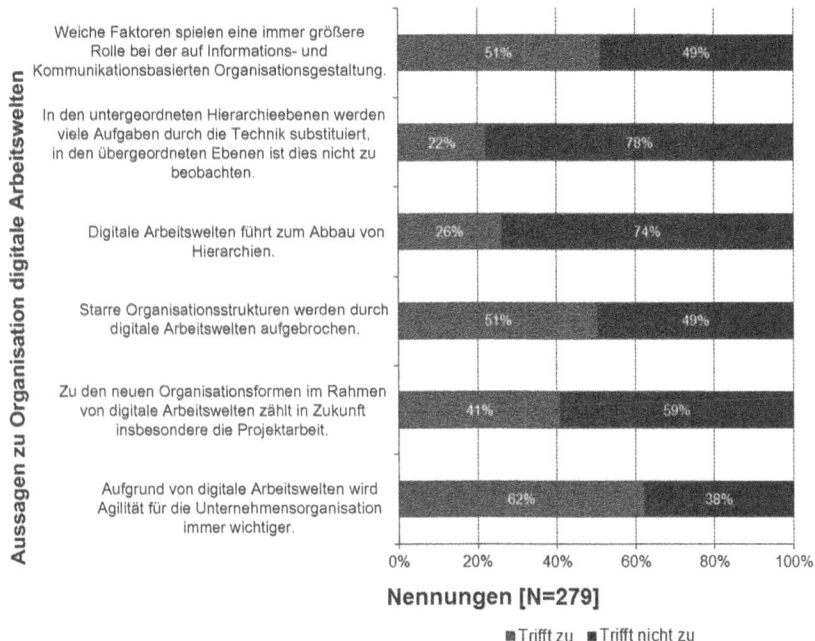

Abb. 4.22 Aussagen zur Organisation im Rahmen digitaler Arbeitswelten

bestätigt. Allerdings wird die größer werdende Bedeutung der weichen Faktoren bei der auf Informations- und Kommunikationstechnologie basierten Organisationsgestaltung (Rump et al. 2011, S. 50 ff.) von der Mehrheit der befragten Probanden befürwortet.

Relevanz virtueller Organisationsformen

Im weiteren Verlauf wurden die Probanden um eine Einschätzung bezüglich der Relevanz virtueller Organisationsformen gebeten. Dies wurde mittels einer geschlossen-skalierten Frage erhoben (Abb. 4.23).

Hierbei konnte kein klares Bild ermittelt werden. So schätzen 32 Prozent der Befragten die Relevanz als hoch (28 Prozent) bzw. sehr hoch (4 Prozent) ein. 34 Prozent schätzen indes die Relevanz als niedrig (26 Prozent) bzw. sehr niedrig (8 Prozent) ein. Eine ähnlich hohe Anzahl (34 Prozent) vertritt hierzu keine klare Meinung.

Demnach kann festgehalten werden, dass noch kein eindeutiges Bild existiert, welche Bedeutung virtuelle Organisationformen für mittelständische Unternehmen

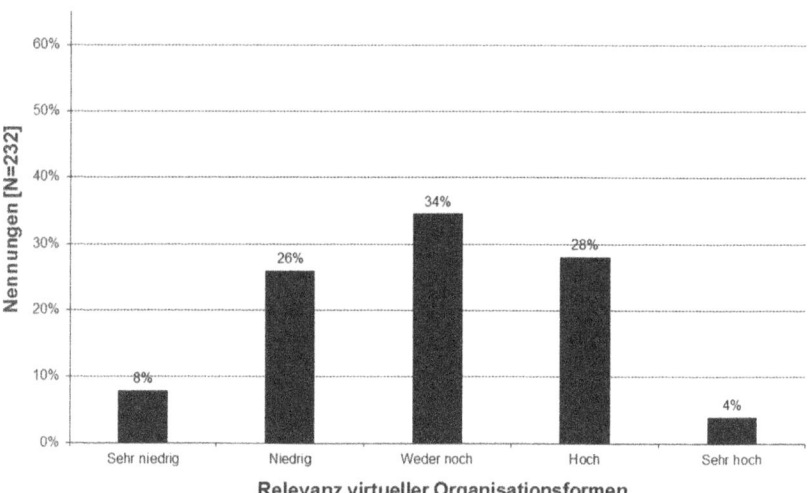

Abb. 4.23 Relevanz virtueller Organisationsformen

haben. Dies ist durchaus überraschend, zeichnen doch empirische Studien ein anderes Bild (Götkze 2010).

Thesen zu digitale Arbeitswelten

Abschließend wurden provakante Thesen zur der Organisation im Rahmen von digitalen Arbeitswelten aufgestellt und um deren Zustimmung bzw. Ablehnung gebeten. Dies wurde mithilfe einer geschlossen Fragestellung realisiert (Abb. 4.24).

Bezüglich der These, dass komplexe IT-Systeme in Zukunft standardisierte Abläufe und Organisationsformen vorgeben werden, sind die Probanden geteilter Meinung, 52 Prozent stimmen dieser These zu. Dass Arbeitsplätze ohne eindeutige organisationale Zuordnung entstehen, wird von 71 Prozent der Probanden abgelehnt. Ein ähnliches Bild zeichnet sich bezüglich der Unternehmensstrukturen ab, hierbei gehen 34 Prozent der Befragten von einer Öffnung der ehemals geschlossenen Unternehmensstrukturen aus. 59 Prozent der Probanden sind an einer Verbesserung der Arbeitsorganisation, der Arbeitsabläufe in der Abteilung oder der Organisation beteiligt. 33 Prozent sind der Meinung, dass durch die digitale Arbeitswelten flache Netzwerkstrukturen entstehen. 20 Prozent der Teilnehmer überdenken aktuell ihre Aufbauorganisation. Die Ablauforganisation hingegen wird von 28 Prozent der Probanden überdacht. 39 Prozent überdenken im Moment ihre Prozessorganisation.

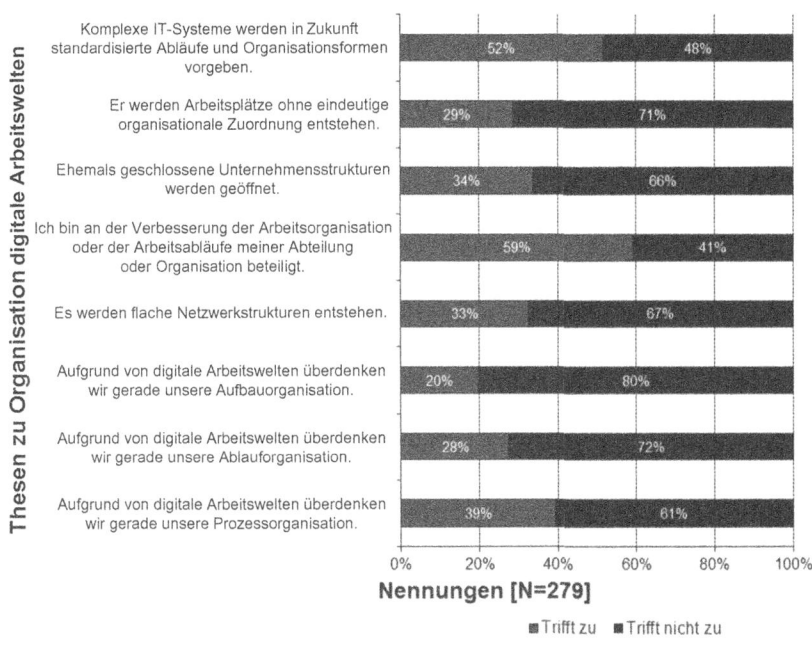

Abb. 4.24 Thesen zur Organisation im Rahmen der digitale Arbeitswelten

Die empirischen Ergebnisse verdeutlichen, dass eine Mehrheit der Probanden der Meinung ist, dass komplexe IT-Systeme in der Zukunft standardisierte Abläufe und Organisationsformen vorgeben werden. Im Zuge dessen entstehen allerdings nicht unbedingt flache Netzwerkstrukturen. Auch eine Öffnung der ehemals geschlossenen Unternehmensstrukturen wird nur von einem Drittel der Probanden erwartet. Interessanterweise ist die Mehrheit der Probanden an einer Verbesserung der Arbeitsorganisation oder den Arbeitsabläufen beteiligt, allerdings überdenkt nur ein kleiner Teil die Aufbau-, Ablauf-, oder Prozessorganisation.

4.3.3   Zufriedenheit mit der Work-Life-Integration

Die Frage nach der Zufriedenheit mit der persönlichen Work-Life-Integration beantwortet die Mehrheit der Probanden (46 Prozent) mit „eher zufrieden", gefolgt von 23 Prozent die eher unzufrieden zu sein scheinen. 19 Prozent positionieren sich neutral. Immerhin 11 Prozent geben an „sehr zufrieden" zu sein, während lediglich ein Prozent „sehr unzufrieden" ist (Abb. 4.25).

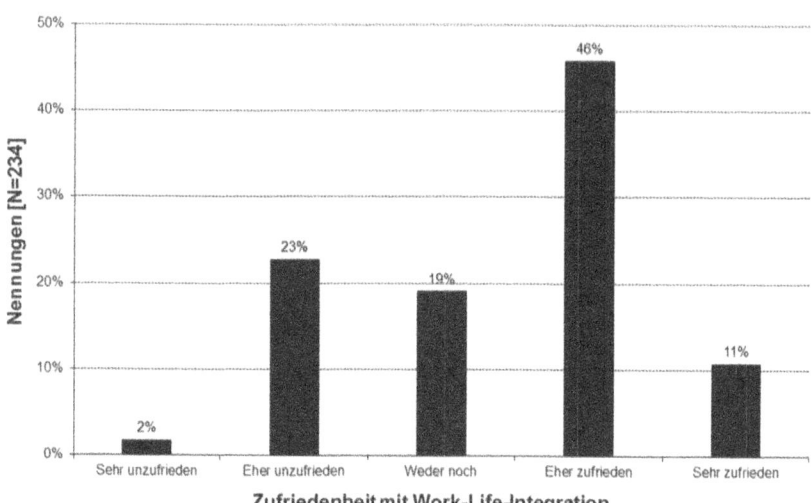

Abb. 4.25 Zufriedenheit mit Work-Life-Integration

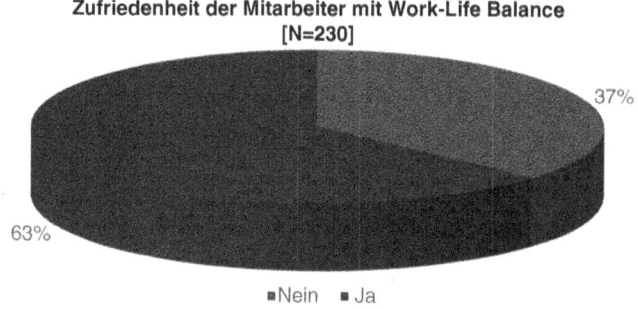

Abb. 4.26 Zufriedenheit der Mitarbeiter mit Work-Life-Balance

Zufriedenheit der Mitarbeiter mit Work-Life-Balance

Um sich ein Stimmungsbild im Unternehmen machen zu können, wurden die Probanden auch nach der Einschätzung über die Zufriedenheit ihrer Mitarbeiter gefragt. Hierbei glauben 63 Prozent der Unternehmen, dass die Mitarbeiter größtenteils zufrieden mit ihrer Work-Life-Balance sind, weitere 37 Prozent verneinen dies (Abb. 4.26).

Kenntnis des Begriffs „Mobile Arbeit"
Eine deutliche Mehrheit von 82 Prozent gibt an, dass „Mobile Arbeit" ihnen ein
Begriff sei. Die übrigen 18 Prozent scheinen den Begriff bisher noch nicht zu
kennen (Abb. 4.27).

„Mobile Arbeit" Bestandteil des Arbeitsalltags
In einem zweiten Schritt sollte herausgefunden werden, ob mobile Arbeit fester
Bestandteil des Arbeitsalltags in den Unternehmen ist. Hierbei geben 59 Prozent an,
mobile Arbeit im Unternehmen fest etabliert zu haben. Bei 41 Prozent der Unternehmen ist dies jedoch nicht der Fall (Abb. 4.28).

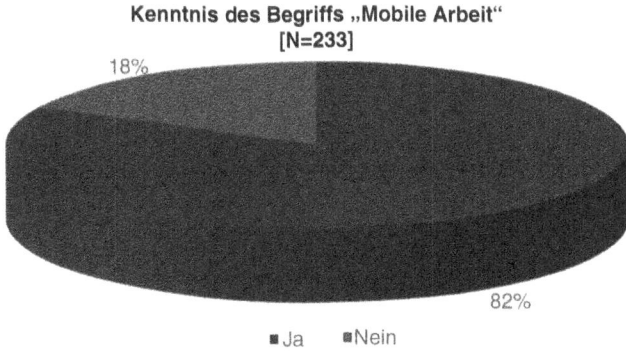

Abb. 4.27 Kenntnisse des Begriffs „Mobile Arbeit"

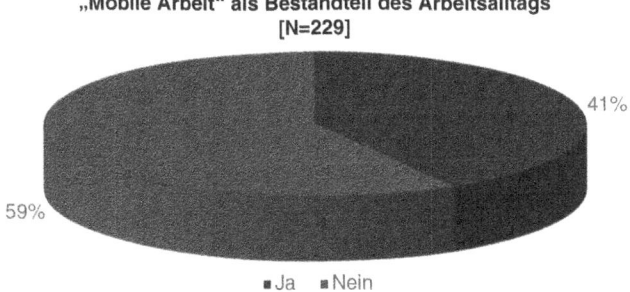

Abb. 4.28 „Mobile Arbeit" als Bestandteil des Arbeitsalltags

Praktizieren von „Homeoffice"

Neben der mobilen Arbeit ist auch das Thema „Homeoffice" von Relevanz. Hierbei geben 59 Prozent der Unternehmen an, dass „Homeoffice" in ihrem Unternehmen Gebrauch findet, in 41 Prozent der Unternehmen wird dies nicht praktiziert (Abb. 4.29).

Vertragliche Regelung von „Homeoffice"

Die Unternehmen, die „Homeoffice" aktiv praktizieren, wurden gebeten anzuge-ben, ob dazu vertragliche Regelungen bestehen. Lediglich 27 Prozent bejahen diese Frage, die Mehrheit von 73 Prozent verfügt über keine vertragliche Fixierung des Themas „Homeoffice" (Abb. 4.30).

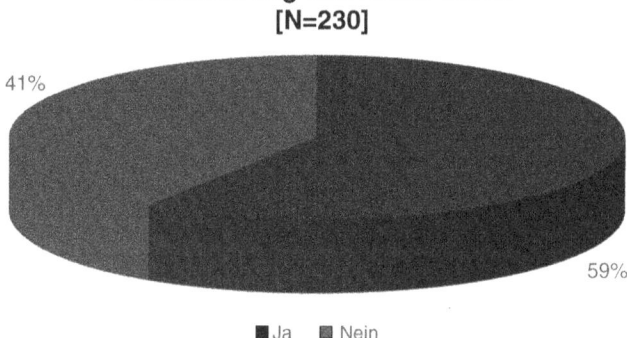

Abb. 4.29   Praktizierung von Home Office

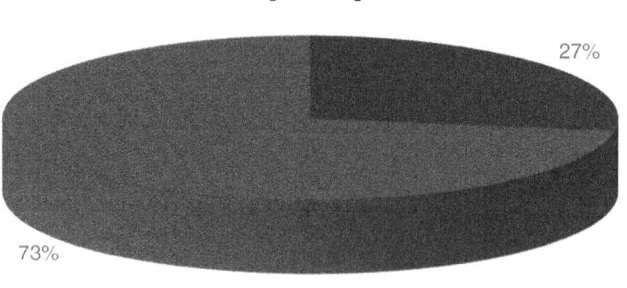

Abb. 4.30   Vertragliche Regelung von Home Office

Neuartige Arbeitsformen
Die Abfrage, ob Unternehmen bestimmte, neuartige Arbeitsformen kennen, wurde divers beantwortet. „Cloudworking" wird immerhin von 15 Prozent der Unternehmen genutzt, wobei „Crowdworking" und „Crowdsourcing" in den Unternehmen nur zu jeweils 4 Prozent Anwendung finden. Aus einer Trendsicht betrachtet scheinen moderne, neuartige Arbeitsformen bisher nur sehr zaghaft genutzt zu werden (Abb. 4.31).

Frauenanteil im Unternehmen
Für die Beschreibung der Gender-Diversity in den Unternehmen werden die Probanden gebeten den Frauenanteil im Unternehmen zu bestimmen.

Durchschnittlich liegt der Frauenanteil im Gesamtunternehmen bei 39 Prozent. 35 Prozent der Unternehmen haben einen Frauenanteil, der zwischen 21 und 49 Prozent liegt. Bei 33 Prozent der Unternehmen liegt der Gesamtfrauenanteil unter 25 Prozent und weitere 20 Prozent verzeichnen einen Frauenanteil von 50 bis 75 Prozent. Weitere 12 Prozent der Unternehmen weisen einen Frauenanteil höher als 75 Prozent auf (Abb. 4.32).

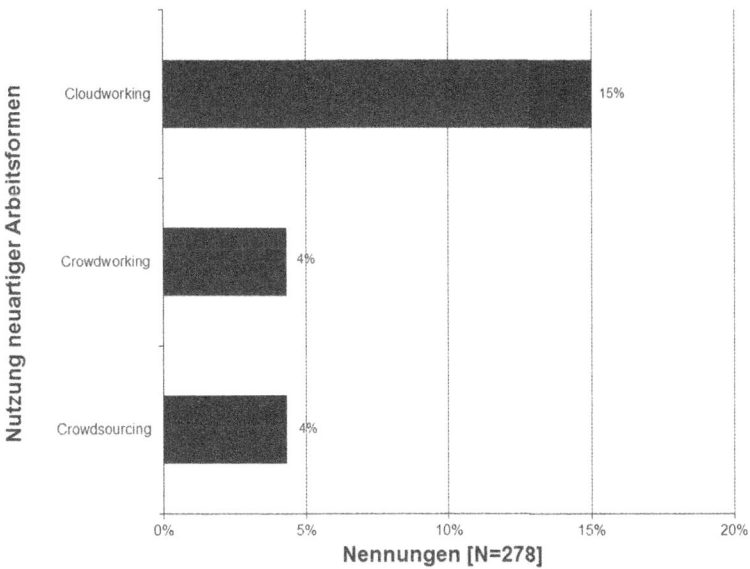

Abb. 4.31 Nutzung neuartiger Arbeitsformen

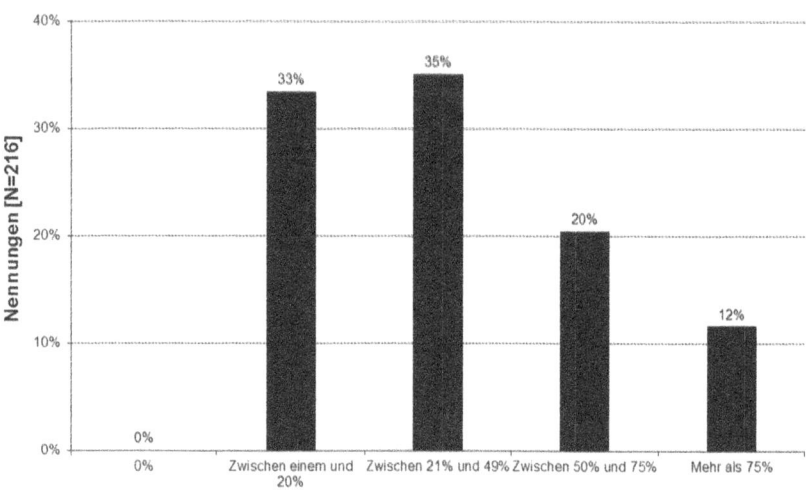

Abb. 4.32 Frauenanteil im Unternehmen

Bezogen auf den Frauenanteil im Vorstandsgremium wird der Anteil mit durchschnittlich nur noch 18 Prozent deutlich weniger. Hierbei entspricht die Mehrheit von 56 Prozent den Unternehmen, in denen das Vorstandsgremium mit keiner einzigen Frau besetzt ist. 25 Prozent geben an, dass zwischen 21 und 49 Prozent der Mitglieder des Vorstandsgremiums weiblich sind, gefolgt von weiteren 9 Prozent, die einen Anteil von weniger als 20 Prozent angeben. 6 Prozent der Vorstandsgremien der Unternehmen besteht zu 50 bis 75 Prozent aus weiblichen Mitgliedern und nur rund 4 Prozent haben einen Anteil von mehr als 75 Prozent (Abb. 4.33).

Ein ähnliches Bild zeichnet sich für die Frauenquote in den Aufsichtsgremien der Unternehmen ab. Mit wiederum 56 Prozent ist die Mehrheit der Aufsichtsgremien der Unternehmen mit keiner weiblichen Person besetzt, gefolgt von 23 Prozent, die ein Intervall von 21 bis 49 Prozent angeben. 12 Prozent der Unternehmen geben einen Frauenanteil im Aufsichtsgremium von weniger als 20 Prozent an, gefolgt von 4 Prozent mit einem Anteil zwischen 50 und 75 Prozent und 5 Prozent einem Anteil von mehr als 75 Prozent (Abb. 4.34 und 4.35).

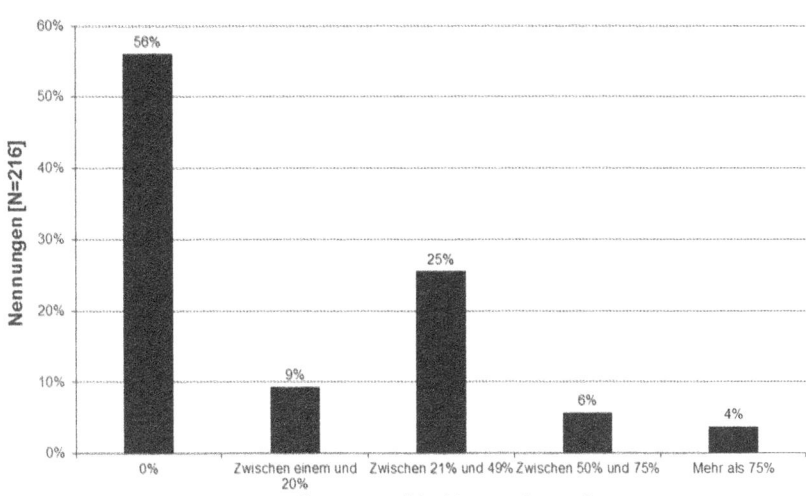

Abb. 4.33 Frauenanteil im Vorstandsgremium

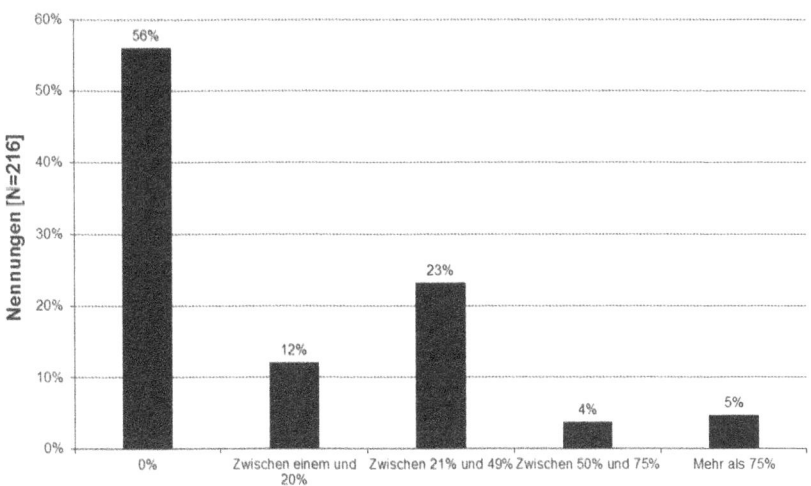

Abb. 4.34 Frauenanteil im Aufsichtsgremium

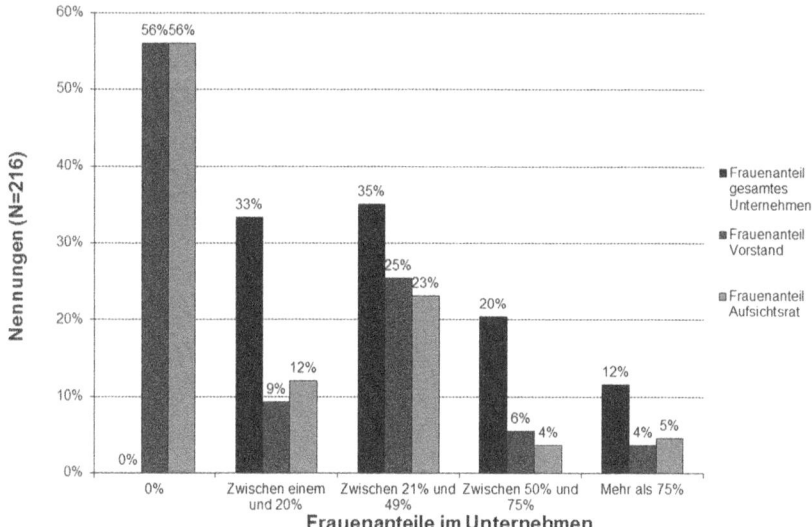

Abb. 4.35 Frauenanteile im Unternehmen

4.3.4 Strategien/Maßnahmen für die Diversity-Arten

Im Rahmen der Gender-Diversity Thematik geben lediglich 8 Prozent der Unternehmen an, eine konkrete Strategie formuliert zu haben. Spezielle Maßnahmen haben bereits 10 Prozent umgesetzt oder befinden sich in der Umsetzungsphase. Bei den Diversity-Strategien ist mit 16 Prozent die Integration von Flüchtlingen der Vorreiter in Sachen Strategieplanung. Konkrete Maßnahmen wurden von 23 Prozent der Unternehmen angegeben. Eine Strategie für die Inklusion von Menschen mit Behinderung haben 12 Prozent der Probanden bereits eingeführt. Konkrete Maßnahmen zu diesem Thema werden von 23 Prozent der Unternehmen umgesetzt. Im Bereich der Best-Ager Diversity, das heißt der Integration von Menschen über 55 Jahren steht bei 12 Prozent der Unternehmen eine strategische Umsetzung an. Darauf ausgerichtete Maßnahmen werden von 22 Prozent der Unternehmen ergriffen (Abb. 4.36).

Ansprechpartner für Diversity-Arten
Die Minderheit von 25 Prozent der Unternehmen hat in ihrem Unternehmen einen festen Ansprechpartner für das Thema Diversity-Management, der sich speziell um die Themen Einführung, Durchführung und Überwachung von Diversity-Strategien

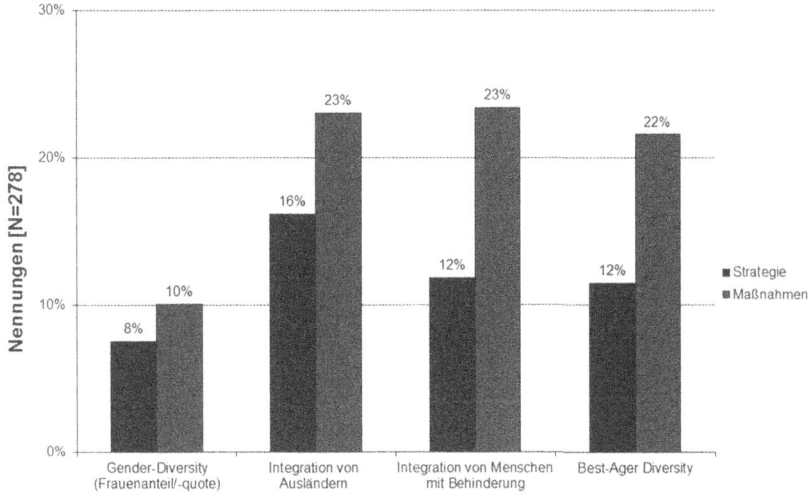

Abb. 4.36 Diversity Arten

und Maßnahmen im Unternehmen kümmert. In 75 Prozent der Unternehmen ist diese Rolle noch nicht besetzt. Diejenigen, die einen konkreten Ansprechpartner im Unternehmen angegeben haben wurden in einem zweiten Schritt gebeten, die Verantwortung innerhalb der Organisationsstruktur zu verorten. Mit 36 Prozent sieht die Mehrheit der Unternehmen das Topmanagement in der Pflicht, sich um Themen rund um Diversity zu kümmern. Weitere 33 Prozent der Unternehmen geben an, dafür eine dedizierte Person im Unternehmen eingestellt zu haben. In 13 Prozent der Unternehmen steht dahinter ein Team, welches sich mit den verschiedenen Diversity-Arten beschäftigt und weitere 11 Prozent geben an, dafür eine eigenständige Abteilung in der Verantwortung zu haben (Abb. 4.37).

Altersstruktur im Unternehmen
Mit rund 29 Prozent ist die Mehrheit der Unternehmen im Durchschnitt zwischen 40 und 50 Jahre alt. Der zweitgrößte Anteil entfällt mit 26 Prozent auf 30 bis 40-Jährige. 20 Prozent der Mitarbeiter im Unternehmen sind zwischen 50 und 60 Jahre alt und die „junge" Generation zwischen 20 und 30 Jahre wird durchschnittlich mit 19 Prozent vertreten. 6 Prozent der Unternehmen sind im Durchschnitt älter als 60 Jahre (Abb. 4.38).

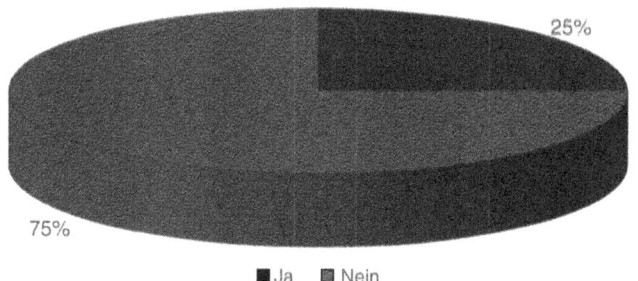

Abb. 4.37 Ansprechpartner/in für Diversity Management im Unternehmen vorhanden

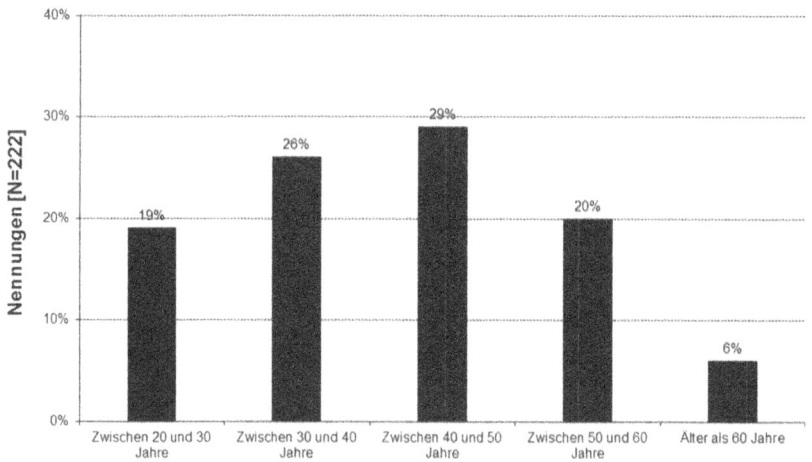

Abb. 4.38 Altersstruktur im Unternehmen

Anteil Best-Ager im Unternehmen

Der durchschnittliche Anteil an Best-Agern (Mitarbeiter älter als 55 Jahre) liegt bei den befragten Unternehmen bei ca. 29 Prozent. 29 Prozent der Unternehmen geben einen Anteil von unter 25 Prozent an und weitere 15 Prozent haben einen Best-Ager-Anteil zwischen 50 und 75 Prozent im Unternehmen. Immerhin 9 Prozent

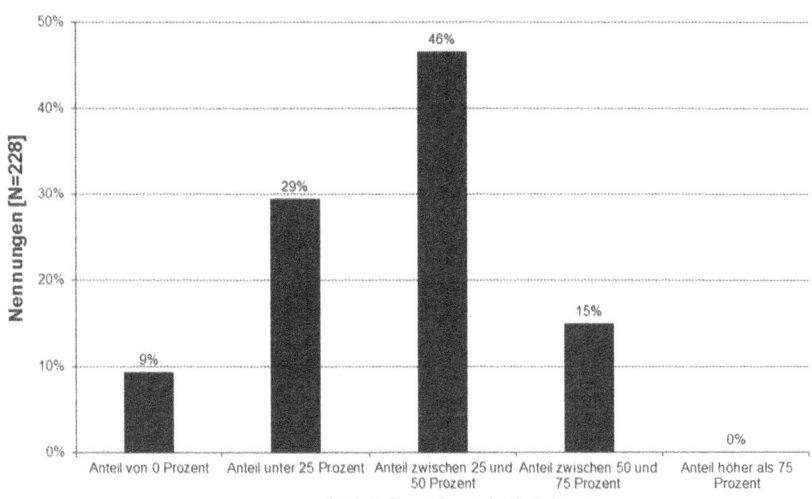

Abb. 4.39 Anteil Best-Ager in 5 Jahren

der Unternehmen geben an keine Best-Ager anzustellen und keines der Unternehmen hat einen Anteil von mehr als 75 Prozent Best-Agern (Abb. 4.39).

Aussagen zu Arbeitsplatz 4.0
Knapp die Hälfte der Unternehmen (46 Prozent) stimmt der Aussage zu, dass Büros sich in Zukunft von reinen Arbeitsplätzen zu Kommunikationszentren entwickeln werden. 44 Prozent der Probanden glauben, dass in Zukunft vermehrt neue, agile Raumkonzepte benötigt werden. Weitere 44 Prozent schätzen ihre derzeitigen Büro- und Kommunikationsräume bereits als hochmodern ein, die mit hochmoderner Technik ausgestattet sind. Lediglich 28 Prozent der befragten Unternehmen sind der Meinung, dass Großraumbüros den täglichen Arbeitsablauf stören. Im Rahmen von digitalen Arbeitswelten wird lediglich in 26 Prozent der Unternehmen der Betriebsrat frühzeitig in Fragestellungen miteinbezogen und konsultiert. Im Hinblick auf die Umgestaltung von Büroräumen gehen nur 23 Prozent davon aus, dass sich Einzelbüros immer mehr zu Großraumbüros entwickeln werden. Lediglich 18 Prozent der Unternehmen sehen in Maßnahmen von digitalen Arbeitswelten ein Motiv für bessere Ernährung zum Beispiel durch die Etablierung eines betrieblichen Gesundheitsmanagements und einer aktiven Ernährungsberatung. Die Abfrage nach der Ausstattung mit hochmoderner Technik in den Unternehmen hat ergeben, dass lediglich 6 Prozent über sogenannte „intelligente Räume" verfügen (Abb. 4.40).

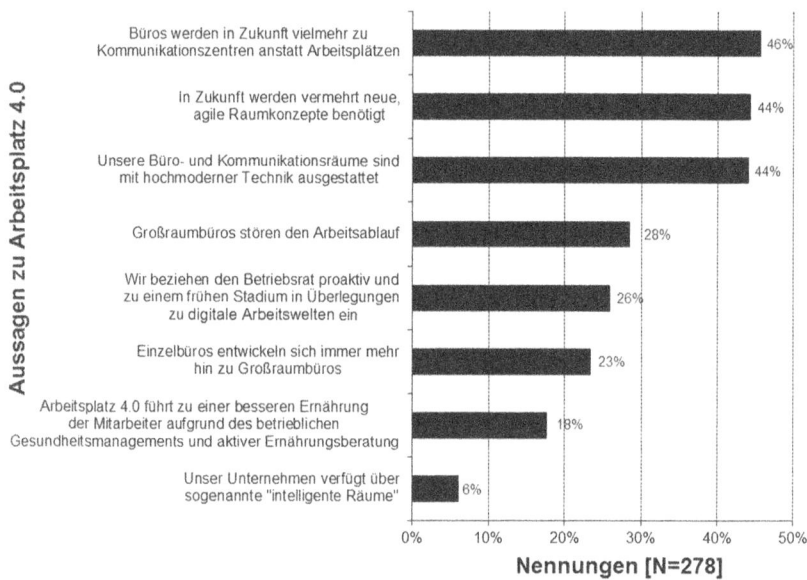

Abb. 4.40 Aussagen zu Arbeitsplatz 4.0

Vorteile/Nachteile Arbeitsplatz 4.0
Zu den größten Vorteilen der neuen Arbeitsplatzgestaltung zählt mit 68 Prozent die erhöhte Flexibilität und mit 52 Prozent eine erhöhte Transparenz der Arbeitsleistung. 50 Prozent der Unternehmen sehen auch eine stärkere Bindung an das Unternehmen bzw. eine höhere Zufriedenheit als zutreffend. Mit 37 Prozent glauben die Unternehmen an die erhöhte Produktivität der Mitarbeiter. Kosteneinsparungen (25 Prozent), eine verbesserte Gesundheit (23 Prozent) und bessere Ernährungsmöglichkeiten (5 Prozent) können nicht oder nur kaum zu den Vorteilen von digitalen Arbeitswelten gezählt werden. Im Hinblick auf die Nachteile wird mit rund 50 Prozent primär erhöhter Stress genannt. Die Befürchtung einer Abwanderung zu mehr mobiler Arbeit oder Homeoffice haben nur 31 Prozent der Unternehmen, gefolgt von 24 Prozent, die mit digitalen Arbeitswelten die Erhöhung der Kosten in Verbindung bringen. Kaum zu den Nachteilen zu zählen sind mit 15 Prozent eine sinkende Produktivität und mit 12 Prozent ein erhöhter Kostendruck durch die räumliche Nähe der Mitarbeiter am Arbeitsplatz (Abb. 4.41 und 4.42).

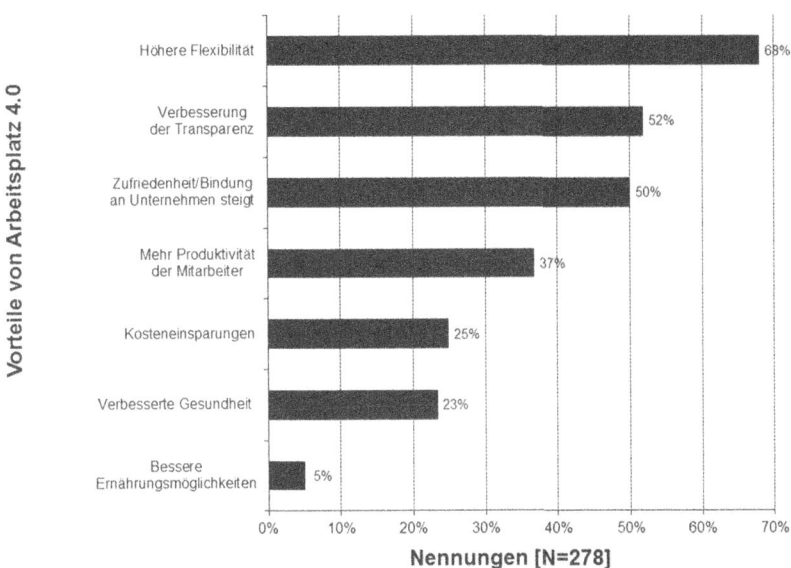

Abb. 4.41 Vorteile von Arbeitsplatz 4.0

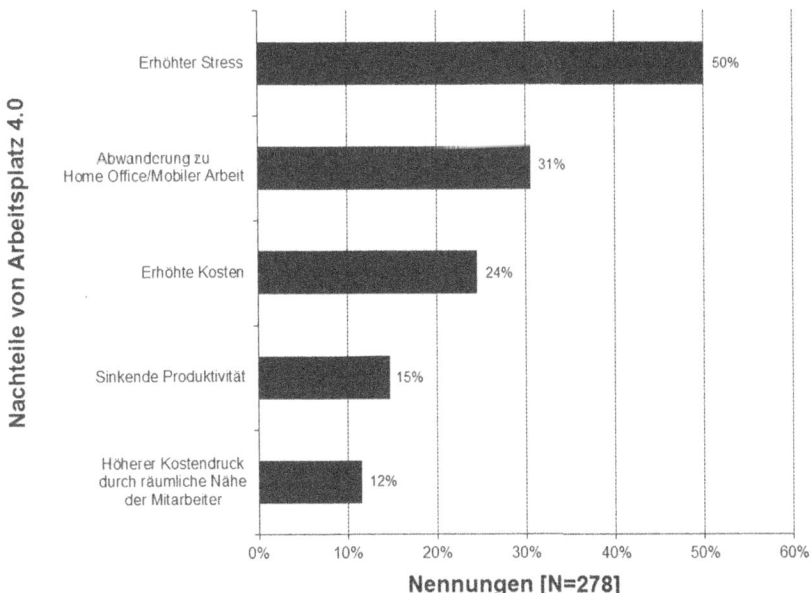

Abb. 4.42 Nachteile von Arbeitsplatz 4.0

Social Media Nutzung

Um die derzeitige Relevanz von Social-Media-Kanälen für die Unternehmen beziffern zu können, wurden die Unternehmensvertreter gebeten anzugeben, welche Social-Media-Kanäle von den Unternehmen aktiv genutzt und gepflegt werden. Vorreiter in dieser Kategorie ist mit 36 Prozent Facebook, gefolgt von XING mit 24 Prozent. Darauf folgen LinkedIn mit 17 Prozent und Twitter mit 12 Prozent. Instagram scheint mit 7 Prozent für die Unternehmen nur zweitrangige Bedeutung zu besitzen und SnapChat wird nicht genutzt. Die Relevanz eines Social-Media-Auftritts schätzen die Unternehmen, neben einer eigenen Homepage mit 36 Prozent, primär als wichtig ein. 22 Prozent geben keine Wertung ab und 13 Prozent schreiben den Social-Media-Kanälen eine sehr hohe Wichtigkeit zu. Mit 29 Prozent sind aber auch knapp ein Drittel der Unternehmen der Ansicht, dass Social-Media eine lediglich unwichtige oder sehr unwichtige Rolle spielt (Abb. 4.43).

Thesen zur Kommunikation

Neben der Wichtigkeit der Präsenz auf Social-Media-Kanälen geben 78 Prozent der Unternehmen an, dass den Mitarbeitern ein persönliches Mitarbeitergespräch ferner sehr wichtig ist. Eine regelmäßige Mitarbeiterversammlung berufen rund 56 Prozent der befragten Unternehmen ein. Dass traditionelle Kommunikationsmittel wie zum Beispiel eine Mitarbeiterzeitung oder Radiowerbung inzwischen zu Auslaufmodellen gehören, betrachten nur rund 31 Prozent als richtig. Die Ansicht,

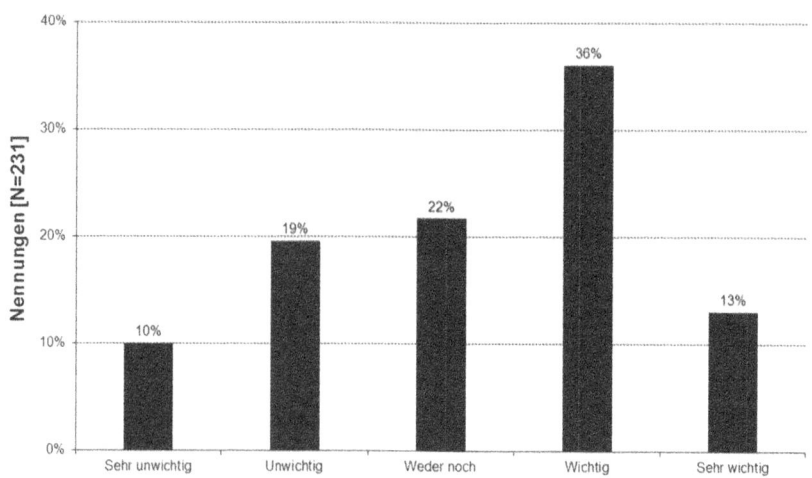

Abb. 4.43 Wichtigkeit des Internetauftritts auf Social Media Kanälen

dass E-Mail-Dienste schleichend durch die Whats-App-Kommunikation ersetzt werden teilen lediglich 20 Prozent und sie findet daher nur sehr mäßige Zustimmung. Einer Zukunftsvision, in der Smart-Home-Anwendungen in geraumer Zeit zu Smart-Work-Anwendungen werden und somit Einzug in die Arbeitswelt finden, stimmen nur 18 Prozent zu. Dies stimmt auch mit der Aussage überein, dass sich lediglich 8 Prozent den baldigen Einsatz von Elektronikgeräten wie zum Beispiel Amazon Echo, Apple HomePod, etc. in ihrem Unternehmen vorstellen können.

Beschäftigung von Flüchtlingen
Die aktuelle Diskussion rund um die Flüchtlingskrise und den steigenden „War of Talents" führt zu der Frage nach der generellen Einstellung der Unternehmen zum Thema Integration von Flüchtlingen. Nach Beschäftigungsverhältnis klassifiziert, werden im Mittel über alle Unternehmen 7 Mitarbeiter in Festanstellung, 3 Flüchtlinge in Teilzeitbeschäftigung, ein Praktikant und 2 Auszubildende beschäftigt. Um die Trendwirkung für die kommenden Jahre zu erfassen, wurden die Probanden in einer zweiten Frage gebeten, den absoluten Anteil an Beschäftigung in 5 Jahren anzugeben. Dieser erhöht sich in allen Kategorien deutlich und soll, wiederum im Mittel über alle Unternehmen, bei 14 Flüchtlingen in Festanstellung, 12 Flüchtlingen auf Teilzeitbasis, 2 Flüchtlingen in Praktikantenverhältnis und 3 in einem Ausbildungsverhältnis liegen (Abb. 4.44 und 4.45).

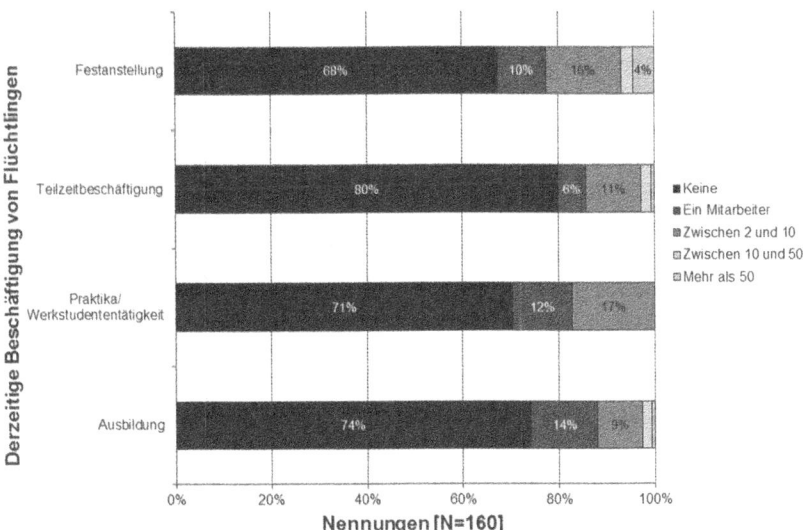

Abb. 4.44 Derzeitige Beschäftigung von Flüchtlingen

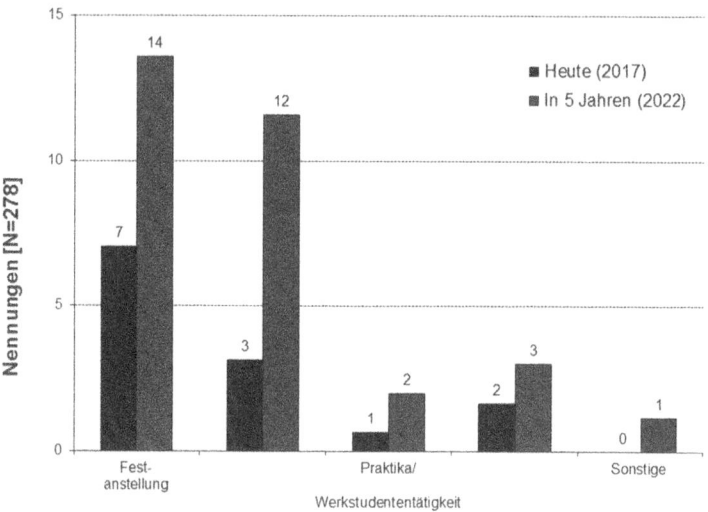

Beschäftigung von Flüchtlingen (Absolut)

Abb. 4.45 Beschäftigung von Flüchtlingen (Absolut)

Hinsichtlich der Vorteile, die sich aus der Integration von Flüchtlingen ergeben können, sieht die Mehrheit der Probanden mit 33 Prozent den Austausch der Kulturen bzw. die Bildung von heterogenen Teams. Weitere 26 Prozent bejahen die soziale Anerkennung des Unternehmens, die jenes durch die Integration in die digitale Arbeitswelt erfährt. Weitere Vorteile liegen in dem Perspektivenwechsel bzw. den Lerneffekten mit 24 Prozent, der überdurchschnittlichen Motivation, die 20 Prozent der Unternehmen als wahr ansieht und die Unterstützung von Hilfs- und Unterstützungsaufgaben (19 Prozent). Als weniger vorteilhaft können der Imageeffekt mit 13 Prozent und potenzielle Vorteile durch die vorherige Arbeitserfahrung der Flüchtlinge aus dem Heimatland mit 8 Prozent eingestuft werden (Abb. 4.46).

Zu den größten Nachteilen im Rahmen der Flüchtlingsintegration in der digitalen Arbeitswelt zählen mit weitem Abstand die Sprachbarrieren (61 Prozent) und die fehlende Qualifikation mit 51 Prozent. Zudem kommt die Unsicherheit über den Aufenthaltsstatus und die Klärung der Arbeitserlaubnis mit 38 Prozent. 21 Prozent der Unternehmen geben an, dass der Integrationsaufwand schlicht zu hoch ist. Nachrangige Nachteile könnten auch die fehlende Akzeptanz der Mitarbeiter (17 Prozent), die unzureichende Anrechnung der Kenntnisse aus dem Ausland (14 Prozent) und das erschwerte Recruiting, was meist nur mit der Hilfe der Intermediären Instanz „Agentur für Arbeit" stattfindet (14 Prozent), sein (Abb. 4.47).

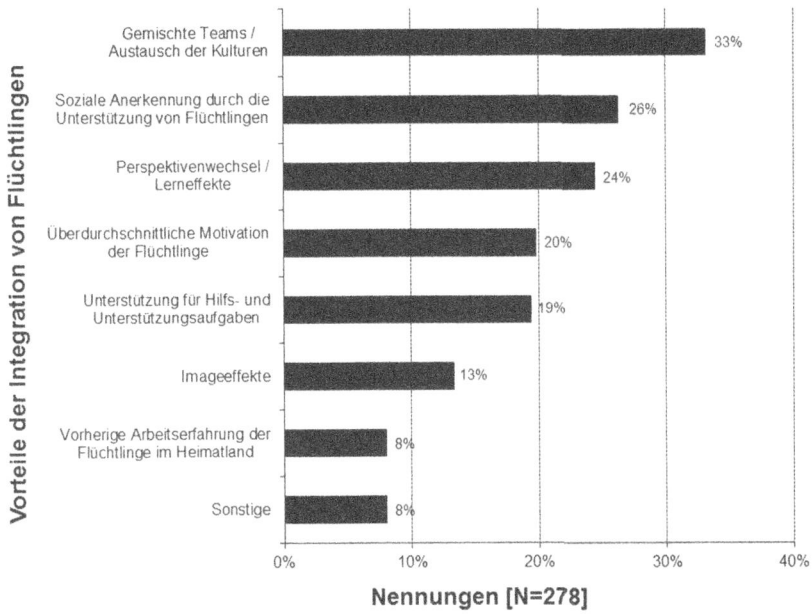

Abb. 4.46 Vorteile der Integration von Flüchtlingen

Change-Management

Ob in den Unternehmen ein dedizierter Change-Management-Prozess etabliert ist, wurde von den befragten Unternehmen zu 78 Prozent mit „Nein" beantwortet. Lediglich die Minderheit von 28 Prozent scheint bereits einen Change-Management-Prozess etabliert zu haben (Abb. 4.48).

Im Hinblick auf den grundsätzlichen Umgang mit Wandel antworten die Unternehmen mit 63 Prozent als offen oder sogar sehr offen. Weitere 17 Prozent sind dem Wandel gegenüber neutral eingestellt und 19 Prozent äußern eher eine Zurückhaltung (Abb. 4.49).

Erfolgsbetrachtung

Der Vergleich zwischen dem eigenen Unternehmen und dem stärksten Wettbewerber bringt hervor, dass die Unternehmen mit dem eigenen Unternehmen, der Aufstellung und Ausrichtung überwiegend zufrieden sind. Der Grad der Kunden-Loyalität wird mit 67 Prozent als sehr oder eher zufrieden eingestuft. Ähnliche Antworten geben die Unternehmen für die Gesamtentwicklung des Unternehmens (62 Prozent sehr und eher zufrieden), der Wachstumsrate (54 Prozent) und der

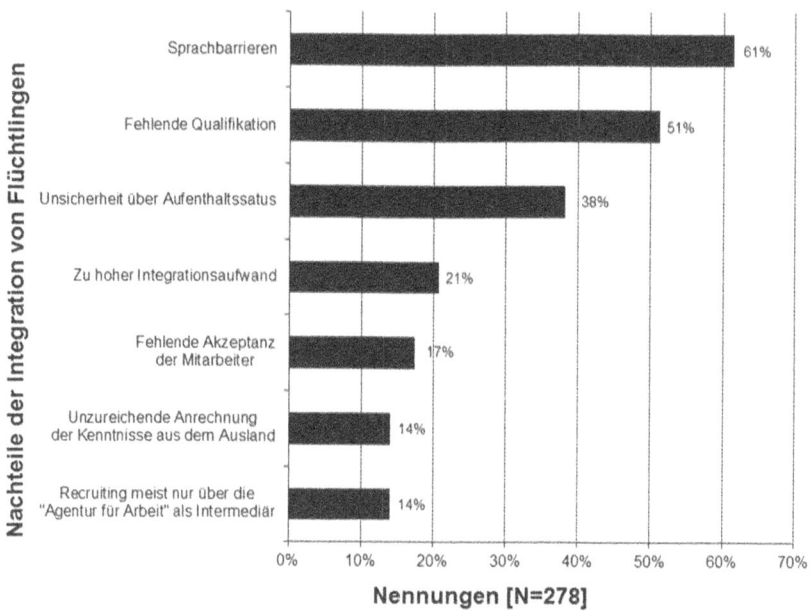

Abb. 4.47 Nachteile der Integration von Flüchtlingen

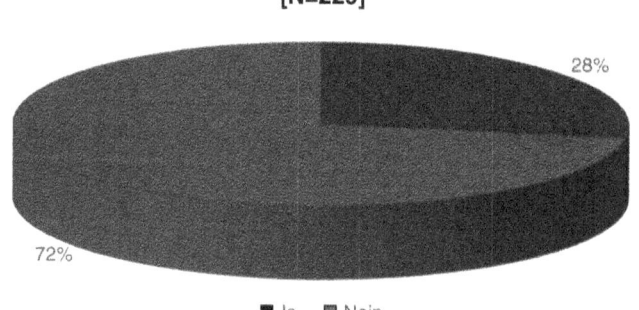

Abb. 4.48 Change-Management-Prozess etabliert

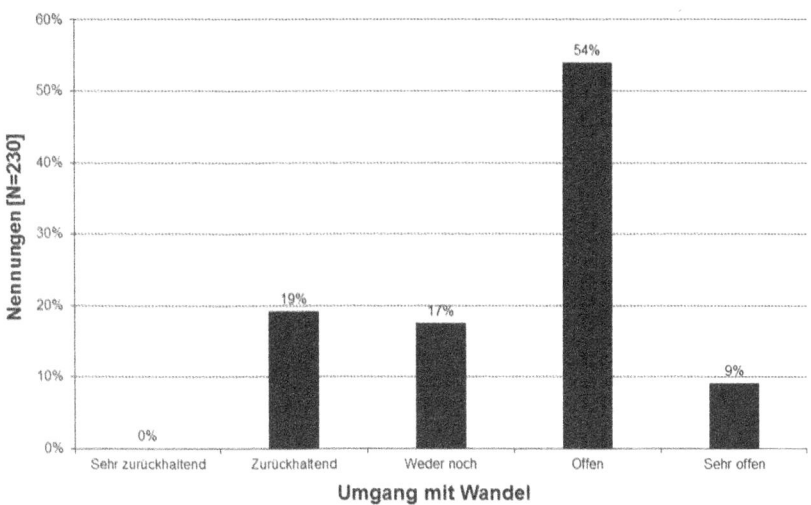

Abb. 4.49 Umgang mit Wandel

Innovationskraft (49 Prozent). Am unteren Ende stehen der Digitalisierungsgrad (36 Prozent eher und sehr zufrieden) und die Profitabilität (37 Prozent).

Die Umsatzentwicklung des letzten Jahres, verglichen mit den vergangenen 3 Jahren, verlief bei der Mehrheit der Unternehmen sehr positiv. 57 Prozent der Unternehmen geben an, dass der Umsatz um mehr als 5 Prozent gestiegen ist und weitere 10 Prozent geben eine Steigerung von sogar mehr als 20 Prozent an. 27 Prozent äußern eine stagnierende Umsatzentwicklung und lediglich 6 Prozent geben an, dass der Umsatz mehr als 5 Prozent gesunken ist (Abb. 4.50).

Um den Digitalisierungsgrad der Unternehmen besser einschätzen zu können, wurden die Probanden gebeten ihre Digitalisierungsfähigkeit einzuschätzen. Darunter wird die Fähigkeit verstanden, neue Technologien im eigenen Unternehmen wertschöpfend zu nutzen. Diesbezüglich schätzen sich 54 Prozent eher positiv und 8 Prozent sehr positiv ein. 27 Prozent nehmen eine neutrale Haltung ein und 11 Prozent sehen das als eher oder sehr negativ (Abb. 4.51).

Kostenfaktoren

Zusätzlich zu den Erfolgsfaktoren sollten auch die größten Kostenfaktoren im Rahmen von digitalen Arbeitswelten identifiziert werden. Mit Forschungs- und Entwicklungskosten von durchschnittlich 220.500 Euro scheint dies der größte

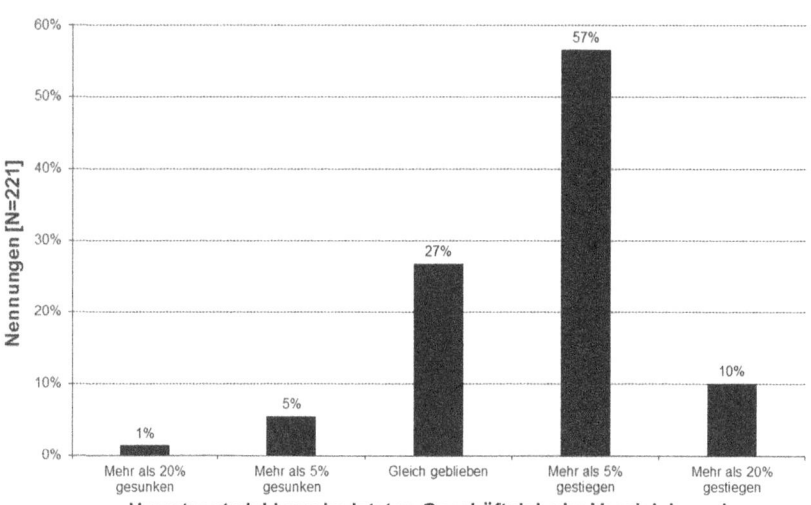

Abb. 4.50 Umsatzentwicklung im letzten Geschäftsjahr im Vergleich zu den drei vorherigen Jahren

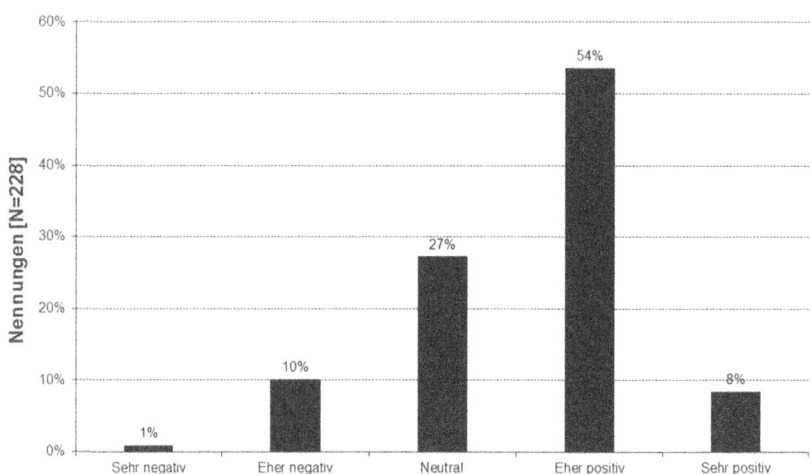

Abb. 4.51 Einschätzung der Fähigkeit, neue Technologien wertschöpfend zu nutzen

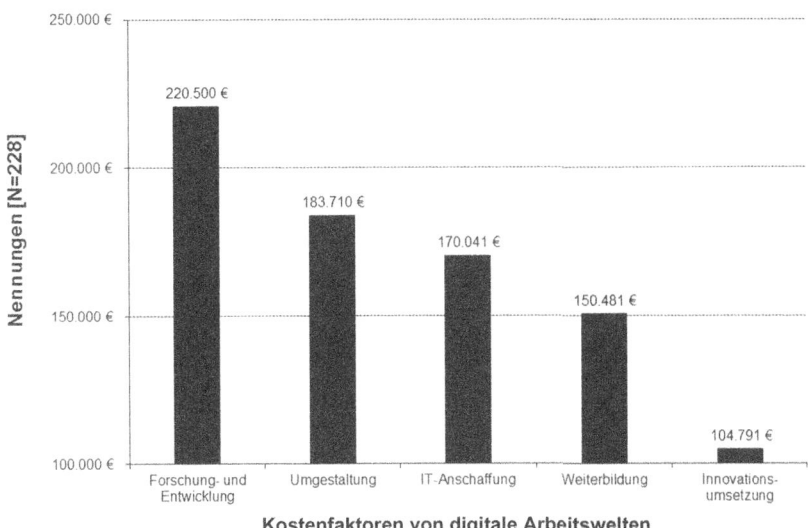

Abb. 4.52 Kostenfaktoren von digitale Arbeitswelten

Kostenfaktor zu sein. Die Kosten für Umgestaltung folgen mit knapp 185.000 Euro im Schnitt und IT-Anschaffung scheint auch einen nicht unwesentlichen Kostenfaktor darzustellen. Weiterbildungskosten sind mit durchschnittlich ca. 150.000 Euro eher von nachrangiger Bedeutung. Auch die Innovationsumsetzung macht im Vergleich zu den anderen Kostenfaktoren nur einen kleinen Teil aus (Abb. 4.52).

Für die Beurteilung der Kostenentwicklung bis ins Jahr 2025 gehen die Unternehmen davon aus, dass alle vormals genannten Kostenarten zunehmen werden, mit Ausnahme der Umgestaltung, hierbei geben 53 Prozent an, dass sie eine Stagnation der Kosten erwarten. Den höchsten Zuwachs mit einer Zustimmung von 82 Prozent sehen die Unternehmen in dem Kostenblock für Weiterbildung, gefolgt von der IT-Anschaffung mit 73 Prozent. Nicht zu verachten ist auch die Kostenzunahme im Bereich der Innovationsumsetzung, wo die Unternehmen mit 63 Prozent angeben, dass sie eine deutliche Zunahme erwarten. Mit 56 Prozent verhält es sich mit den Forschungs- und Entwicklungskosten ähnlich und es wird von einer Zunahme der Kosten über die Jahre hinweg ausgegangen (Abb. 4.53).

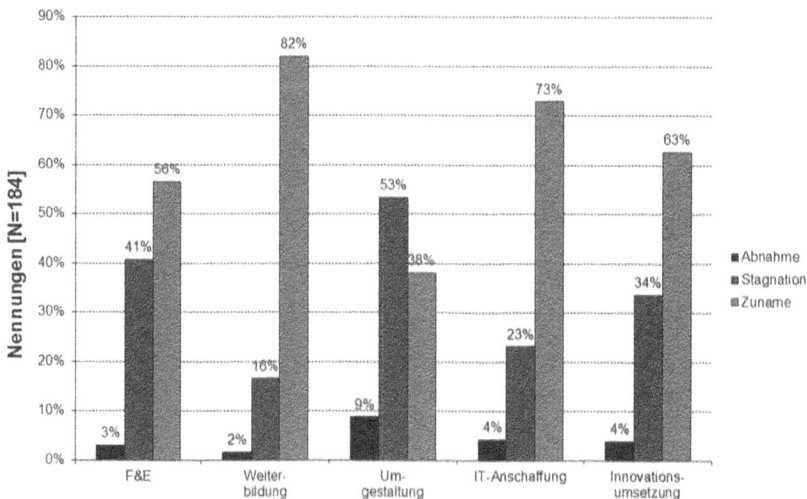

Abb. 4.53 Entwicklung der Kostenfaktoren bis 2025

Budget digitale Arbeitswelten

Das derzeitige Budget der Unternehmen für Umsetzungen im Rahmen von digitalen Arbeitswelten beläuft sich auf 58 Prozent und damit der deutlichen Mehrheit auf 0 Prozent vom Umsatz. Das kann einerseits bedeuten, dass Unternehmen kein Geld für Veränderungen, die sich durch die digitale Arbeitswelt ergeben, ausgeben oder dass kein dediziertes Budget dafür geplant ist und gegebenenfalls aus anderen Quellen bezogen wird. 20 Prozent der Unternehmen geben an, dass sie ein Budget von ca. 1–5 Prozent vom Umsatz für digitale Arbeitswelten verwenden. Darauffolgend geben 11 Prozent ein Budget von 10 bis 50 Prozent vom Umsatz an und 10 Prozent schließen sich dem zwischen 5 und 10 Prozent vom Umsatz an. Lediglich 1 Prozent der Unternehmen verfügt über ein Budget, das mehr als 50 Prozent vom Umsatz darstellt (Abb. 4.54).

Dieselbe Frage für das Jahr 2025 ergibt keine erheblichen Änderungen. Mit 55 Prozent gibt immer noch die Mehrheit der Probanden an, kein Budget für dieses Thema zu verwenden. Der Anteil von 10 bis 50 Prozent des Umsatzes steigt lediglich auf 22 Prozent bei den Unternehmen (Abb. 4.55).

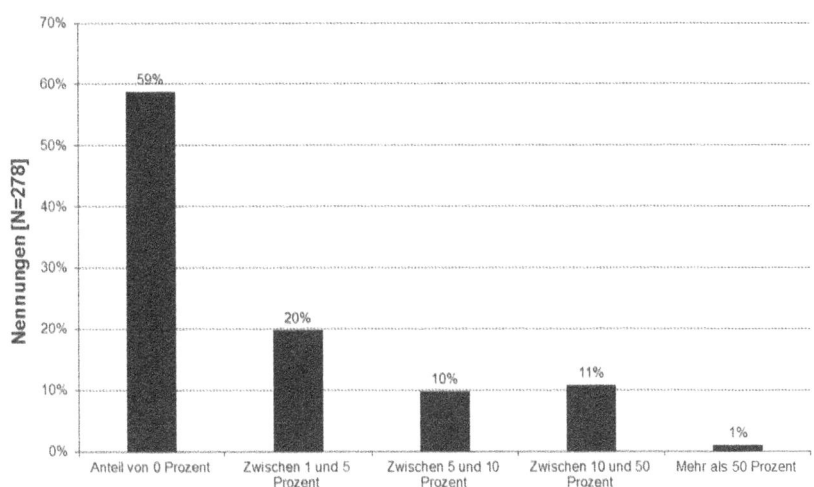

Abb. 4.54 Derzeit, durchschnittliches Budget für digitale Arbeitswelten (in Prozent vom Umsatz)

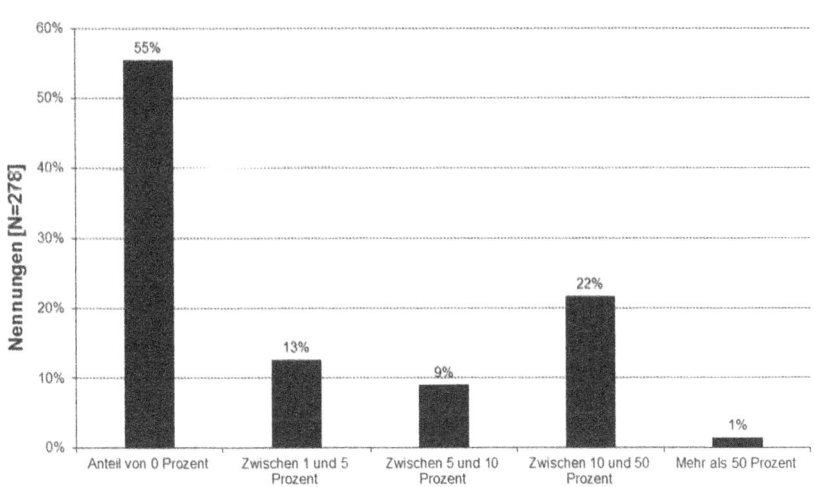

Abb. 4.55 Durchschnittliches Budget für digitale Arbeitswelten (in Prozent vom Umsatz) im Jahr 2025

Literatur

Arntz, Melanie, Terry Gregory, Florian Lehmer, Britta Matthes, und Ulrich Zierahn. 2016. Dienstleister haben die Nase vorn – Digitale Arbeitswelten – Stand der Digitalisierung in Deutschland. *IAB* (22, Nürnberg). https://www.google.com/url?sa=t&rct=j&q=&esrc=s&source=web&cd=1&cad=rja&uact=8&ved=2ahUKEwiSudqIn7T-lAhXkwAIHHecRAKMQFjAAegQIARAC&url=http%3A%2F%2Fdoku.iab. de%2Fkurzber%2F2016%2Fkb2216.pdf&usg=AOvVaw2_pDpYWl3phu6p5saEAfLz. Zugegriffen am 24.10.2019.

Atteslander, Peter. 2010. *Methoden der empirischen Sozialforschung*. Berlin: Erich Schmidt.

Backhaus, Klaus, Bernd Erichson, Wulff Plinke, und Rolf Weiber. 2003. *Multivariate Analysemethoden: Eine anwendungsorientierte Einführung*. Berlin: Springer.

Becker, Wolfgang. 1990. Funktionsprinzipien des Controlling. *Zeitschrift für Betriebswirtschaft* 60(3): 295–318.

Becker, Wolfgang, und Patrick Ulrich. 2011. *Mittelstandsforschung – Begriffe, Relevanz und Konsequenzen*. Stuttgart: Kohlhammer.

Bonin, Holger, Terry Gregory, und Ulrich Zierahn. 2013. Übertragung der Studie von Frey/-Osborne (2013) auf Deutschland. *ZEW – Zentrum für Europäische Wirtschaftsforschung/---Center for European Economic Research*. Mannheim 2015. (Kurzexpertise des ZEW, 57). https://www.google.com/url?sa=t&rct=j&q=&esrc=s&source=web&cd=2&ved=2ahU-KEwjJ-vy7orTlAhXBzaQKHcHfCTAQFjABegQIAhAC&url=ftp%3A%2F%2Fftp.zew. de%2Fpub%2Fzewdocs%2Fgutachten%2FKurzexpertise_BMAS_ZEW2015.pdf&usg=AOvVaw3H-HkXHhjY3TYlbqe3oFes. Zugegriffen am 24.10.2019.

Cooper, Daniel P., Helena Milner-Smith, und Mark Young und Ashley Moss. 2017. Are you ready for the European general data protection regulation? A practical checklist for employers. *Employee Relations Law Journal* 43(3): 60–65.

Creswell, John W., und Vicki L. Plano Clark. 2007. *Designing and conducting mixed methods research*. Thousand Oaks: Sage.

Diekmann, Andreas. 2006. *Empirische Sozialforschung: Grundlagen Methoden Anwendungen*. Hamburg: Rowohlt.

Döring, Nicola, und Jürgen Bortz. 2002. *Forschungsmethoden und Evaluation: Für Human- und Sozialwissenschaftler*. Berlin/Heidelberg: Springer.

Ehrentraut, Oliver. 2015. *Arbeitslandschaft 2040*. https://www.prognos.com/uploads/tx_atwpubdb/20150521_Prognos_Arbeitslandschaft2040-final.pdf. Zugegriffen am 24.10.2019.

Fischer, Heinz, Jutta Rump, und Eilers Silke. 2013. Unternehmen. In *Arbeitswelt 2030. Trends, Prognosen, Gestaltungsmöglichkeiten*, Hrsg. Rump Jutta, 57–81. Stuttgart: Schaffer-Poeschel.

Gläser, Jochen, und Grit Laudel. 2006. *Experteninterviews und qualitative Inhaltsanalyse*. Wiesbaden: Springer.

Götzke, Tanja. 2010. *Work and pay in Japan*. Cambridge: Cambridge University Press.

Hays. 2014. *HR-Report 2014/2015: Schwerpunkt Führung*.

Hirsch-Kreinsen, Hartmut. 2015. *Digitalisierung industrieller Arbeit: die Vision Industrie 4.0 und ihre sozialen Herausforderungen*. Baden-Baden: Nomos.

Homburg, C., und A. Giering. 1996. Konzeptualisierung und Operationalisierung komplexer Konstrukte: Ein Leitfaden für die Marketingforschung. *Marketing – Zeitschrift für Forschung und Praxis* 18(1): 5–24.

Homburg, Christian, Oliver Schilke, und Martin Reimann. 2009. Triangulation von Umfragedaten in der Marketing- und Managementforschung. *Die Betriebswirtschaft* 69(2): 175–195.

Kluge, Stefan. 2001. Strategien zur Integration qualitativer und quantitativer Erhebungs- und Auswertungsverfahren. In *Methodeninnovation in der Lebenslaufforschung*, Hrsg. S. Kluge und U. Kelle, 37–88. Weinheim/München: Juventa.

Mayring, Peter. 2007. *Qualitative Inhaltsanalyse: Grundlagen und Techniken*. Weinheim: Beltz.

Messenger, Jon C., und Lutz Gschwind. 2016. Three generations of Telework: New ICTs and the (R)evolution from Home Office to Virtual Office. *New Technology, Work & Employment* 31(3): 195–208.

Rodeghier, Mark. 1997. *Marktforschung mit SPSS: Analyse, Datenerhebung und Auswertung*. Bonn: Internat. Thomson Publ.

Rump, Jutta, Frank Schabel, und Stephan Grabmeier. 2011. *Auf dem Weg in die Organisation 2.0. Mut zur Unsicherheit*. Sternenfels: Verlag Wissenschaft & Praxis.

Schnell, Rainer, Paul Hill, und Elke Esser. 2005. *Methoden der empirischen Sozialforschung*. München: Oldenbourg.

Schwaiger, Manfred. 2009. *Theorien und Methoden der Betriebswirtschaft: Handbuch für Wissenschaftler und Studierende*. München: Vahlen, Franz.

Srnka, Katharina J. 2007. Integration qualitativer und quantitativer Forschungsmethoden – Der Einsatz kombinierter Forschungsdesigns als Möglichkeit zur Förderung der Theorieentwicklung in der Marketingforschung als betriebswirtschaftliche Disziplin. *Marketing ZFP* 29(4): 247–260.

Telekom Shareground/Universität von St. Gallen. 2015. Arbeit 4.0: Megatrend digitaler Arbeit der Zukunft – 25 Thesen.

Woschke, Tino, Heiko Haase, und Jan Kratzer. 2017. Resource scarcity in SMEs: Effects on incremental and radical innovations. *Management Research Review* 40(2): 195–217.

Qualitative Erhebung

5

Zusammenfassung

Mithilfe der großzahlig angelegten quantitativen Studie wurde eine Moment-aufnahme der Umsetzung und Einschätzungen von digitalen Arbeitswelten mit seinen unterschiedlichen Facetten abgefragt. Um sich ein genaueres Bild verschaffen zu können und weiteren Forschungsbedarf aufzudecken sowie Best Practices zu identifizieren, erfolgte zusätzlich eine qualitative Erhebung. Neben der quantitativen Befragung ist die Spiegelung mit Meinungen aus der Praxis somit ein wesentliches Forschungselement. Das folgende Kapitel geht auf einzelne Bereiche der Befragung ein, um anhand von Praxisbeispielen sowohl den Umsetzungsstand als auch die Bewertung der digitalen Arbeitswelt für unterschiedliche Branchen und Unternehmensgrößen zu erfahren. Neben der Darstellung des Forschungsdesigns für qualitative Erhebungen geht das Kapitel auf acht zum Thema geführte Interviews ein und beleuchtet die wesentlichen Erkenntnisse der digitalen Arbeitswelt in der praktischen Umsetzung. Dabei werden die Experten aus unterschiedlichen Branchen und sowohl dem Praxis- als auch dem Wissenschaftskontext ihre Ansichten aber auch die damit zusammenhängenden Zukunftsaussichten beleuchten.

5.1 Forschungsdesign

Forschungsseitig kann dem Mittelstand in Bezug auf die Thematik digitale Arbeitswelten ein Mangel an theoretischen und empirischen Erkenntnissen attestiert werden. Vor allem, wenn es um spezifische Aussagen zu Mittelstandscharakteristika

© Springer Fachmedien Wiesbaden GmbH, ein Teil von Springer Nature 2019 115
W. Becker et al., *Digitale Arbeitswelten im Mittelstand*,
Management und Controlling im Mittelstand,
https://doi.org/10.1007/978-3-658-24372-2_5

geht. Die Fragen des „Wie?" und „Warum?" stehen aus diesem Grund insbesondere im Vordergrund der folgenden Untersuchung.

Quantitative Forschungsmethoden können diese Fragen nicht hinreichend beantworten, weshalb die Entscheidung zu qualitativen Forschungsansätzen für offene Fragestellungen von großer Bedeutung ist. Im Gegensatz zu geschlossenen Fragebögen, die das Untersuchungsfeld eventuell zu stark eingrenzen könnten, erlauben offene Fragestellungen den Zugang zu weiten Themenfeldern. Zudem wird es im Zwiegespräch für den Interviewer und Interviewten möglich, Nachfragen zu einzelnen Begriffsverständnissen und Themenbereichen zu stellen und Erklärungen für Entscheidungen abzufragen.

Die bisher aufgezeigte *Forschungssituation* verlangt tiefergehende Einblicke in die spezifischen Kausalstrukturen von mittelständischen Unternehmen, um deren Charakteristika gerecht zu werden. Standardisierte Fragebögen eignen sich an dieser Stelle nur bedingt, um Zusammenhänge aufzudecken und verständlich zu machen. Um das Ziel des Aufdeckens von Erklärungs- und Wirkungszusammenhängen zu erreichen, muss der angewendete Forschungsansatz deshalb auf der einen Seite die für die quantitative Analyse notwendige Tiefe bieten und andererseits hinreichend flexibel und offen sein. Eine solche Vorgehensweise ermöglicht es, die Auswertung verschiedener Tendenzen innerhalb des untersuchten Bereichs durchzuführen. Es handelt sich bei einer solchen Vorgehensweise um einen qualitativen Forschungsansatz, wie ihn auch Bortz und Döring (2002) beschreiben. Dieser erfüllt die Anforderungen und gilt daher als besonders geeignet.

Der *qualitative Forschungsansatz* ermöglicht die interpretative Verarbeitung verbaler Daten (Bortz und Döring 2002, S. 274) und fördert auf diese Weise das Verstehen von komplexen Zusammenhängen (Flick und von Kardoff 2007, S. 23). Mittels einer qualitativen Forschungsausrichtung soll die Beschreibung des Forschungsgegenstandes fokussiert und ermöglicht werden, wobei sowohl die individuellen Sichtweisen der beteiligten Subjekte als auch die subjektiven und sozialen Konstrukte Berücksichtigung finden (Flick und von Kardoff 2007, S. 17). Im Bereich der qualitativen Forschung gibt es verschiedene Möglichkeiten das Ziel zu erreichen, wobei hier nur die später auch genutzte Form dargestellt wird.

Im vorliegenden Forschungsvorhaben des EFAM eignet sich vor allem eine Methode, die die Untersuchung im natürlichen Kontext ermöglicht. Damit ist gemeint, dass nach der quantitativen Befragung vor allem von Interesse ist, wie die betroffen Personen und Entscheider die Themenstellung bewerten. Ein solches Forschungsdesign ist in der *Fallstudie* (Zaugg 2006, S. 13) zu sehen, die sich besonders für bisher noch wenig bearbeitete Fragestellungen eignet (Eisenhardt 1989, S. 548 f.).

Nach Yin ist eine Fallstudie eine Art der empirischen Untersuchung, bei der ein Phänomen oder Konstrukt in seinem natürlichen Kontext untersucht wird

(Yin 2003, S. 12 ff.). Diese Vorgehensweise der Untersuchung im natürlichen Umfeld hat gegenüber anderen Forschungsmethoden den Vorteil, ein besseres Verständnis herbeizuführen. Relevante Zusammenhänge werden analysiert, was zur Klärung des untersuchten Phänomens führt.

Yin beschreibt für die Durchführung von Fallstudien unterschiedliche Vorgehensweisen. Er unterscheidet zwischen vier Forschungsdesigns, die je nachdem in Abhängigkeit der Fallanzahl und den Analyseeinheiten zu wählen sind. Eine genaue Beschreibung der vier Methoden wird hier nicht durchgeführt, lediglich die geeignete Methode dargestellt. Bei dieser handelt es sich um die multiple Fallstudie mit *eingebetteten Analyseeinheiten* (Yin 2003, S. 51). Innerhalb der multiplen Fallstudie können nicht nur einzelne Fälle konkret analysiert, sondern auch Gemeinsamkeiten fallübergreifend aufgedeckt und herausgearbeitet werden.

Nachdem das Forschungsdesign festgelegt ist, muss die *methodische Vorgehensweise* beschrieben werden. Diese orientiert sich an der Methode zur Ableitung von theoretischen Erkenntnissen, wie sie Eisenhardt dargestellt (Abb. 5.1).

Dazu erfolgt zunächst die Typologisierung des Mittelstands als Betrachtungsobjekt in der ersten Untersuchungsphase. Dabei folgt die Bildung von Typen der Vorgehensweise von Becker und wird anschließend auf die Forschung übertragen. Das ermöglichtes, erste Thesen zur digitalen Arbeitswelten im Mittelstand zu generieren.

In einer zweiten Phase der Untersuchung erfolgt die Auswahl geeigneter Unternehmen für die Befragung selbst. Die Auswahl der Probanden erfolgt jedoch nicht wahllos, sondern orientiert sich an theoretischen Begründungen. Nur dadurch ist die *Reliabilität* und *Validität* der Untersuchung sicherstellbar.

Die dritte Phase widmet sich der Umsetzung der explorativen Befragung und Auswertung der generierten Erkenntnisse. Auch hier ist eine strukturierte Vorgehensweise sinnvoll, um am Ende Vergleichbarkeiten zu identifizieren.

Die Verifikation der Erkenntnisse erfolgt innerhalb der vierten Phase.

Alle gefundenen Ergebnisse, Zusammenhänge und Unterschiede werden am Ende der Untersuchung in Thesen zusammengefasst. Die Thesenbildung basiert jedoch nicht allein auf den Ergebnissen der Interviews, sondern bezieht die bisherigen wissenschaftlichen und empirischen Erkenntnisse mit ein.

Die verschiedenen Phasen einer Fallstudienuntersuchung können zusätzlich in unterschiedliche Schritte zusammengefasst werden. In der hier zugrunde liegenden Vorgehensweise finden sechs Schritte statt, was der Empfehlung von Eisenhardt entspricht (Eisenhardt 1989, S. 545).

Es wird empfohlen als optimale *Fallzahl* der zu untersuchenden Fälle und aus Komplexitätsgründen, nicht mehr als vier bis zehn Fallstudien durchzuführen (Eisenhardt 1989, S. 545). Die vorliegende Untersuchung folgt dieser Empfehlung

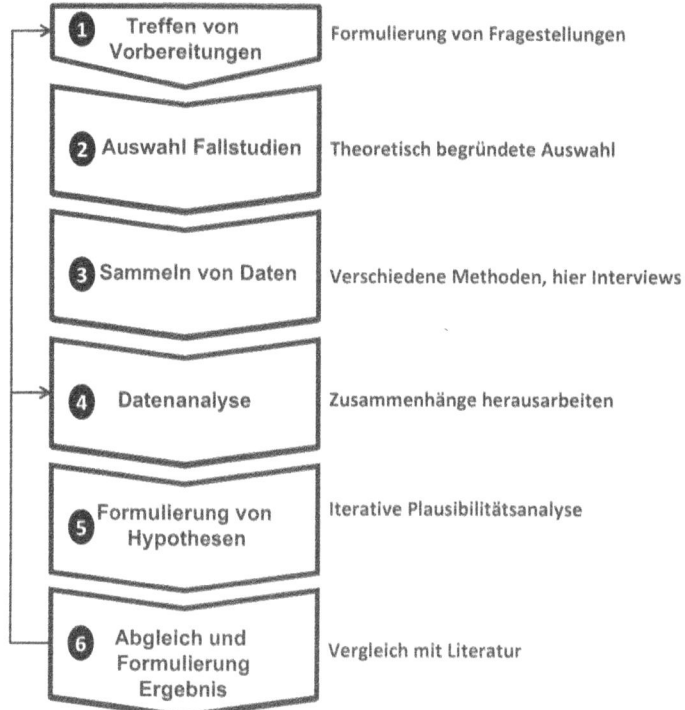

Abb. 5.1 Ableitung theoretischer Erkenntnisse nach Eisenhardt 1989, S. 548 f.

und generiert acht Fallstudien, die einen ersten Einblick in die digitalen Arbeitswelten ermöglichen. Neben der Festlegung, wie viele Fallstudien entwickelt werden sollten, tritt die Wahl der Befragungsmethode ein. Für das Forschungsdesign der Fallstudie empfiehlt Yin (2003) das *Interview* als eine geeignete Datenquelle. In diesem Zusammenhang verweist Peräkyla zudem auf den Vorteil, durch die Untersuchungsumgebung subjektive Zusammenhänge erschließen zu können (Peräkyla 2005, S. 869).

Auch für die Form des Interviews gibt es verschiedene Ausgestaltungsformen, aus denen gewählt werden kann. Eine Spezialform des Interviews ist in *problemzentrierten Interviews* zu sehen. Hier handelt es sich um einen offenen und mittels Leitfaden *halbstrukturierten Befragungsablauf* (Mayring 2007, S. 50 f.). Halbstrukturiert bedeutet in diesem Fall, dass lediglich Überkategorien zu verschiedenen Themenschwerpunkten festgelegt werden, die Interviewführung aber offen gehalten ist. Das bietet zum einen den Vorteil, dass die „subjektiven Perspektiven und Deutungen" (Mayring 2007, S. 51) der Befragten erkannt werden können und zum anderen wird sichergestellt, dass keine Unklarheiten seitens des Befragten bestehen. Sowohl der Befragte als auch der Fragensteller können bei Unsicherheit nachfragen.

Solchen Befragung sind vor allem für Themen geeignet, die sehr individuell interpretiert werden können. Deshalb wurde sie für die vorliegende Untersuchung als besonders geeignet bewertet (Mayring 2007, S. 48 ff.; Hopf 2007, S. 349 ff.). Innerhalb der problemzentrierten Interviewform werden induktive und deduktive Argumentationsschritte miteinander kombiniert. Die angewendeten Theorien können auf Basis der Erkenntnisse vom Forscher im Anschluss modifiziert werden (Lamnek 2006, S. 364). Das Verfahren ist somit mit der von Becker propagierten *Forschungskonzeption im Gegenstrom* (Becker 1990, S. 296) in Einklang zu bringen (Abb. 5.2).

Der Kern des Konzeptes einer Forschung im Gegenstrom bildet die *Synthese* deduktiv erarbeiteter betriebswirtschaftlicher Theorien und induktiv aus empirischen Erhebungen und Daten ermittelter Erkenntnisse, die *Wissenszuwächse* produzieren. Diese aus zwei Richtungen kommende Vorgehensweise kann als Triangulation von Erkenntnissen aus verschiedenen Perspektiven seitens der Wissenschaftstheorie verstanden werden. Das ermöglicht zudem, dass neben den verschiedenen Methoden

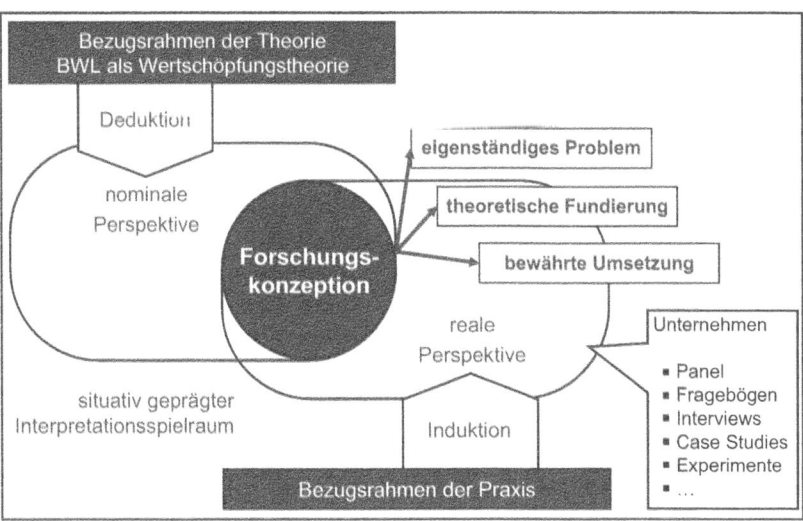

Abb. 5.2 Forschungskonzeption im Gegenstrom nach Becker 1990, S. 296

der Datenerhebung, auch verschiedene Ansätze der Dateninterpretation genutzt werden (Becker 1990, S. 296). Das Ergebnis der Forschung im Gegenstrom soll ein geschlossenes Bild des Untersuchungsobjektes sein.

Die Generierung eines Interviewleitfadens schafft in der beschriebenen Vorgehensweise sowohl die *Triangulation innerhalb* als auch *zwischen* den Fallstudien und schafft sowohl Konstrukt- als auch interne und externe Validität, da der Leitfaden als solcher für ein Interview aber auch über alle Probanden hinweg zur Nutzung kommt. Eine zusätzliche Sicherstellung der Validität wird durch die Wahl *unterschiedlicher Erhebungsmethoden* (beispielsweise Interviews, Dokumente, Beobachtungen, kommunikative Rückkopplung der Ergebnisse mit Interviewpartnern) erreicht.

Auch die hier durchgeführte Fallstudienerhebung folgt einem Schema. Mittels problemzentrierter Interviews erfolgt die Datenerhebung, wobei der Prozess in die Schritte der Vorbereitung der Interviews, deren Durchführung sowie die Nachbereitung gegliedert ist.

In der *Vorbereitungsphase* der Interviews erfolgt die Auswahl geeigneter Probanden. Auch hier müssen vorab theoretische Kriterien definiert werden. Nachdem diese Charakteristika festgelegt wurden, erfolgte die Identifikation der Probanden via Internetrecherche. Einige der Probanden fanden sich zudem aus der quantitativen Umfrage heraus.

Der vorher beschriebenen Empfehlung wurde Folge geleistet, indem ein *Interviewleitfaden* entwickelt wurde. Er setzt sich aus elf Themenbereichen zusammen und sorgt damit für die innerhalb und zwischen den Fallstudien gewonnenen Erkenntnisse notwendige Validität.

Die Aufteilung des Leitfadens folgt einem vorgegebenen Schema, das sich an den bisherigen Erkenntnissen zum Themengebiet orientiert und das Ziel verfolgt, einen möglichst umfassenden Einblick in die Unternehmen zu erhalten. Der erste Abschnitt fragt deshalb zunächst einige Angaben zur *interviewten Person* und dem *Unternehmen* ab. Das soll am Ende den Vergleich bzw. die Begründung für Unterschiede erleichtern. Der zweite Abschnitt stellt den ersten themenfokussierten Teil dar und widmet sich den *Rahmenbedingungen* zu digitalen Arbeitswelten des Unternehmens. Die Probanden sollten in diesem Kontext zunächst eine eigene Definition von digitalen Arbeitswelten finden und zudem einschätzen, von welchen Trends sie vor allem betroffen sind.

Den Rahmenbedingungen folgend geht der dritte Abschnitt auf die *Organisationsstruktur* ein und fragt nach der Einbettung von digitalen Arbeitswelten in diese. Es erfolgt demnach ein Übergang auf die interne Ebene. Neben der Struktur ist auch die *Führung* ein vieldiskutierter Themenbereich, weshalb dieser im vierten Abschnitt behandelt wird. Dazu befragen die Interviewer die Probanden nach dem vorherrschenden Führungsstil sowie den Veränderungen, die auf diesen durch digitale Arbeitswelten zukommen oder bereits eingetroffen sind. Neben den für die Leitungspersonen wichtigen Faktoren sollen auch die Mitarbeiter und ihre Chancen und Risiken in der digitalen Arbeitswelt aufgenommen werden. Der fünfte Abschnitt geht deshalb auf die *Work-Life-Balance/Mobiles Arbeiten/Homeoffice* ein. Der sechste Abschnitt widmet sich der *Gender-Diversity* im Unternehmen. Daneben gehen Fragen zur Neugestaltung des *Arbeitsplatzes* in der digitalen Arbeitswelt im siebten Abschnitt der Befragung ein. Damit zusammen hängen auch die sich verändernden *Kommunikationsmöglichkeiten*, die ebenfalls hier abgefragt werden.

Einen neuen Themenblock bildet zudem Abschnitt neun, der die *Integration von Flüchtlingen* umfasst. Neben der Ausgestaltung des Arbeitsplatzes, dem möglichen veränderten Führen und Arbeiten sowie Kommunizieren bildet der Umbruch der Unternehmenskultur laut bisheriger Umfragen einen wichtigen Teil zur Umsetzung digitaler Arbeitswelten. Deshalb stellt Abschnitt zehn Fragen zum *Change-Management* im Unternehmen, bevor im letzten Abschnitt elf die *Erfolgseinschätzungen* abgefragt werden. Den Probanden wird am Ende des Interviews die Möglichkeit gegeben, noch ausstehende oder nicht beachtete Punkte offen zu *diskutieren*.

Die Erstellung eines Interviewleitfadens obliegt dem Interviewer. In der vorliegenden Studie haben sich diese dazu entschlossen, konkrete Frageformulierungen vorzugeben, um den Probanden möglichst deutlich zu machen, worum es im jeweiligen Themenbereich geht. Trotzdem sollten und haben die Probanden die Fragen lediglich als *Orientierungsrahmen* genutzt und waren in ihren Antworten frei. Je nach Gesprächssituation konnte jederzeit von den gestellten Fragen abgewichen werden, um neue oder andere Aspekte einzubringen.

Die Unternehmen, die sich als Interviewpartner bereiterklärt haben, wurden durch die Interviewer direkt kontaktiert, um Termine zu vereinbaren. Die Interviews wurden dann direkt am Standort des Unternehmens geführt, in dem der Interviewpartner tätig ist. Die Durchführung erfolgte stets *persönlich*. Durchgeführt wurden die Befragungen von wissenschaftlichen Mitarbeiterinnen des Europäischen Forschungsfeldes für Angewandte Mittelstandsforschung sowie wissenschaftlichen Mitarbeitern der Hochschule Aalen. Die bis zu zwei Stunden dauernden Interviews wurden durch die Mitarbeiter unmittelbar per Mitschrift transkribiert, wobei die *Transkriptionsregeln* der Handhabbarkeit und Lesbarkeit galten.

Die *Transkription* ist eine Dokumentationsweise im Rahmen wissenschaftlicher Untersuchungen und beruht auf der Darstellung mündlicher Kommunikationsprozesse (zur Vorgehensweise der Transkription siehe Dittmar 2004). Sie dient der schriftlichen Fixierung von getroffenen Aussagen und gewonnenen Erkenntnissen. Da die Aussagen der Interviewpartner ihre individuellen Ansichten wiederspiegeln, wurde zuvor deren Einverständnis eingeholt. Die Transkription bildet später die Grundlage für die Darstellung und Interpretation und sollte deshalb durch die Interviewpartner freigegeben werden. Alle Teilnehmer stimmten der Transkription zu und erhielten nach erfolgreicher Abschrift das *Gedächtnisprotokoll* zur Freigabe (Lamnek 2006, S. 616; Gläser und Laudel (2006), S. 157). Damit sollte gewährleistet werden, dass alle Aussagen der Probanden fehlerfrei widergegeben werden.

Die heute bestehenden Möglichkeiten der Tonbandaufnahmen wurden dazu genutzt, den Probanden freizustellen, ob ein *narratives Interview* geführt wird. Tonbandaufnahmen können nach Beendigung des Interviews den Transkriptionsprozess unterstützen und Fehler in der Wiedergabe vermindern. Zur Tonbandaufnahme erklärten sich vier Interviewpartner bereit. Auch diesen wurden die dadurch detaillierten Protokolle zur Freigabe vorgelegt.

Um die Probanden angemessen auf die Interviews vorzubereiten wurde bereits bei der Ansprache ein *Zeitrahmen* genannt. Zudem erhielten die Interessierten den Interviewleitfaden zugesendet, um sich auf das Interview vorbereiten zu können. Jedes geführte Interview bewegte sich innerhalb dieses Rahmens zwischen 60 und 120 Minuten. Diese große Streuung ist auf die freie Gesprächsführung zurückzuführen, wodurch die Dauer vorab nie genau festgelegt werden konnte. Außerdem macht das Ziel, vom Kernthema abweichen und subjektive Kausalzusammenhänge erschließen zu können eine genaue Definition des Zeitlimits nicht möglich.

Zudem oblag dem Interviewer während des Gespräches die Entscheidung, ob eine hinreichende Beantwortung der Fragen vorlag, oder die Themen intensiver besprochen werden sollten.

Um zu ermöglichen, dass der Wechsel zwischen den Themenbereichen nicht zu schneller erfolgte, wurden vom Interviewer gezielt *Standardisierung, Kontrollfragen* und/oder *Verständnisfragen* eingesetzt. Damit sowohl der Interviewer als auch der Proband einen Überblick über das Interview haben, lag der Interviewleitfaden während des gesamten Gesprächsverlaufs sowohl dem Interviewer als auch dem Interviewten in ausgedruckter Form vor.

Die *Durchführung* der Interviews erfolgte in einem *Zeitraum* von zwei Monaten – von Oktober bis November 2017. Der sich der Durchführung anschließenden Transkription folgte die Durchsicht, Verbesserung und der Versand per Mail an die jeweiligen Probanden zur *Freigabe*.

Nach Überprüfung erhielten die Interviewer für alle erstellten Transkripte die Freigabe. Diese stellen somit die Grundlage für die Auswertung der Studie dar.

An dieser Stelle sei anzumerken, dass alle Unterlagen grundsätzlich den strengsten Anforderungen der *Anonymisierung* unterliegen. Sie sind deshalb für die Öffentlichkeit unzugänglich und liegen unter Verschluss beim Europäischen Forschungsfeld für Angewandte Mittelstandsforschung der Universität Bamberg. Damit konnte für die Probanden sichergestellt werden, dass alle Daten streng vertraulich behandelt und nur im Rahmen der hier vorliegenden Studie für Zwecke der wissenschaftlichen Auswertung genutzt werden. Trotzdem erklärten sich einige der Probanden zur Nennung sowohl ihrer Namen, Position als auch des Unternehmens bereit.

Zur *Darstellung* der Ergebnisse entschieden sich die Autoren für eine deskriptiv-explorative Vorgehensweise. Die einzelnen Fallstudien werden dazu ganzheitlich beschrieben, um Kontextbedingungen, die durch die Interviewpartner identifiziert wurden zu erhalten und gewinnbringende Einblicke generieren zu können. Die Auswertung erfolgt unter den Gesichtspunkten der Gütekriterien für qualitative Forschung. Im Gegensatz zu den Gütekriterien quantitativer Forschung, die die Objektivität, Reliabilität und Validität als zentral beinhalten, müssen für qualitative Forschungen andere zurate gezogen werden. Gemäß Steinke sind die quantitativen Kriterien nicht ohne weiteres auf die qualitative Forschung übertragbar. Das begründet er mit dem wesentlich *geringeren Formalisierungsgrad* und einer *geringeren Standardisierung* (Steinke 2007, S. 322 f.). Vernachlässigt sollten sie deshalb trotzdem nicht werden, im Gegenteil haben Gütekriterien auch in der qualitativen Forschung enorme Bedeutung: Zum einen sollen sie *Beliebigkeit* und Willkür innerhalb des Forschungsansatzes entgegenwirken und zum anderen sollen sie helfen die ansonsten drohenden *Anerkennungsprobleme* qualitativer Forschungserkenntnisse außerhalb der eigenen wissenschaftlichen Gemeinschaft zu vermeiden (Steinke 2007, S. 320).

Um der geringen Möglichkeit zur Formalisierung und Standardisierung qualitativer Forschung entgegenzuwirken empfiehlt Steinke eine universelle und allgemein verbindliche Erstellung eines *Kriterienkatalogs*. Ein solcher sollte die jeweiligen Spezifika des Forschungsfeldes und des Untersuchungsgegenstandes berücksichtigen. Dazu schlägt er einige allgemeine Gütekriterien vor, zu denen die intersubjektive Nachvollziehbarkeit, Indikation des Forschungsprozesses, empirische Verankerung, Limitation, Kohärenz, Relevanz sowie reflektierte Subjektivität zählen (Steinke 2007, S. 323 f.).

Auch die vorliegende Studie orientiert sich an den von Steinke definierten Gütekriterien und versucht diesen zu folgen. Die *intersubjektive Nachvollziehbarkeit* kann deshalb zunächst bestätigt werden. Die Offenlegung der Erhebungsmethode,

Transkriptionsregeln und Informationsquellen der Studie führen zu einer weitgehenden Nachvollziehbarkeit durch Dritte. Trotzdem liegt eine Einschränkung bezogen auf die Auswertungsmethode vor. Während die verwendete Auswertungsmethode selbst zwar im vorherigen Kapitel vorgestellt und erläutert wurde, sind die Transkripte selbst aus Anonymisierungsgründen nicht für Dritte zugänglich. Das führt dazu, dass keine Bewertung der zugrundeliegenden Daten und ihrer Interpretation möglich ist.

Ein weiteres Gütekriterium, das Anwendung finden sollte, ist die *Indikation des Forschungsprozesses*. Diesem liegt das Hinterfragen der Angemessenheit des gesamten Forschungsprozesses zugrunde und wird von der vorliegenden Studie erfüllt. Sowohl die Skizzierung der Forschungssituation sowie die Wahl der Methode sind auf das Forschungsvorhaben abgestimmt und begründet den qualitativen Zugang. Mit der Nutzung des Interviews kann den Probanden ausreichend Raum für Deutungen und Einschätzungen gegeben werden. Die Offenlegung des Leitfadens sowie des Samples der Probanden ermöglicht das Aufgreifen von Irritation zum Forschungsprojekt.

Ein viertes Gütekriterium bezieht sich auf die *empirische Verankerung*. Auch dieses Kriterium kann durch die vorliegende Studie erfüllt werden und ist im Einsatz der Grounded Theory als Auswertungsmethode zu sehen. Zur Erfüllung bedarf es zudem eines angemessenen Umgangs mit Abweichungen in den Erhebungen. Im Rahmen der Auswertungen erfolgen die Darstellung von Abweichungen sowie eine kritische Diskussion dieser. Zudem erfolgt – wo möglich – die Triangulation mit Expertenmeinungen, was zu Relativierungen führen kann.

Das letzte Gütekriterium ist in der *Relevanz* zu sehen. Das hier vorgestellte Forschungsvorhaben erfüllt dieses Kriterium. Mittelständische Unternehmen sind für die deutsche Volkswirtschaft von hoher Bedeutung und deshalb sind die Auswirkungen einer sich verändernden Arbeitswelt auf ihre Arbeitsweise, Struktur und Zukunft zu untersuchen.

Alles in Allem ist die Wahl der Erhebungsmethode sowie die gewählte Darstellung in deskriptiv-explorativer Weise geeignet für die Thematik und Fragestellung. Des Weiteren zeigen die Charakterisierungen der Probanden nach Größen-, Branchen-, Rechtsformverteilung sowie die Standortzahl, dass auf diese Weise die Heterogenität der Stichprobe Mittelstand adäquat abgebildet werden kann. Aufgrund der Spezifikationen und der Nutzung der Definition des EFAM muss einschränkend festgehalten werden, dass sich die Anwendbarkeit der Ergebnisse vermutlich auf Deutschland *limitiert*. Trotzdem kann die vorliegende Studie alle Gütekriterien mit wenigen Einschränkungen erfüllen.

5.2   Ergebnisse

Die Ergebnisse innerhalb der einzelnen Fallstudien werden der Struktur des Leitfadens folgend dargestellt. Das bedeutet, dass nach einer grundlegenden Erläute-
rung des Unternehmens, des Probanden und seiner Rolle im Unternehmen die
oben genannten Themenblöcke beschrieben werden. Das erleichtert am Ende den
Vergleich der unterschiedlichen Mittelständler, die sich für ein Interview bereiterklärt haben.

Aus den einzelnen Darstellungen lässt sich am Ende auch erkennen, welche
Prioritäten die Unternehmen setzen.

5.2.1   Fallstudie 1

Die erste Fallstudie, die im Rahmen dieser Untersuchung vorgestellt werden soll
ist die der UVEX Winterholding GmbH & Co. KG (im Folgenden UVEX). Die
hier gezeigten Inhalte beschreiben, wie UVEX zum einen die Digitalisierung und
digitale Arbeitswelten beschreibt und wie sie mit den Auswirkungen im Unternehmen umgehen. UVEX ist ein nach der Definition des EFAM als *Mittelständler*
einzuordnendes Unternehmen, das der kunststoffverarbeitenden Industrie ange-
hört. Die Organisation des Unternehmens ist durch eine Holding-Struktur geprägt.
Im Produktsortiment finden sich verschiedene Skibrillen, Fahrradhelme, Skihelme,
Reithelme, Sportbrillen sowie Arbeitsschutzvollausstattungen.

UVEX wurde 1926 als *Familienunternehmen* gegründet und ist heute weltweit
mit 2630 Mitarbeitern tätig, wovon in Deutschland rund 1800 arbeiten.

Wie die verschiedenen Beschreibungen am Anfang zeigen, ist die digitale Arbeitswelt ein das Gesamtunternehmen und vor allem die Mitarbeiter betreffendes
Konstrukt. Deshalb hat sich aus dem Unternehmen Johann Engelmann, *Leiter Human Resources* weltweit, zu einem Interview bereiterklärt und erläutert den Umgang mit digitalen Arbeitswelten aus Sicht des Unternehmens. Er stellt sich als geeigneter Interviewpartner heraus, da er als Personalverantwortlicher vor allem die
Auswirkungen auf die Mitarbeiter, die Unternehmenskultur und -struktur beurtei-
len kann und dank seiner langjährigen Zugehörigkeit die Charakteristika des Mittelstands kennt.

Im ersten Themenblock der Befragung, der sich den *Rahmenbedingungen* der
digitale Arbeitswelten widmet und zudem abfragt, wie sie definiert wird, stellt der
Interviewpartner fest, dass die Entwicklungen zur digitalen Arbeitswelten *Veränderungsprozesse* sind. Veränderungsprozesse an sich seien jedoch für Unternehmen

seit jeher ein wichtiges Thema, denn sie prägen Unternehmen. Dabei handelt es sich sowohl bei der Entwicklung der Dampfmaschine, mit ihren erheblichen Folgen für Industrie und Arbeitswelt um einen Veränderungsprozess als auch bei der zunehmenden Technologisierung, wie sie jetzt zu verzeichnen ist. Damit haben Veränderungen auch immer einen Einfluss auf die Menschen und ihre Arbeitsweisen, denn die Einführung von Neuerungen wie beispielsweise die Dampfmaschine oder der fortschreitenden technischen Möglichkeiten wirken sich auf die Prozess-, Arbeits- und Denkweisen aus. Engelmann sieht jedoch einen markanten Unterschied. Im Gegensatz zu den historischen Veränderungsprozessen wird die digitale Arbeitswelt als deutlich *schneller* beschrieben. Trotzdem handelt es sich um einen Veränderungsprozess und deshalb müssen die Reaktionen nicht neu sein, jedoch anders. Und genau hier liegen die Herausforderungen für Unternehmen: die Anpassungsgeschwindigkeit an Veränderungen muss wesentlich kürzer sein. Unternehmen müssen wesentlich schneller reagieren und agieren.

Die individualisierte Arbeit stellt für den Interviewpartner einen allgemeinen Megatrend dar, der sich jedoch auf die unterschiedlichen Branchen in unterschiedlichem Maße auswirken wird. Auf UVEX selbst bezogen bilden Digitalisierung, demographische Entwicklung und Urbanität/Mobilität Megatrends der Arbeitswelt ab, die sich auch derzeit auswirken. Das Top-Management hat sich deshalb dazu entschieden, in diesen Bereichen tätig zu werden und hat bereits vor einigen Jahren damit begonnen, diese Trends mit einem bestimmten Format zu hinterlegen. Zum einen einigte man sich darauf, eine strategische Unternehmensausrichtung zu entwickeln, die der Technologisierung Rechnung trägt. Für UVEX stellt ein erstes Thema, das mit dieser schnellen Entwicklung zusammenhängt, der *Datenbestand* dar. Die Grundannahme, dass aus einer Vielzahl irrelevanter Daten keine im unternehmerischen Sinne richtigen, handlungsleitenden Entscheidungen entstehen können führte zur Festlegung einer für das gesamte Unternehmen geltenden Aufgabe, die Datenbestände zu prüfen. Jede Unternehmensebene erhielt die Aufgabe, ihre Datenbestände zu prüfen und zu bereinigen.

Als zukünftigen Trend ist das Thema der künstlichen Intelligenz zu sehen.

Im zweiten Themenbereich befasste sich die Befragung mit den sich verändernden Organisationsstrukturen. Grundsätzlich kann hier festgehalten werden, dass bei UVEX als Mittelständler flache Hierarchien bestehen, die durch eine Matrixstruktur geprägt sind, deren Komplexität in Zukunft zunehmen könnte. Die Veränderungen hin zu einer virtuellen Organisation, wie sie bereits weithin als Auswirkung der digitalen Arbeitswelt angenommen wird, sieht der Interviewpartner bei UVEX als Industrieunternehmen noch nicht. Langfristig kann sich das jedoch sicherlich ändern.

Um den Themen Digitalisierung, Industrie 4.0 und digitale Arbeitswelten gerecht begegnen zu können, hat sich UVEX ähnlich wie Großkonzerne und damit abgrenzend zu anderen Mittelständlern dazu entschieden, einen *Chief Digital Officer (CDO)* als Expertise zu den Themen ins Unternehmen zu holen. Er stellt einen beratenden und unterstützenden Faktor in der Geschäftsleitung dar, wodurch sich das familiengeführte, traditionelle mittelständische Unternehmen erhofft, das nötige Knowhow für den schnellen technologischen Fortschritt und die sich daraus ergebenden Einflüsse auf das unternehmerische Handeln zu erhalten. Die Rolle des CDO umfasst laut Interviewpartner den Ideengeber und Motor, einen Initiator, der in die Diskussion mit den Teilkonzernen tritt und das Thema digitale Transformation nicht nur begleitet, sondern in konkrete Geschäftsmodelle umsetzt. Mit dieser Vorgehensweise soll nicht nur den notwendigen technologischen Veränderungen Rechnung getragen, sondern vor allem die Erwirtschaftung von Erträgen langfristig sichergestellt werden. Auf die Frage, warum eine CDO-Stelle implementiert wurde antwortet der Interviewpartner, dass dieser aus einer Marktsicht heraus agiert und das gesamte Geschäftsmodell betrachtet. Damit löst er den Chief Technical Officer (CTO) jedoch nicht ab. Der CTO ist für die Umsetzung aller Prozesse und Instrumente zuständig, die durch die Technik verändert werden und stellt genau dafür das Knowhow bereit, während der CDO die Bedeutung neuer und sich verändernder Anforderungen an diese Techniken für das Geschäft beiträgt. Beide agieren deshalb in engem Schulterschluss miteinander. Die Entscheidung, den CTO um den CDO zu ergänzen traf die *Führung* des Unternehmens. Die Führung bei UVEX spielt seit jeher eine entscheidende Rolle und hat bereits vor vielen Jahren eine *wertorientierte Führung* etabliert. Diese Wertorientierung spiegelt sich auch darin wider, dass die für das gesamte Unternehmen geltenden Werte nicht allein durch die Unternehmensführung top-down vorgegeben werden, sondern eine stetige Weiterentwicklung und Veränderung dieser gemeinsam mit den Mitarbeitern unterschiedlichster Hierarchieebenen in unterschiedlichen Workshops stattfindet. Die in den Trainings entwickelten Werte werden dem jeweiligen Führungsverantwortlichen vermittelt, der sie dann mit der eigenen Belegschaft der jeweiligen Unternehmenseinheit lebt. Diese ausgeprägte Wertekultur spiegelt sich auch darin wieder, dass die Mitarbeiter und Führungskräfte eine ganz individuelle Bindung an das Unternehmen aufweisen. In der Konsequenz bedeutet das aber auch, dass Führungspersonen, die sich mit den gelebten Werten nicht identifizieren können auch keine Zukunft im Unternehmen zu erwarten haben. Auch wenn UVEX wie ein Großunternehmen den CDO mit seiner Expertise in das Unternehmen holt, unterscheidet dieser konsequente Umgang mit Werten den Mittelständler vom Großkonzern. Zur Vermittlung der Werte tritt die Vermittlung der Bedeutung der digitalen

Transformation. Sie bedeutet eine wesentliche Veränderung für Führungskräfte, deren Prozess durch unterschiedliche Workshops verständlich gemacht werden soll.

Durch die Annahme, dass sich Veränderungen stetig ergeben, sind die Themen *Work-Life-Balance* und *Homeoffice* für UVEX ebenfalls keine unmittelbar durch die Digitalisierung und Industrie 4.0 oder zunehmende Technologisierung entstandenen Phänomene. Anders sieht das der Interviewpartner in Bezug auf die zu nutzenden *Medien*. Diese wirken sich seiner Ansicht nach direkt auf die Arbeitsfähigkeit der Mitarbeiter aus. Beispielsweise wird mit den entsprechenden Mobile Devices die Arbeitsfähigkeit der Mitarbeiter erleichtert. Das Thema Homeoffice-Tätigkeit ist ein prinzipiell mögliches, aber nicht ausschließlich gelebtes Konstrukt. Daneben bietet das Unternehmen den Mitarbeitern jedoch eine Vielzahl an Möglichkeiten zur individuellen Arbeitszeiteinteilung, weshalb das Thema Telearbeit bereits seit mehreren Jahren etabliert ist und gelebt wird. Als Personalverantwortlicher sieht Herr Engelmann gerade hier die Möglichkeit, das Potenzial der weiblichen Mitarbeiter möglichst optimal auszuschöpfen. Dazu zählt vor allem, den Kontakt zu werdenden Eltern oder sich in Elternzeit befindenden Mitarbeitern nicht abreißen zu lassen. Generell soll Eltern durch die technischen Möglichkeiten die Möglichkeit gegeben werden, Arbeit von zu Hause aus zu erledigen. Die technischen Hilfsmittel machen es möglich, lebensphasenunabhängig Arbeitszeiten und -plätze zu organisieren und gestalten.

Entscheidend für UVEX ist, dass durch die Mobile Devices und die Vielfalt an Arbeitszeitmodellen das Knowhow der sich in Elternzeit befindenden Mitarbeiter nicht verloren geht. Auch diese Entwicklung hin zu mehr Arbeitszeitmodellen, Mobile Devices und Telearbeit bzw. Homeoffice ist keine radikale, sondern eine *stetige Veränderung*, die im Unternehmen gewachsen ist und an der Führungskräfte und Organisation lernen. Positive Erfahrungen mit der Effektivität von Homeoffice und Telearbeit werden durch die Führungskräfte anschließend in die gesamte Organisation getragen. In der Produktion ist v.a. das Thema *Automatisierung* für UVEX von großer Bedeutung. Dabei betont der Interviewpartner, dass es seit jeher zu Automatisierungen kam, die aber keinesfalls mit einem Arbeitsplatzabbau, sondern vielmehr mit einer *Erweiterung der Aufgaben* einhergeht und -ging. In Zukunft wird die Automatisierung weiterhin ein großes Thema bleiben, das aber nicht zu Arbeitsplatzverlusten, sondern zu neuen Jobs führen wird. Für diese müssen die Mitarbeiter neue und veränderte Fähigkeiten erlernen.

Das Thema *Diversity* ist bei UVEX in der Unternehmenskultur verankert. Das geht laut Aussagen des Befragten nur, weil die Familie als oberste Unternehmensleitung als Treiber die Themen Gleichstellung von Frauen und Männern, Personen mit körperlichen oder geistigen Beeinträchtigungen etc. vorantreibt. In ihnen werden Potenziale gesehen, die für die Entwicklung des Unternehmens und dessen

Erfolg als wichtig erachtet werden. Das zeigt sich bei UVEX v. a. auch in einer engen Kooperation mit den Behindertenwerkstätten vor Ort. Möglichkeiten zur Nutzung dieser Potenziale werden im Unternehmen durch ein einheitliches und für alle zugängliches elektronisches Bewerbermanagement sowie eine digitale Personalakte gefördert. Auch das Thema Altersstruktur im Unternehmen wird aktiv gefördert. Das Alter stellt bei UVEX keinen relevanten Faktor für die Einstellung oder Nichteinstellung ein. Vielmehr gelten das Knowhow und die Kompetenzen des Bewerbers oder Mitarbeiters als entscheidender Erfolgsfaktor.

Die digitale Arbeitswelt bezieht sich auch auf eine Veränderung des *Arbeitsplatzes*. Zu diesem Thema befragt, beschreibt der Interviewpartner, dass es dazu in anderen Unternehmen bereits erhebliche Maßnahmen und Umbauten i. S. e. mobilen Arbeit und der Loslösung von einem festen Arbeitsplatz gibt. Bei UVEX direkt wird jedoch weiterhin ein eher *traditionelles* Raumkonzept verfolgt. Um- und Neubauten sind Teil der Veränderung, aber grundsätzlich wird am Konzept nichts verändert. Ein wichtiges Thema ist in diesem Zusammenhang für UVEX auch die Ausstattung der Mitarbeiter mit den geeigneten *technischen Arbeitsmitteln*. Aus ihrer Sicht ist es fatal, die durch die Digitalisierung zur Verfügung stehenden technischen Hilfsmittel nicht zu nutzen. Deshalb wurde im Unternehmen bereits eine Initiative geschaffen, innerhalb derer nach dem *Key-User-Konzept* Knowhow-Träger ausgebildet werden. Diese fungieren innerhalb der Abteilungen dann als Experten für die Nutzung der technischen Möglichkeiten und transportieren das Wissen und den Umgang. Damit werden die Mitarbeiter für sich verändernde Prozesse und andere Änderungen im Unternehmen sensibilisiert und die Akzeptanz für die Veränderung wird erhöht.

Zu diesen Formen des Arbeitsplatzes gehört auch die veränderte *Kommunikation*, die als extra Bereich befragt wurde. Als weltweit agierendes Unternehmen muss UVEX auf Tools wie die Videokonferenz bauen. Für sie stellt es ein kostensparendes Werkzeug für die bundes- und weltweite Kommunikation dar. Zudem herrscht die Meinung, dass ein Unternehmen nicht in der digitalen Welt, Industrie 4.0, digitalen Arbeitswelten etc. agieren kann, wenn es den Mitarbeitern nicht die *adäquaten Arbeitsmittel* zur Verfügung stellt. Trotz aller Erleichterungen der Kommunikation wird der persönliche, menschliche Kontakt nicht abbrechen.

Ein weiterer befragter Bereich betraf die Integration von *Flüchtlingen*. Auch das ist für UVEX ein Thema, das offensiv angegangen wird und bisher auch noch nicht an den *Sprachbarrieren* scheiterte. Die zur Verfügung stehenden Arbeitskräfte durch die Flüchtlingsströme werden durch den Befragten als ein Reservoir bezeichnet, auf welches die Unternehmen in Zukunft zugreifen werden. Er sieht hier v.a. in den Bereichen Potenzial, die die deutschen Arbeitnehmer weniger nachfragen wie Pflege, Logistik, Gastronomie, Betreuung etc. Die Sprache ist hier jedoch eine Barriere für den Berufseinstieg und wird deshalb durch den Befragten als elementare Kompetenz angesehen, die ein Flüchtling zur erfolgreichen Integration auf dem Arbeitsmarkt erlangen muss.

Der vorletzte Befragungsbereich bezog sich auf das *Change Management* im Unternehmen. Durch das gesamte Interview hindurch bezog sich der Befragte auf den Veränderungsprozess, der mit digitalen Arbeitswelten einhergeht. Ziel für UVEX ist es, den Mitarbeitern die Angst vor dieser Veränderung zu nehmen. Einen schriftlich formulierten Change Management Prozess hat UVEX in der klassischen Form nicht. Gemeinsam mit dem CDO und Human Resources wird das Thema *Digitale Transformation* Schritt für Schritt den Führungskräften nähergebracht, die es dann *kaskadisch* in die Organisation tragen. Dabei sind die *12 Schlüssel- und Kernkompetenzen* entstanden, die auch Bestandteil der Mitarbeitergespräche sind und mit denen sich jeder Mitarbeiter identifizieren können sollte. Eine neue Schlüsselkompetenz kann hier in Zukunft die Veränderungsbereitschaft sein, denn diese wird durch die Unternehmensführung gelebt und ist deshalb als Wert für das gesamte Unternehmen UVEX wichtig. UVEX sieht durch die Veränderungsbereitschaft die Möglichkeit zum wertorientierten Wachstum und einer schnelleren Umsetzung relevanter Dinge. Im Bereich der *Fehlerkultur* sieht UVEX noch Potenzial von den Technologieunternehmen zu lernen. Als Industrieunternehmen hat sich eine Art Perfektionismus entwickelt, der Fehler weniger zulässt. UVEX steuert dieser Tradition entgegen, indem es den Mitarbeitern ermöglicht, *Kooperation* mit anderen Unternehmen – durchaus auch junge Start-Ups – einzugehen und bei diesen zu volontieren. Dadurch sollen die Mitarbeiter eine andere Kultur kennenlernen und selbst als positive Mittler für Wandel im Unternehmen zurückkommen.

Die digitale Arbeitswelten mit ihren Möglichkeiten wird bei UVEX als insgesamt *hervorragend* betrachtet. Durch die neuen technischen Möglichkeiten und die digitale Umgebung wird mit einem *organischen* und *wertorientierten Wachstum* gerechnet. Das familiengeführte Unternehmen investiert in die Digitalisierung aller Mitarbeiter. Damit wollen sie im gesamten Unternehmen ein Verständnis für den digitalen Wandel schaffen und den Mitarbeitern die Furcht nehmen. Zu den Maßnahmen gehört auch die Teilnahme an „*DIGIT-US*", einem vom europäischen Sozialfonds geförderten Projekt, das Mitarbeitern, die bisher weniger mit der Digitalisierung zu tun haben, den Zugang dazu näherbringt. Digitalisierung stellt für UVEX einen *Erfolgsfaktor* dar, solange alle Mitarbeiter im Unternehmen Zugang dazu erhalten und ihnen die Angst vor den kommenden Veränderungen genommen wird. Dabei ist für den Befragten entscheidend den Rückhalt durch die *Unternehmensführung* zu haben, denn große Budgets, wie es Großkonzerne haben, stehen für diese Maßnahmen nicht zur Verfügung. Investitionen werden dann getätigt, wenn die Unternehmensführung es als sinnvoll erachtet, was bei UVEX der Fall ist.

5.2.2 Fallstudie 2

Die zweite Fallstudie weist aufgrund der Branche gewisse Charakteristika auf, die das Unternehmen von den sonstigen Befragten abgrenzt. Es handelt sich um einen *Mittelständler*, der der Bauindustrie und den Industriedienstleistungen zuzuordnen ist. Diese Branche gilt als eine der wichtigsten für die deutsche Wirtschaft mit dem Hauptziel der Erbringung von Planungs- und Ausführungsleistungen (Keidel 2009, S. 9 f.). Die Besonderheit besteht vor allem in der Preisbildung, denn die endgültigen Produktionsbedingungen können erst nach Abschluss der Fertigung belegt werden, die Kalkulation erfolgt somit auf Basis von Erfahrungswissen und Schätzungen (Robl 1985, S. 2). Deshalb stellt es ein besonders interessantes Feld dar, eben diese Branche nach ihren Veränderungen durch die digitale Arbeitswelt zu befragen. Als Proband hat sich die Unternehmensgruppe Maas – im Folgenden Maas-Bau – zur Teilnahme bereiterklärt. MaasBau ist durch eine Holding-Struktur geprägt. Das 1902 gegründete *Familienunternehmen* mit seinen heute 400 Mitarbeitern widmet sich vor allem Produkten und Dienstleistungen im Tief- und Hafenbau.

Als Interviewpartner erklärte sich Thomas Kuchejda, *Mitglied der Geschäftsleitung* (kaufmännischer Leiter der Unternehmensgruppe) bereit und erläuterte den Umgang mit digitale Arbeitswelten aus Sicht des Unternehmens.

Im ersten Themenfeld, den *Rahmenbedingungen,* erläutert Kuchejda das im Unternehmen geltende Begriffsverständnis für digitale Arbeitswelten. Für den Befragten und damit stellvertretend für MaasBau ist der Begriff digitale Arbeitswelt die Zusammenführung von *digitalen* Rahmenbedingungen, besonders innerhalb der Branche. Darunter fallen sowohl die *technischen Devices* wie Smartphones und Apps, die heute den Baustellenleitern zur Verfügung stehen, als auch die virtuelle Welt im Web, aber auch die stärker werdende *EDV-Lastigkeit* in der betrieblichen Praxis. Beim Unternehmen MaasBau vollzieht sich der Trend durch die Verknüpfung unterschiedlicher Systeme, die früher einzeln nebeneinander liefen. Durch die technischen Möglichkeiten wurde aus dem ERP-System, das auf Excel-Tabellen beruhte, ein *Kalkulationsprogramm*, das zusammen mit dem *Budgetierungsprogramm* parallel gepflegt wird und so auf Kalkulations- und Budgetierungsbasis verläuft. Das ermöglicht zum einen, dass die Systeme nicht nebeneinander laufen und damit unabhängig voneinander mit Daten gespeist werden, was zu Fehlern führen kann. Zum anderen erreicht MaasBau jetzt die zuvor durch die Excel-Tabellen schlecht gegebene *Datenvalidität*. Diese Datenvalidität stellt für MaasBau besonders vor dem Hintergrund der ständigen Veränderung eine wichtige Notwendigkeit dar. Nur valide Daten, auf denen die Ausgangskalkulation und Buchhaltung fußt, können die Wirtschaftlichkeit langfristig sichern. Diese technischen Fortschritte machen es möglich, ohne die Verzerrung durch individualisierte Sichtweisen in

Excel und dessen Manipulationsanfälligkeit, unternehmerische Entscheidungen zur Unternehmenssteuerung auf der Basis von *Prognosen* zu treffen. Das wiederum vereinfacht das Treffen zukunftsgerichteter Entscheidungen durch die Nutzung der verknüpften Systeme über den Jahresverlauf hinweg, indem Plan-Daten mit Ist-Daten im jeweiligen Prozessschritt selbst verglichen werden. Die daraus geschaffene Informationsbasis ist nicht nur zur internen Unternehmenssteuerung nötig, sondern bedient auch verschiedene – teilweise fachfremde – Anspruchsgruppen. Insgesamt beurteilt der Interviewpartner die Relevanz von digitalen Arbeitswelten für das Unternehmen als sehr hoch und auch in Zukunft als zunehmend. Als mittelständisches Unternehmen zeigt sich digitale Arbeitswelten bei MaasBau in *allen* Unternehmensbereichen. So hat inzwischen jeder Baustellenleiter einen netzwerkfähigen Laptop auf der Baustelle dabei, in den er in *Echtzeit* baustellenrelevante Informationen einpflegt. Das ermöglicht *schnittstellenfreies* Arbeiten und die Verwendung *valider Daten*. Im Vergleich zur Vergangenheit ermöglicht diese Vorgehensweise es MaasBau, Prognosen zu erstellen und das Restbudget sinnvoll einzusetzen. Für die Pflege, Fortschreibung und Verteilung der Ist-Daten ist jeder Baustellenleiter selbst verantwortlich, was die eigene Rolle in Bezug auf die Validität der Daten stärkt und den Betroffenen stärker zur wahrheitsgemäßen Weiterleitung verpflichtet.

Der zweite Themenbereich befragt die Veränderungen innerhalb der Organisation. Für MaasBau stellen digitale Arbeitswelten eine Veränderung für die Ablauforganisation dar. Die Einführung von verknüpften Kalkulations- und Buchhaltungssystemen ermöglicht eine zukunftsorientierte Steuerung des unternehmerischen Handelns. Die Pflege der Daten durch den jeweiligen Bauleiter führt zu einer klaren Verteilung von Verantwortlichkeiten, Akteuren und Rollen in der Ablauforganisation der digitalen Arbeitswelten. Die Verantwortlichen pflegen aber nicht nur vorgegebene Daten ein, sondern bestimmen auch selbst, *welche* Daten für die jeweilige Baustelle nötig sind. Zudem obliegt ihnen die Entscheidung, ob Maßnahmen zur Anpassung der Zielerreichung durchgeführt werden müssen. Die digitale Arbeitswelt vollzieht sich damit auf allen Ebenen des durch flache Hierarchien geprägten mittelständischen Unternehmens. Das grundlegende Denken im Unternehmen ist durch *Prozesse* geprägt, wobei die Verantwortung zu den Projekten jedem Mitarbeiter obliegt. Die Mitarbeiter selbst nehmen von unten alle Details aus den jeweiligen Baustellen auf, verarbeiten sie zu einer Zielvorgabe für den Betrieb und die Geschäftsleitung integriert diese Ziele in die Gesamtunternehmensgruppenplanung und gibt sie frei. Die *operative Jahresplanung obliegt damit dem Betriebsleiter*. Die Organisation zu virtualisieren ist für MaasBau trotzdem nicht von Relevanz.

Dass heute primär über Prozesse gesteuert und damit die Ablauforganisation verändert wird, hängt eng mit dem Wandel in der *Führung* zusammen. Eine

Führung über Prozesse ist durch autoritäre Führungsstile nicht möglich, weshalb dieser auch bei MaasBau keinen Mehrwert bieten würde. „*Führen über Prozesse*" dagegen, bietet dem Unternehmen den Vorteil, dass alle zur Steuerung des Unternehmens notwendigen Zahlen aus der Hand derer kommen, die mit ihnen arbeiten müssen. Der Interviewpartner beschreibt, dass durch die *Einbindung* der Mitarbeiter, die sich aufgrund der selbstständigen Pflege der Baustellenkennzahlen monatlich Gedanken zu Planungen und Ergebnissen machen müssen und diese zudem mit der Geschäftsführung diskutieren, zu einer selbstständigen Reflexion und zu einer neuen Art der Führung führt, die der digitalen Arbeit gerecht werden kann. Für ihn wird es in digitalen Arbeitswelten *keine* oder kaum mehr *autokratische* Führungsstile geben. Das Umdenken im Führungsstil und der Steuerung schafft für das Unternehmen die früher nicht vorhandene *Transparenz*. Heute wird jeder Unternehmensbereich auch über die Vorgänge in anderen Bereichen informiert. Allerdings wirkt sich das Führen über Prozesse auf ein anderes Anforderungsprofil der Führungskräfte aus. Personen, die gerne den eigenen Informationsvorsprung ausnutzen, können in einem solchen System nicht bestehen: Alle relevanten Daten werden transparent über alle Ebenen hinweg kommuniziert. Die Akzeptanz für diese Vorgehensweise wird durch einen Generationsunterschied nicht tangiert. Der *Motivationseffekt* des Steuerns durch Prozesse ist über alle Altersbereichen hinweg als gleich anzusehen, wenngleich die IT-affinere, jüngere Generation zukünftig mit der EDV besser umzugehen weiß.

Im Themenfeld *Work-Life-Balance/Mobile Arbeit* und *Homeoffice* weist das Unternehmen Defizite auf, was auf die Branche des Unternehmens zurückzuführen ist. Der Befragte konstatiert, dass für diese Formen der Arbeit nur Bereiche geeignet sind, die nicht auf die physische Anwesenheit von Personen angewiesen sind, wie Verwaltungs- und IT-Aufgaben. Und selbst diese sind für MaasBau bisher nicht zu 100 Prozent in Homeoffice umzusetzen. Um Unstimmigkeiten und Fehler rechtzeitig aufdecken zu können, ist besonders der Dialog mit den Kalkulations- und Budgetverantwortlichen unumgänglich. Homeoffice-Möglichkeit besteht deshalb im Unternehmen nur für einen Bereich in der IT und Betriebsbuchhaltung. Auch die Umsetzung einer ausgeglichenen Work-Life-Balance ist branchenbezogen schwer. Der Interviewpartner legt dar, dass sich die Arbeitszeiten nach den Projekten auf der Baustelle richten und die Arbeiten zu diesen Zeiten erledigt werden müssen. Deshalb ist anstelle verschiedener Arbeitszeitmodelle vor allem das Modell der *Vertrauensarbeitszeit* wichtig für MaasBau. So kann die Arbeitsausübung frei gestaltet werden und ist selbstverantwortlich. Diese Schaffung von *Freiheitsgraden* trägt zur *Ergebniserzielung* bei.

Wenn es um die Möglichkeiten von virtuellen Realitäten geht, die durch digitale Arbeitswelten kommen und genutzt werden können, so sieht der Befragte diese für

MaasBau bisher und auch zukünftig nicht als Ideallösung an. Als Mittelständler mit einem im Vergleich zu Großkonzernen geringeren Budget für Entwicklungs- und Forschungsarbeit, wird hier wohl von virtuellen Realitäten nur in der Pflicht und nicht in der Kür Gebrauch gemacht werden können. Insgesamt erkennt Maas-Bau die Möglichkeiten der digitalen Arbeitswelten, verweist aber darauf, dass nicht alle Chancen aufgrund der geringeren finanziellen Möglichkeiten voll aus-schöpfbar sind.

Von hoher Relevanz zeigt sich der Themenbereich *Diversity*. Abgrenzend zu an-deren Bauunternehmen herrscht bei MaasBau eine relativ *hohe Frauenquote*, ob-wohl diese nicht aktiv gefördert wird. Die Gleichberechtigung vollzieht sich v.a. in der *Diversifizierung* der Aufgabenbesetzung. Eine Positionsbesetzung erfolgt durch diejenige Person im Unternehmen, die das passende Anforderungsprofil hat. Ein rollierendes System ermöglicht jedem Mitarbeiter die Chance auf einen zu ihm passenden Aufgabenbereich bzw. ein passendes Projekt. Als *Gleichstellungsbeauf-tragten* fungieren die *Betriebsräte*, wobei die Geschäftsleitung die Verantwortung hat. Auch was die Altersstruktur betrifft, ist das Unternehmen gemischt aufgestellt. Da es Unternehmensbereiche gibt, die bereits länger existieren, ist auch die Vertei-lung der Altersstruktur dieser geschuldet. Für die Zukunft sieht der Befragte vor allem in den *EDV-affinen Mitarbeitern* einen wesentlichen Bestandteil des Unter-nehmens. Für sie ist das prozessuale und computergestützte Arbeiten alltäglich.

Bezogen auf die Strukturen des Arbeitsplatzes führt die digitale Arbeitswelt für MaasBau nicht zu wesentlichen Veränderungen des *Raumkonzeptes*. Die Ange-stellten sitzen in zwei- oder drei-Mann-Büros zusammen, höherrangige Führungs-kräfte verfügen über Einzelbüros. Eine Ergänzung der festen Arbeitsplätze ist in der Möglichkeit zu sehen, im Rahmen der Vertrauensarbeitszeit *Homeoffice-Tage* in Anspruch zu nehmen. Da dies nur für die bereits oben erwähnten Gruppen mög-lich ist, hat MaasBau für die Baustellenleiter anderweitige Vereinfachungen bereitgestellt. So werden alle Baustellenleiter mit BauMobil und netzwerktaugli-chen Laptops versorgt, die eine direkte Schnittstelle zur Personalabrechnung, Stun-denabrechnung und den Kalkulations- und Buchhaltungssystemen ermöglichen. Solche Arbeitserleichterungen sind dem dezentralen Charakter der Arbeit ge-schuldet, was durch die technischen Unterstützungssysteme auch bereitgestellt werden kann. Für die Anforderungen eines Bauunternehmens sind z. B. agile Raumkonzepte indes nicht geeignet. Auf die administrativen Tätigkeiten bezogen, wird hier verstärkt das Konzept der Homeoffice-Arbeit ausgeweitet werden, das Bauen an sich aber gilt als etwas haptisches, das auch vom Kunden nicht in der virtuellen Welt erwartet wird.

Gerade diese Haptik führt auch zu einer eher traditionellen *Kommunikation*. Handy und Laptop bilden die Grundmittel, die inzwischen vor allem durch

Teamviewer- und Telefon-Konferenzen ergänzt werden, um mit allen relevanten Partnern und Kunden eines Projektes in Kontakt zu treten. Dass inzwischen solche Mittel genutzt werden hängt vor allem auch mit der erhöhten Anzahl externer Partner zusammen, die für die erfolgreiche Durchführung eines Projektes nötig sind. Auch *Social-Media* ist ein aktuelles Thema bei MaasBau, das vor allem für die *Mitarbeiterakquise* genutzt wird. Mittels Facebook sollen Informationen für interessierte, potenzielle Auszubildende bereitgestellt werden. Die Erstellung des Facebook-Auftritts wurde als Projekt von zwei aktuellen Auszubildenden durchgeführt und präsentiert MaasBau als Arbeitgeber am Niederrhein. Das Unternehmen sieht Facebook als Medium zur Erreichung einer breiten Masse an Interessenten als geeigneter an als andere Personal-Portale. Ein reiner virtueller Auftritt des Unternehmens ist jedoch bisher nicht zu sehen. Vor allem die Printmedien vor Ort dienen primär der Ansprache potenzieller Arbeitnehmer für MaasBau.

Das Thema *Flüchtlinge* ist für MaasBau ebenfalls wichtig. Sie übernehmen hier in der Region als Ansprechpartner für die entsprechenden Stellen im Arbeitsamt, bei der Stadtspitze und als Vertreter in unterschiedlichen Gremien und Ausschüssen die Basis als Arbeitgeber. Damit liegt eine gute Vernetzung und auch Bereitschaft für die Aufnahme von Flüchtlingen vor. MaasBau kann inzwischen eine erfolgreiche Integration eines syrischen Auszubildenden in das Unternehmen aufweisen. Dieser kam als Praktikant mit rudimentären Sprachkenntnissen und wurde durch Bilder der wesentlichen Bauthemen an die Sprache herangeführt. Der Bewerber wies ein sehr hohes Potenzial auf, weshalb auch die Mitarbeiter ihrerseits immensen Aufwand auf sich genommen haben, um die Sprachbarrieren zu überwinden. Der junge Mann ist als Auszubildender nun Teil des Unternehmens. Als wesentliches Hindernis wird, wie das Beispiel zeigt, trotzdem die *Sprachbarriere* gesehen, die sich wesentlich auf eine erfolgreiche Integration von Flüchtlingen auswirkt. Um die Arbeit sicher für alle Mitarbeiter zu gestalten ist es elementar, dass Sicherheitshinweise, -bestimmungen und -unterweisungen der Baustellenleiter verstanden und umgesetzt werden. Für die Gesundheit der Arbeiter müssen die Anweisungen in ihrem vollen Ausmaß verstanden werden. Neben dem Facharbeiter-Azubi hat das Unternehmen zudem einen Flüchtling im Betriebspraktikum aufgenommen. Dieser hat bereits sprachliche Vorkenntnisse und studiert in Deutschland. Alles in allem ist die Integration von Flüchtlingen bereits gelungen und als positive Erfahrung – auch für die Zukunft – als Möglichkeit verankert. Vor allem deshalb, weil aus Sicht des Unternehmens die Kompetenzen geflüchteter Personen auf das Anforderungsprofil der Baubranche passen. Hier macht das Unternehmen die Erfahrung, dass beim „durchschnittlichen deutschen Jugendlichen" der Anspruch und die Wirklichkeit in Bezug auf die Berufsvorstellungen teilweise weit auseinanderklaffen. Durch die Medien beeinflusst und den Gedanken tragend, man könne nach dem Schulabschluss direkt als Geschäftsführer des nächsten Start-Ups in das Berufsleben starten, wollen deutsche Jugendliche oftmals keine körperlichen Arbeiten mehr verrichten – sich nicht „mehr die Signalweste anziehen und in die Baugrube steigen". Das sind aber genau die Tätigkeiten, die im Bau erforderlich sind und die auch weiterhin bestehen bleiben. Die Erfahrung zeigt hier, dass Menschen mit Migrationshintergrund stärker als deutsche Arbeitssuchende körperliche Arbeit als Einkommensquelle verstehen. Die Kombination mit technischem Verständnis und Mathematik, die viele hier aufweisen führt zu besonderer Eignung für die Baubranche. Für sie besteht deshalb eine gute Chance auf eine Zukunft im Unternehmen.

Auch für MaasBau stellt die Digitalisierung und digitale Arbeitswelten eine *Veränderung* dar. Im Themenbereich Change-Management verfügt das Unternehmen über einen *Qualitäts-Management-Prozess*, der nach ISO 9001 zertifiziert ist. Change-Management an sich ist in diesen aber bisher noch nicht integriert. Die Einführung eines Organisations- und Verfahrenshandbuch soll dem Thema Rechnung tragen. Die Geschäftsleitung legt in diesem die Auftragsliquidität, das Führen und die Pflege der Arbeitskalkulationen fest. Das Buch soll die Wahrnehmung und Aufmerksamkeit auf die sich im Unternehmen vollziehenden Veränderungen lenken. Für die Organisation sind vor allem die *digitalen Prozesse zur Informationsverbesserung* und im Reporting wesentliche Veränderungen und müssen deshalb auch auf allen Ebenen akzeptiert werden. Die Akzeptanz dieser Prozesse ist jedoch aufgrund der Altersstruktur und unterschiedlichen Bestandsdauer der einzelnen Unternehmensbereiche sehr unterschiedlich. Das Thema Wandel wurde in der Vergangenheit mit weniger Nachdruck verfolgt. In denjenigen Betrieben des Unternehmens, die traditionell kontinuierlich planmäßig wirtschaften ist die Akzeptanz und Einsicht der Notwendigkeit einer Veränderung deshalb schlechter. In Betrieben jedoch, die durch eine jüngere Mitarbeiterschaft geprägt sind und in denen es gerade nicht planmäßig läuft, ist die Motivation zu Veränderungen eine Andere und wird eher als notwendig angesehen. Die Geschäftsleitung muss deshalb unterschiedlich hartnäckig und nachhaltig das Thema Wandel vorantreiben und Überzeugungsarbeit leisten, dass aus einem gut laufenden „Hier und Jetzt" nicht zwangsläufig ein „Gutes Morgen" zu erwarten ist. Die eigene Arbeitsweise zu verändern und sich in die Zukunft zu orientieren wird oftmals aus einer gewissen Bequemlichkeit heraus verhindert. Es herrscht bei dem Interviewpartner die Ansicht, dass der Mensch an sich eher als faul und bequemlich anzusehen ist, weshalb die Forderung, sich neuen Prozessen zu öffnen und eingefahrene, tradierte Prozesse zu verlassen eine unbequeme Notwendigkeit ist.

Befragt nach dem Thema der Implementierung einer *Fehlerkultur* lautet die Antwort, dass keine als solche bezeichnete vorhanden ist. Jedoch ergibt sich ein

Fehlerprofil aus der qualitätsmanagementgesteuerten Nachbewertung der Baustellen, den Kundenbewertungen und den Nachunternehmerbewertungen. Sollten die Kunden nicht zu einer Bewertung bereit sein, wird intern eine selbstkritische Bewertung der Baustellen verlangt. Diese kritische *Selbstreflexion* ist im Unternehmen weit gediehen und an ihr wird die Marktperformance gemessen. Aus digitaler Perspektive werden Kalkulationsfehler durch die technischen Systeme aufgedeckt und gesteuert.

Im letzten Themenblock der *Erfolgsbeurteilung* beschreibt der Interviewpartner, dass sich aus Unternehmenssicht durch die technischen Möglichkeiten die *Datenvalidität* erheblich *verbessert* hat. Er bewertet die Qualitätsfehlerpotenzialverbesserung mit 100 %. Zudem ist das Unternehmen durch die neuen technischen Möglichkeiten und Verknüpfungen dazu übergegangen, *zukunftsorientiert* zu planen und zu steuern. Das Führen über Prozesse hat den Weg des „Blicks in den Rückspiegel" hin zu einem „Ausleuchten des Weges" geebnet. Damit ist jetzt gesichert, dass aus der momentanen Situation bewertet wird, wie das Ziel am Ende der Projektzeit mit möglichst hoher Sicherheit erreicht werden kann. Damit hängt auch eine Veränderung der Unternehmenskultur zusammen. Inzwischen haben sich die einzelnen Führungspersonen mit der Steuerung über Prozesse identifiziert und berichten inzwischen ohne Aufforderung von Problemen und Ist-Daten-Abweichungen sowie den Lösungsansätzen, die sie zur Zielerreichung einführen möchten. Eine solche Veränderung auf allen Ebenen hat für MaasBau hohe Kosten hervorgerufen. Die Einführung der ERP-Systeme, Software-, Wartungs- und Lizenzkosten liegen bei ca. 1,1 Mio. Euro. Die Schulungskosten, interne Prozesskosten etc. sind dabei noch nicht beachtet. Eine solche Entscheidung zur Neuausrichtung und damit Tätigung nicht unerheblicher Investitionen muss deshalb durch die *Unternehmerfamilie* unterstützt werden. Bei MaasBau standen die Gebrüder Maas hinter der Entscheidung zur Veränderung und ebneten damit den Weg zu neuen Prozessen, denn das *Nutzenpotenzial* der digitale Arbeitswelten wird im Unternehmen als *sehr hoch* angesehen. Die Qualitätssteigerung bezieht sich dabei auch auf die Steuerung des Unternehmens und die Qualität der Entscheidungen, die getroffen werden, sowie die abzuleitenden Maßnahmen. Auch in Zukunft soll weiter in die *Prozessoptimierung* mittels technischer Hilfsmittel wie ERP-Systeme investiert werden. Für den Mittelständler steht dabei zunächst als Pflicht die Überführung von Cashflow-bezogenen Betrachtungen im Fokus, bevor in der Kür die Soll-Ist-Vergleiche mit kostenartengerechter Gegenüberstellung folgt. Für die umzusetzenden Maßnahmen wurde kein Budget, sondern ein *Investitionsplan* entwickelt, in dem die Position „Software, Entwicklung und Schulungen" enthalten sind.

Das *Digitalisierungspotenzial* für das Unternehmen besteht in Zukunft in den Bereichen der Planung und wird hier als hoch angesehen. Sie ermöglicht in

Zukunft die Einführung zusätzlicher Betrachtungsebenen, wie die Veränderung von Planungsständen in ein System. Auch bei den digital hinterlegten Datensätzen einer Planänderung mit Leistungspositionen aus dem Leistungsbeschrieb des vertraglichen Bau-Solls wird kein Ende der Entwicklungsmöglichkeiten gesehen. Das Thema BIM jedoch wird aufgrund des mittelständischen Charakters und der Größe des Unternehmens als untergeordnet betrachtet und aus Kostengründen nicht umsetzbar sein.

5.2.3 Fallstudie 3

Fallstudie Drei erfasst die Ergebnisse eines *Mittelständlers* des produzierenden Gewerbes. Es handelt sich um ein *Familienunternehmen* mit heute ca. 800 Mitarbeitern, die weltweit tätig sind.

Als Experte hat sich ein Mitarbeiter des Unternehmens bereiterklärt, der mit dem Themengebiet *Industrie 4.0* betraut ist. Er eignet sich deshalb für die Befragung rund um das Themengebiet digitale Arbeitswelten und kann die Antworten zu Umsetzung und Planung in diesem Bereich bereitstellen.

Im ersten Themenbereich der *Rahmenbedingungen* der digitale Arbeitswelten sieht der Interviewpartner vor allem auf technischer Seite Megatrends. Darunter fallen die Entwicklung *künstlicher Intelligenzen* bzw. das *Machine learning*. Solche Möglichkeiten bieten vor allem strukturschwachen Regionen eine Möglichkeit zur Kompensation des *Fachkräftemangels*. 24-Stunden laufende Produktionen erfordern qualifizierte Mitarbeiter, die System und Anlagen verstehen und kennen. Bedingt durch den Fachkräftemangel ist die Auswahl dieser geeigneten Mitarbeiter jedoch schwer zu gewährleisten. Der technologische Fortschritt eröffnet dem Unternehmen hier die Chance, *Erfahrungen und Wissen zu digitalisieren*. So kann die Bereitstellung und Erfassung von Daten rund um die Uhr gewährleistet werden. Ein neuer Mitarbeiter kann nun auf das Knowhow eines anderen Mitarbeiters zugreifen und die Bedienung der Maschinen gewährleisten. In diesem Zusammenhang spielt Big Data eine große Rolle, da viele Daten gesammelt werden. Big Data gilt im Unternehmen als Herausforderung, die technisch machbar und von großem Nutzen ist. Die Technologisierung, die durch die Industrie 4.0 möglich wird ist im Unternehmen bereits von Relevanz, wobei eine Digitalisierung des gesamten Geschäftsmodells bisher nicht als Thema angesehen wird, da die Produkte auch in Zukunft nicht digitalisiert werden können, sondern haptisch bleiben. Der Fokus des Unternehmens liegt deshalb darauf, die *Prozesse* sicherer und effizienter zu gestalten. Ein wesentlicher Schwerpunkt liegt deshalb in der Planung, für die durch die technischen Möglichkeiten die Sammlung und Bereitstellung von Daten und Knowhow erreicht wird. So zielt das Unternehmen darauf ab den *Produktions-prozess* fortwährend aufrecht zu erhalten. Das Ziel der Maßnahmen sollte eine enge Zusammenarbeit von Mensch und Maschine sein. Dabei sieht der Interviewpartner auf keinen Fall die Ersetzbarkeit des Menschen. Er konstatiert, dass es zu einer *Veränderung der Qualifikationsanforderungen* an die Mitarbeiter kommt.

Der Trend um die Diskussion von Industrie 4.0 wird sich in Zukunft abschwächen. Der Interviewpartner empfindet die Thematik als Hype, der sich aber abflachen wird. Unternehmen haben vermehrt die ersten Erfahrungen mit Industrie 4.0 gemacht jedoch entsprechen diese nicht den Erwartungen, was zu einer gewissen Unzufriedenheit führt. Für das befragte Unternehmen ist Industrie 4.0 v. a. für die Technologienutzung von hoher Relevanz. In den Entscheidungsebenen ist die Akzeptanz für technische Neuerung bereits hoch, da das Tempo der Entwicklungen erkannt wurde. Diese schlägt sich allerdings nicht in die umsetzenden Bereiche des Unternehmens nieder. Hier fehlt das Verständnis für die Notwendigkeit der Maßnahmen, weil nicht hinreichend an Industrie 4.0 und die daraus entstehenden Auswirkungen auf das Unternehmen herangeführt wurde.

Die *Organisationsform* des Unternehmens ist durch straffe Hierarchien geprägt. Der Geschäftsführer – aus der Unternehmensgründerfamilie – bildet die oberste Entscheidungseinheit. Das Themenfeld der Arbeit 4.0 ist im Unternehmen noch nicht weit gediehen, jedoch ist alles, was sich mit Industrie 4.0 befasst, bei der *IT-Abteilung* verortet. Die Unternehmensführung als treibende Kraft hat Industrie 4.0 als wichtig eingestuft und sieht die Notwendigkeit zur Aufnahme von Maßnahmen. Der Interviewpartner wurde top-down als Themenverantwortlicher benannt und soll *bottom-up* Vorschläge zum Themenbereich Industrie 4.0 und deren Umsetzungsmöglichkeiten im Unternehmen geben. Dabei muss er ausloten, welche Maßnahmen ergriffen, welche Ergebnisse damit erzielt werden können und wie lohnenswert das sein kann. Zudem obliegt ihm die *Kommunikation* der Maßnahmen. Er selbst sieht die Problematik darin, dass aufgrund des Novitätsgrades noch keine Kosten für Industrie 4.0-Maßnahmen beziffert werden können. Sie trotzdem durchzuführen, weil sie als sinnvoll erachtet werden, bedarf deshalb größter *Überzeugungskraft*. Im Unternehmen sind die durch 4.0-Themen entstehende Änderungen vor allem im Bereich der IT spürbar. Für die Zukunft soll hier eine eigene Abteilung geschaffen werden, die mittels geeigneter Fachkräfte das Knowhow zu dem Themenbereich bereitstellt. Das wird jedoch noch als Herausforderung gesehen, denn das neue Feld ist bisher noch wenig als Gegenstand in der Lehre verankert und damit sind Absolventen noch keine Knowhow-Träger.

Das Unternehmen ist ein Familienunternehmen mittelständischen Charakters mit autoritärem *Führungsstil*. Alle Entscheidungsmacht liegt letztendlich bei der Unternehmensleitung. Die Hierarchien innerhalb des Unternehmens sind streng und Verantwortlichkeiten sind genau zugewiesen. Innerhalb der einzelnen Teams ist die Kommunikation dagegen von kürzeren Wegen geprägt und somit auch einfacher. Trotzdem herrscht über die Ebenen hinweg eine intransparente Kommunikation. Die Führungskräfte tendieren dazu, ihren Wissensvorsprung für sich zu behalten, weshalb Mitarbeiter Entscheidungen häufig nicht nachvollziehen können. Auch in diesem hierarchisch geprägten Unternehmen sind die Auswirkungen von digitalen Arbeitswelten bereits spürbar. Das Thema ist noch nicht bei jeder Führungskraft angekommen. Um aber zukünftig geeignete Mitarbeiter zu finden und zu binden, muss an der transparenten Kommunikation gearbeitet und Veränderungen angestoßen werden. Dazu zählt auch eine vermehrte *Mitbestimmung* der Mitarbeiter, um gerade die jüngere Generation an das Unternehmen zu binden.

Ausgestaltungen des Arbeitsplatzes wie *Homeoffice*, die der technische Fortschritt bietet, sind im Unternehmen bisher kein Thema. Die Unternehmensführung gestattet unter der Argumentation der Fairness Homeoffice nur in sehr begrenzten Ausnahmefällen, da ein Großteil der Belegschaft in der Produktion und damit direkt an den Maschinen und im Schichtbetrieb tätig ist. Homeoffice ist deshalb grundsätzlich nur für einen sehr kleinen Teil möglich. Dafür versucht das Unternehmen *teil-flexible* Arbeitszeiten umzusetzen, wobei eine Kernarbeitszeit von den Mitarbeitern einzuhalten ist. Neue und flexiblere Arbeitszeitmodelle würden nach Ansicht des Interviewpartners die Motivation der Mitarbeiter jedoch verbessern. Auch was die Ausstattung mit Arbeitsmaterialien angeht ist das Unternehmen *traditionell* ausgerichtet. Jeder Mitarbeiter hat an seinem Arbeitsplatz einen PC sowie ein Telefon. Laptops oder Smartphones werden nur dann ausgegeben, wenn es aufgrund des Tätigkeitsprofils nötig ist. Die Potenziale der 4.0-Technologien werden vor allem im Bereich der Produktion erkannt. Durch Mittel wie die *Augmented Reality* können Mitarbeiter Schritt für Schritt durch die Anleitungen der Produktionsanlage geführt werden, was die *Fehlerbehebung* und Bedienung erleichtert. Auch das Thema *Kontrolle* könnte auf einen höheren Standard gebracht werden, wodurch *Verantwortlichkeiten* direkt zuzuordnen sind.

Auf dem Bereich der *Diversity* liegt bei dem Unternehmen kein Fokus. Sicher ist Diversity-Management ein Thema des Personalbereichs, das aber nicht offen diskutiert oder kommuniziert wird. Eine *Frauenquote* als solche gibt es nicht. Das Durchschnittsalter der Mitarbeiter im Unternehmen ist als eher hoch anzusehen. Vor allem in verantwortungsvollen Positionen sind Personen zu finden, die bereits sehr lange – evtl. bereits seit ihrer Ausbildung – im Unternehmen tätig sind. Diese *Altersstruktur* im Unternehmen stellt eine wesentliche *Herausforderung* für digitale Arbeitswelten-Themen dar. Abläufe sind bekannt und routiniert, weshalb *Neuerungen als Bedrohung* wahrgenommen werden. Die Bereitschaft zum Wandel wird vor allem durch eine gewisse Angst vor der Veränderung gehemmt. Hier spielt

vor allem der durch die Verantwortlichen als vorteilhaft erachteter Wissensvorsprung eine Rolle, der durch mehr Transparenz und neue Technologien ggf. verloren ginge. Es kommt deshalb bisher zur Blockade möglicher Veränderungen.

Die Veränderungen können besonders in einem Bereich des Unternehmens bisher zur Umsetzung kommen und das ist die Gestaltung der *Raumkonzepte*. Das
Unternehmen setzt ein neues, verschachteltes Großraumbürokonzept um, im dem
mit Glaswänden Teilbereiche zu einem Gang hin eingeteilt sind. Jeder Mitarbeiter
erhält so einen Einzelarbeitsplatz, soll aber das Gefühl haben, mit anderen kommunizieren zu können. Die Mitarbeiter empfinden jedoch genau das Gegenteil: Durch
die Glaswände fühlen sie sich stets beobachtet. Zudem wurde als neues Konzept
eine „Denkerzelle" implementiert. Hierbei handelt es sich um einen Einzelarbeitsplatz in einem verglasten Büro, der mit einem PC ausgestattet ist. Er soll den Mitarbeitern in einem Denkprozess oder einer Findungsphase zum konzentrierten Arbeiten dienen. Jedoch ist auch hier durch die Glaswände die Privatsphäre nicht gegeben
und die vorbeilaufenden Kollegen hemmen oftmals den Findungsprozess. In wie
weit der Betriebsrat hier involviert war ist nicht genau bekannt. *Vorteile* sieht der
Interviewpartner in der Schaffung eines *individuellen Arbeitsplatzes*, wobei trotzdem das Gefühl der Zusammengehörigkeit gestärkt wird. *Nachteile* sind, dass durch
die Verschachtelung die physischen Wege zu relevanten Ansprechpartnern lang sind
und *die zwischenmenschliche Kommunikation i. S. e. fachlichen Kommunikation
leiden kann*. Das Glas wirkt zudem stark ablenkend, weil jeder Mitarbeiter beobachtet wer gerade an seinem Büro vorbeigeht. Bisher wurden auch hier die Mitarbeiter
nicht in die Entscheidung einbezogen oder zum Umsetzungserfolg befragt.

Weiterhin traditionell gestaltet ist die *Kommunikation*. Neben PC und Telefon
gibt es für die Mitarbeiter *keine weiteren technischen Arbeitsmittel*, die sich durch
die digitale Arbeitswelten gebildet haben. Seit der Errichtung einer ausländischen
Produktionsstätte stehen Videokonferenzräume zur Verfügung um die Kommunikation über Ländergrenzen hinweg zu vereinfachen. Mittels *work-flow-engine* sollen die Kommunikationswege verkürzt werden. Das bezieht sich jedoch auf die
Prozessebene. Social-Media-Plattformen oder ähnliches kommen für die Außen-
wirkung des Unternehmens nicht zur Anwendung. Ebenso gestaltet sich die Auftragsabwicklung weiterhin traditionell. Als technische Mittel werden weiterhin vor
allem die Telefone genutzt. Eigene Systeme für die Auftragsabwicklung werden
wohl erst in den kommenden Jahren implementiert, wobei die Erwartung der Kunden jedoch bereits jetzt eine Andere ist. Diese erwarten verstärkt vernetzte Daten i.
S. e. Feedforward und Feedbacks. In diesem Bereich hält sich die Unternehmensleitung aber vor allem aus Sicherheitsgründen bedeckt. Bisher besteht die Angst
vor der Freigabe von *wettbewerbsrelevantem* Wissen. Der freie Transfer von Informationen in der Lieferkette ist deshalb bisher auch noch nicht umgesetzt.

Das Thema *Flüchtlinge* ist kein explizit kommuniziertes Thema des Mittelständlers, was vor allem am relativ hoch einzuschätzenden Ausländeranteil in der Produktion liegt. Inwiefern dazu Geflüchtete zählen, ist aber nicht bekannt. Einer Integration von Flüchtlingen steht das Unternehmen generell offen gegenüber und sieht hier vor allem Potenzial für die Einstellung von *Fachkräften*. Genaue Maßnahmen werden bisher allerdings noch nicht kommuniziert. Vor allem regional könnte die Einbindung von Flüchtlingen die Abwanderung von Fachkräften in gewisser Weise kompensieren.

Bisher kann festgehalten werden, dass das Unternehmen den Wandel aufgrund der Altersstruktur bisher noch nicht in allen Facetten umsetzt. Trotzdem hat es ein *Change-Management implementiert*, um diesen Zustand zu ändern. Ein externer Berater und ein Mitarbeiter des Unternehmens bilden ein Team, um als ein Teil eines Software-Projektes das Change-Management zu entwickeln. Bisher ist dieser Bereich noch in der Entstehung, weshalb noch keine Prozess- oder Projektschritte abgeschlossen sind. Das Team ist vor allem für die interne Kommunikation verantwortlich und soll durch die Durchführung von *Diskussionsrunden* die geplanten Maßnahmen, ihre Bedeutung und ihre *Auswirkungen* erläutern. Das Team steht als Ansprechpartner für alle Mitarbeiter im Unternehmen bereit und soll versuchen, diese abzuholen und in den Veränderungsprozess einzubinden.

Eine *Fehlerkultur* im eigentlichen Sinne gibt es im Unternehmen nicht. *Akzeptanz* ist die grundsätzliche Haltung beim Eintreten von Fehlern. Bezogen auf das proaktive Eingehen von Schritten und Maßnahmen, deren Ausgang ungewiss ist bzw. ein Wagnis darstellt, ist dieses Handeln nicht vorhanden. Die Erkenntnis, dass aus einem gescheiterten Prozess Erkenntnisse für die Zukunft geschlossen werden können, ist bisher noch nicht ausgereift. Vor allem im Bereich 4.0 herrscht große *Zurückhaltung*. Offene Risiken sollen nicht eingegangen werden. Die Herausforderung hier besteht darin zu erkennen, dass auch unsichere Entscheidungen in einem neuen Feld durchaus auch gute Ergebnisse herbeiführen können.

Daraus ergibt sich auch die *Erfolgseinschätzung* der digitalen Arbeitswelten im Unternehmen. Die Nutzung, Einführung und Erneuerung von Technologien sind immer als *Kostenfaktoren* anzusehen. Die Vernetzung von Daten und Maschinen ist mit hohem Aufwand verbunden und damit auch mit hohen Kosten. Investitionen müssen vor allem in das *Ausprobieren* und die *Erfahrung* mit dem Umgang mit den Technologien gesteckt werden, um am Ende erfolgreich sein zu können. Industrie 4.0 bietet dem Unternehmen die Möglichkeit, individuelle Daten aus dem Unternehmen zu ziehen, die die internen Prozesse und Arbeitsweisen verbessern können. Dazu ist aber auch der Mut nötig, Investitionen in Aktivitäten zu tätigen, deren Ausgang und deren Ergebnis nicht im Vorhinein beschrieben werden können. Dabei ist die Entscheidung zum Wandel nicht nur eine Kosten-, sondern vor allem auch eine *Einstellungssache*. Durch eine positive Einstellung kann der Nutzen von 4.0 für das Unternehmen sehr hoch sein, denn die Digitalisierungsfähigkeit des Unternehmens ist als hoch anzusehen.

5.2.4 Fallstudie 4

Die vierte Fallstudie beschreibt die Situation in einem Unternehmen, das nicht zu den klassischen *Mittelständlern* zu zählen ist. Aufgrund der ca. 874 Mitarbeiter ist es jedoch trotzdem als Case geeignet. Im Gegensatz zu den zuvor dargestellten Unternehmen stellt das hier Befragte kein Familienunternehmen dar. Als oberster Entscheidungsträger ist kein Familienmitglied oder ein durch diesen bestellten Geschäftsführer, sondern der Vorstand tätig.

Bei der Frage nach den *Rahmenbedingungen*, Trends und Definitionen von digitalen Arbeitswelten ist für die Befragten die digitale Arbeitswelt der Industrie 4.0 nachgelagert. Für sie umfasst *Industrie 4.0* die *Prozesse* im Unternehmen und versucht diese zu verändern. *Digitale Arbeitswelten* bezieht sich dagegen auf den Umgang mit dem *Arbeitsplatz* und wirken sich auf die *Mitarbeiter* des Unternehmens aus. Dabei stehen die Flexibilität und der Arbeitsort des Mitarbeiters sowie die neuartigen Formen der aufgenommenen Arbeit im Fokus. Für das hier dargestellte Unternehmen stellt die digitale Arbeitswelt einen Trend dar, der sich auf die Mitarbeiter und das Miteinander im Unternehmen bezieht, wobei vor allem die interne *Kommunikation* betroffen ist. Als Herausforderung für das Unternehmen wird identifiziert, dass sich diese Veränderung in der zwischenmenschlichen Kommunikation neu in das Unternehmen integrieren muss. Durch die Nutzung technischer Medien wie der Webinare oder Video-Chats verändert sich die Kommunikationsstruktur. Diese Veränderung sollte so in das Unternehmen eingefügt werden, dass alle Mitarbeiter ein gewisses *Zufriedenheitslevel* erreichen. Diese Herausforderung sieht das Unternehmen vor allem im Wechsel der Generationen. Das Unternehmen ist durch die langfristige Bindung der Mitarbeiter und durch die Unternehmenskultur geprägt, die auf geteilten Werten basiert. Dabei handelt es sich um stetige Mitarbeiter mit langer Betriebszugehörigkeit. Die Digitalisierung führt zu technikaffineren jüngeren Generationen, die eine größere Bereitschaft zur Veränderung vorweisen. Die ältere Generation ist aber durch ihre Erfahrung und Kompetenz vor allem als Knowhow-Träger im Unternehmen wichtig. Für die Interviewpartner steht fest, dass beide Gruppen der digitalen Arbeitswelten voneinander lernen und das Knowhow austauschen können. Jedoch liegen genau im „Abholen" der älteren Generation und der Anpassung an neue Techniken im Unternehmen die Herausforderungen, denn das gelingt bisher eher träge. Während in der als wesentlich agiler geltenden Industrie bereits viel umgesetzt wird, wird noch viel über Maßnahmen und Auswirkungen der 4.0-Thematiken im Unternehmen diskutiert.

Die Organisationsstruktur des Unternehmens ist durch eine *Pyramiden-Struktur* geprägt. Unter dem Vorstand gibt es zwei Führungsebenen, deren Kommunikation relativ einfach und auch für alle Mitarbeiter *transparent* ist. Jeder Mitarbeiter des Unternehmens hat regelmäßig die Möglichkeit nach Anmeldung direkt mit dem Vorstand in Kontakt zu treten und relevante Themen zu besprechen.

Für die Umsetzung von digitale Arbeitswelten ist im vorliegenden Fall nur indirekt der Vorstand verantwortlich. Besonders das Thema digitale Arbeitswelten ist als *„Personalarbeit der Zukunft"* etabliert und in der Personalabteilung als Projekt angesiedelt. Sie stellt in diesem Fall die Hauptverantwortlichen, neben denen der Abteilungsleiter der strategischen Unternehmensentwicklung involviert ist, um den Wandel auf das Gesamtunternehmen einbringen zu können. Die Durchführung der noch nicht digital kommunizierten, vorgegebenen Maßnahmen obliegt dann jedem Abteilungs- oder Projektverantwortlichen. *Kommunikationskonzepte* dienen der Weiterleitung der in klassischen Projektsitzungen erarbeiteten Themen, wobei diese im Rahmen von Personalversammlungen, Führungskräftetagungen oder Klausurtagungen die getroffenen Maßnahmen und Ideen direkt an die Mitarbeiter kommunizieren.

Viele der *Entscheidungen* zur Umsetzung von digitalen Arbeitswelten-Maßnahmen liegen bei der Unternehmensführung. Die Interviewpartner können jedoch keinen eindeutigen Führungsstil identifizieren. Sie geben aber im Rahmen der digitalen Arbeitswelten an, dass ein *situativer Führungsstil* wünschenswert wäre, vom dem bisher aber noch kein Gebrauch gemacht wird. Trotzdem besteht das Ziel darin, einen solchen mittels Schulungen zu schaffen. Auf diese Weise sollen die Führungskräfte auf einen situativen Führungsstil hin ausgebildet werden. Innerhalb dieser Schulungen werden Ihnen die Instrumente an die Hand gelegt, die sie bei der Einschätzung der Mitarbeiter, der Führung unterschiedlicher Mitarbeiter-Typen und der strukturierten Führung von Mitarbeitergesprächen unterstützen. Die bereits implementierten technischen Beurteilungssysteme bilden die Rahmenbedingungen für eine Veränderung, hin zu einem situativen Führungsstil. Durch die Einsichtsmöglichkeit in das System ist die Kommunikation transparent. Die Transparenz zieht sich im Unternehmen über alle Ebenen hinweg durch, denn die Mitarbeiter haben die Möglichkeit, nach oben an die höhergestellte Führungsebene, Missstände zu berichten, z. B. wenn sie mit dem Führungsstil des Vorgesetzten nicht zufrieden sind oder sich andere Probleme in Mitarbeitergesprächen deutlich machen. Der momentan geltende Führungsstil wird durch die digitale Arbeitswelt *massiv* verändert, wobei diese Herausforderung nicht nur die Führungsperson, sondern auch die *Aufgaben* dieser tangiert. Es wird in Zukunft wesentlich wichtiger sein, die Mitarbeiter in *selbstverantwortliches* Arbeiten zu entlassen, da sich die Kernzeiten für den Austausch untereinander verändern. Während nur noch kurze feste Kommunikationszeiten herrschen werden, wird der Mitarbeiter die restliche Zeit auf sich selbst gestellt und ggf. nicht mal im Büro anwesend sein. Diese Loslösung vom Arbeitsplatz ist eine Herausforderung, der sich sowohl die Führungskräfte als auch ältere Mitarbeiter stellen müssen und auf die sie sich vorbereiten sollten. Entgegen der bisherigen Praxis geht das Loslassen der eigenen Mitarbeiter für einige damit ein Stück weit mit dem Gefühl eines Vertrauensverlustes einher. Im Unternehmen will man diesem Gefühl durch geeignete Maßnahmen entgegenwirken. Als erste Maßnahme wurde eine Art Roadshow von einem Auszubildenden und einem dualen Studenten durchgeführt. Sie besuchten im Rahmen ihres Projektes alle Mitarbeiter am Standort und sprachen über die Themen, die zum Themenfeld Digitalisierung gehören. Neben den allgemeinen Veränderungen wie Smartphones, Apps und die damit verbundenen Möglichkeiten für Individuen und Unternehmen, wurden dann auch die für das Unternehmen spezifischen Instrumente angesprochen.

Neben der verstärkten Selbstverantwortung der Mitarbeiter stellen *Homeoffice und Teilzeitangebote* eine weitere Herausforderung in der digitalen Arbeitswelt für Führungskräfte dar. Während Homeoffice eher selten praktiziert wird, gibt es im Unternehmen viele Teilzeitverträge. Für Führungskräfte ergibt sich daraus die Herausforderung, dass sie z. B. zwei 50 %-Stellen organisieren müssen, um dabei am Ende die Zielerreichung gewährleisten zu können.

Eben diese Teilzeitmodelle und flexiblen Arbeitszeiten werden, bezogen auf die *Work-Life-Balance*, als Vorteil gesehen. Die Mitarbeiter müssen zu Kernzeiten vor Ort sein, ansonsten steht ihnen eine freie Zeitgestaltung zur Verfügung.

Mit einem Anteil von 60 % Frauen herrscht ein eindeutiger Damenüberschuss bei den Mitarbeitern. Eine explizite Frauenquote gibt es im Unternehmen nicht. Die Führungsetage hat ab der zweiten Ebene auch Frauen in Führungspositionen. Vor allem die Möglichkeit zur Teilzeittätigkeit ermöglicht es Frauen, während und nach der Schwangerschaft in Kontakt mit dem Unternehmen zu bleiben und Familie und Beruf zu vereinen. Damit bindet das Unternehmen die Mitarbeiterinnen. Dabei betonen die Befragten die Gleichheit zwischen Männern und Frauen. Für Männer gelten die gleichen Regeln, weshalb aus Gleichstellungssicht eine Ausgewogenheit zu konstatieren ist. Als Beispiel wird die *Elternzeitquote* angeführt, die sich nach Einführung als erstes ein Mann genommen hat. Die Stellenbesetzung vollzieht sich im Unternehmen nicht nach Geschlecht, sondern nach *Fähigkeiten* und *Kompetenzen*.

Im Bereich der Auswirkungen der digitalen Arbeitswelten auf den Arbeitsplatz können für das Unternehmen bisher wenige Veränderungen wahrgenommen werden. Gemeinschaftsbüros ohne agile Raumteilung sind überwiegend vorhanden. In Zukunft wird sich hier jedoch auch eine Veränderung hin zu Desk Sharing Modellen ergeben, was v. a. der Teilzeitregelung geschuldet sein wird. Der Betriebsrat ist in Entscheidungen dahingehend stark eingebunden.

Neben der eher traditionellen Raumgestaltung ist auch *die technische Ausstattung* für die Kommunikation noch nicht weit entwickelt. Neben Webinaren und gelegentlichen Video-Konferenzen ist die Technik im Unternehmen noch nicht so weit, dass sie die virtuelle Kommunikation intern wie extern unterstützt, wobei sich die Entwicklung dennoch dahingehend ergeben wird. Der Vorstand sieht aber die Notwendigkeit zum Handeln, weshalb bereits daran gearbeitet wird.

Für das Unternehmen ist die Integration von Flüchtlingen bisher kein Thema. Aufgrund der Unsicherheit über die Sprachbarrieren und mögliche drohende Abschiebungen, macht eine Einstellung von Flüchtlingen nur dann Sinn, wenn diese ein dauerhaftes Bleiberecht erhalten und entsprechende Sprachkenntnisse vorweisen. Dann können sie für das Unternehmen vor allem den Vorteil bilden, die Kommunikation mit Landsleuten zu verbessern.

Das Unternehmen hat die Vision und Mission im Zuge der auf sie zukommenden Veränderungen neu aufgestellt. Auf der einen Seite werden die Rahmenbedingungen, wie Roboter und Netzwerkebildung, auf der anderen Seite auch die traditionellen Werte und Wurzeln, vereint. Damit geht eine Veränderung der *Unternehmenskultur* einher, in die jetzt auch Dinge wie eine *Fehlerkultur* einfließen. Um den Wandel voranzutreiben und nicht im Wettbewerb abzufallen, ist ein Projektmanagement eingeführt worden, das die Themen der strategischen Entwicklung im Unternehmen durchsetzt. Zu deren Themen gehört auch die Implementierung eines Change-Management-Prozesses, um die Mitarbeiter bei allen Themen rechtzeitig zu involvieren. Das Unternehmen möchte durch diese Maßnahmen sicherstellen, dass die vielen Veränderungen die Kooperationsbereitschaft der Mitarbeiter nicht negativ beeinflusst. Deshalb ist die Darstellung von Zielen und Maßnahmen der Projekte ein wichtiger Bestandteil.

Befragt nach ihrer *Erfolgseinschätzung* sehen die Experten die Fähigkeit zur Entwicklung des Unternehmens. Es gibt allerdings *kein* extra Budget für Maßnahmen in Richtung digitale Arbeitswelten. Die nötigen Aktivitäten werden aber diskutiert und wenn der Nutzen erkannt wird, folgen *Investitionen*. Als Organisation schafft die Unternehmensgruppe so eine bessere Positionierung in der Zukunft.

5.2.5 Fallstudie 5

In der Fallstudie 5 wird aufgezeigt, wie das Thema digitale Arbeitswelten in einem *mittelständischen Unternehmen* verstanden wird, welches in der Maschinenbaubranche beheimatet ist. Als Experte stellte sich der Leiter des *Digital Transformation Office* dieses Unternehmens zum Interview zur Verfügung.

Im ersten Themenbereich der *Rahmenbedingungen* wurde der Interviewpartner nach seiner Einschätzung der Wichtigkeit von digitalen Arbeitswelten befragt. Der Experte sieht alle Themen rund um die Digitalisierung und somit auch die Industrie und digitale Arbeitswelten als sehr wichtig an. Der Begriff der digitalen Arbeitswelt kommt jedoch im angesprochenen Unternehmen nicht zur Anwendung, sondern es wird übergreifend von Industrie 4.0 gesprochen, was womöglich auch aus der stark industriellen Orientierung des Unternehmens sowie der Zugehörigkeit zur Maschinenbaubranche herrührt.

„Das Thema Industrie 4.0 ist ein Element der Digitalisierung", sagt der Experte, womit er das Thema Arbeitswelt bzw. Industrie 4.0 in die *Unternehmensorganisation* einordnet. Unter dem Begriff subsumiert sich sowohl für ihn als auch für das gesamte Unternehmen eine Vielzahl unterschiedlicher Aspekte. Auf der einen Seite gehören hierzu zunächst *neue Arbeitsformen und -arten*, wie zum Beispiel agile Arbeitsweisen oder Design Thinking-Tools. Auf der anderen Seite gehören auch neue *Kollaborationsformen* dazu, die stark mit einer räumlichen Ausgestaltung der Arbeit verbunden sind. Das betrifft zum einen die Unternehmensstruktur, die sowohl räumlich als auch zeitlich effiziente Gestaltung der Arbeit und zum anderen die Mitarbeiter, die durch technische Neuerungen zu neuen Kollaborationen verleitet werden, welche den Arbeitsalltag einfacher machen sollen. Als weiteren Punkt nennt der Experte die notwendige *IT-Unterstützung*, porträtiert durch eine ausreichende Tool- und Werkzeug-Landschaft, die die beiden ebengenannten Veränderungen auch technisch umsetzt. Als letzten Punkt ist das Thema digitale Arbeitswelten in der Produktion zu nennen, was jedoch noch in einer etwas ferneren Zukunft liegt. Dabei macht der Experte deutlich, dass dem Thema digitale Arbeitswelten bzw. Digitalisierung und Industrie 4.0 eine sehr *hohe Relevanz* zukommt. Dabei geht er davon aus, dass der Höhepunkt in der Wahrnehmung durch die Unternehmen bereits erreicht wurde, es nun aber in Richtung der *Umsetzung* der beschlossenen Maßnahmen geht. Innerhalb des Unternehmens wurde das Thema bereits auf *strategischer* Ebene diskutiert und umgesetzt. Aktuell steht als nächster Schritt die *Operationalisierung* an.

Der Anfang des Jahres 2017 kann als Startpunkt für die eigentliche Umsetzung der Digitalisierung im Gesamtunternehmen gesehen werden. Seither wurden bereits einige Projekte, die in diese Richtung zielen, erfolgreich umgesetzt oder haben deutlich an Fahrt gewonnen, was beachtlich ist. Grundsätzlich hängt die Umsetzung solcher Mammutprojekte im Unternehmen stark von der jeweiligen Unternehmensorganisation ab, wobei starre Hierarchien meist störend wirken. Daher liegt der Fokus vielmehr auf einem *projektbezogenen Arbeiten*, das jedoch nicht übergreifend für alle Themen möglich ist. Um eine *hochgradige Integration* zu fördern wird neben Experten auch in hohem Maße die Meinung der Kollegen einbezogen. Das Unternehmen forciert zudem *Netzwerkkooperationen* mit externen Praxispartnern. Neben der Zusammenarbeit mit Hochschulen wird in diesem Zusammenhang auch die Partnerschaft zu Portfoliounternehmen gesucht. Obwohl hierbei der regionale Aspekt eine wichtige Rolle spielt: „Wir vernetzen uns bisher mit der regionalen Wirtschaft", ist auch der Drang nach dem Einbezug von entfernterem Wissen zu bemerken, z. B. durch die Kooperation mit der Factory in Berlin. Den primären Vorteil dieser Eingliederung anderer Unternehmen sieht das Unternehmen in erster Linie im *Benchmarking*, um festzustellen, wie man sich gegenüber dem Wettbewerb positioniert. Des Weiteren erlaubt es die Beantwortung von Fragen wie zum Beispiel „Was machen andere Unternehmen?", „Wie weit sind die Anderen?", „Welche Themen machen ggf. noch Sinn?", etc.

Hauptverantwortlich für jegliche Themen der digitalen Arbeitswelten und Digitalisierung sind der *CEO* und damit die höchste Ebene des Unternehmens. Zusätzlich hat aber auch die Personalabteilung eine wesentliche Rolle, da es stark um die Veränderung von Arbeitsweisen geht. Im Hinblick auf den Change Prozess und die IT-seitige Unterstützung liegt die Mitverantwortung zudem im Digital Office und damit bei dem befragten Experten höchstpersönlich. Dabei orientiert sich das Unternehmen an einem *Top-Down Ansatz*, was sich nach Meinung des Experten als traditioneller Weg für ein mittelständisches Unternehmen darstellt. Dass sich dieser Führungsstil im Laufe der Zeit verändern wird, dem stimmt der Experte zu. Jedoch gibt er zu bedenken, dass es sich dabei um einen langanhaltenden Prozess handelt, der gerade in mittelständischen Unternehmen alles andere als trivial ist. In der Linienorganisation wird an die Prozessumsetzung „sehr dosiert herangegangen". Veränderungen werden Schritt für Schritt abteilungsweise umgesetzt, ein „Hauruck-Denken" kommt nicht in Frage, da es sich hierbei um ein zu starkes Umdenken handelt.

Wiederum aus einer stark industriell-fokussierten Perspektive gesprochen wurde eine dedizierte *Fehlerkultur* nicht implementiert. Es wird im Team und in den Projekten versucht, offen über Dinge zu sprechen. *Kommunikation* und *Transparenz* sind dabei wichtige Grundpfeiler der Unternehmenskultur. Anders erscheint dies in der Produktion, wo Fehler aufgrund des Leitbildes „German Engineerings" nicht toleriert werden.

Bezogen auf den Themenbereich *Work-Life Balance*, gibt der Experte zu, dass sich über diese innerhalb des Unternehmens nur sehr schwer allgemeingültige Aussagen treffen lassen. Da agile Elemente, wie z. B. mobiles Arbeiten bereits in die Arbeit integriert sind, sieht der Experte in diesem Bereich keinen Verbesserungsbedarf. Den Mitarbeitern steht dafür bereits die Infrastruktur zur Verfügung. Allerdings müsse grundsätzlich je nach Art der Arbeit und je nach Tätigkeitsumfang situativ eingeschätzt werden, ob mobiles Arbeiten möglich ist. Während dies in der Produktion eher schwierig ist, wird das Angebot in anderen Bereichen schon rege genutzt. Es besteht z. B. die Möglichkeit ein bis zwei Tage von zu Hause aus zu arbeiten, wobei jedoch keine vertragliche Regelung diesbezüglich ausgearbeitet wurde. Dem Vorgesetzten obliegt in einem solchen Fall die Prüfung, ob Homeoffice sowohl auf einer persönlichen Ebene, als auch basierend auf der Arbeitsgrundlage gegeben ist. Dies wiederum rückt den *Vertrauensbegriff* stark in den Vordergrund.

Neuartige Arbeitsformen, wie z. B. *Crowdworking* oder *Crowdsourcing* sind dem Experten geläufig und auch innerhalb des Unternehmens bekannt, werden bisher aber nur wenig bis gar nicht genutzt. Neuartige Arbeitsformen beziehen sich vielmehr auf die Zusammenarbeit mit Hochschulen, wo Themen wie die Umsetzung von Industrie 4.0 oder additive Fertigung im Detail diskutiert und erforscht werden.

Einen weiteren Punkt bildete die Thematik von *Diversity* im Rahmen von digitalen Arbeitswelten. Die Diversity-Art, die die meiste Popularität aufweist, ist die Debatte um Gender-Diversity und z. B. die Einführung einer Frauenquote im Unternehmen. Hierbei zeigt sich deutlich, dass diese Thematik stark mit der Branche und der Unternehmenshistorie zusammenhängt. Im Allgemeinen gilt das befragte Unternehmen als ein klassisches, ingenieurgetriebenes Unternehmen, weshalb hier erwartungsgemäß eher weniger Frauen zu finden sind. Da sich diese weniger auf Positionen als Ingenieure bewerben, ist auch der Frauenanteil dementsprechend gering, was sich bis in die höchsten Führungsebenen durchzieht. Der Experte berichtet an dieser Stelle von seiner eigenen Erfahrung und der Besetzung von Stellen im Digital Transformation Office. Keine Frauen bewarben sich auf ausgeschriebene Positionen im Digital Transformation Office. Meist werden Stellen eher im Marketing oder in der Personalabteilung von Frauen besetzt. An dieser Stelle gibt der Experte aber zu bedenken, dass das Thema Gender-Diversity, obwohl es bereits auf der Agenda der Unternehmensführung steht, bisher noch *nicht operationalisiert* wurde. Für die Zukunft soll es aber weiter vorangetrieben werden.

Die momentan vor allem auch sehr stark durch die Politik diskutierte Thematik der Flüchtlinge führt auch im Unternehmen dazu, dass sich verstärkt mit der Thematik *Integration von Flüchtlingen* und deren Beschäftigung befasst wird.

Im Gegensatz zur Gender-Diversity Debatte, im Zuge derer bereits strategische Ziele fixiert wurden, gibt es für die Integration von Flüchtlingen noch keine konkreten Ausgestaltungen oder Maßnahmen zur Durchführung. Somit ist es auch nicht in den Unternehmenszielen implementiert. Anders verhält es sich mit der *Integration von Best-Agern*. Um das spezifische Fachwissen, das sich Mitarbeiter durch ihre jahrelange Tätigkeit im Unternehmen angeeignet haben auch weiterhin nutzen zu können und dieses Wissenspotenzial nicht bei Eintritt in die Rente zu verlieren, schließt das Unternehmen mit in Rente befindlichen Mitarbeitern teilweise wieder Beraterverträge ab. Dadurch können die Mitarbeiter zum einen reaktiviert und das Know-How an die jüngere Generation weitergegeben werden. Die Reaktionen waren bisher ausschließlich positiv, wodurch sich für beide Seiten eine Win-Win-Situation eingestellt hat: Für die pensionierten Mitarbeiter bedeutet diese Möglichkeit, dass sie zum einen eine Aufgabe verfolgen können und sich etwas zu ihrer Rente dazuverdienen und zum anderen auch den Kontakt zum jahrelangen Umfeld aufrechterhalten. Für das Unternehmen bedeutet die „Rückholaktion", dass das *Knowhow* nicht verloren geht und *Spezialwissen* im Unternehmen verwertet werden kann. Bisher gibt es dafür keine festgelegte Quote, sondern es handelt sich vielmehr um Einzelfälle.

Befragt nach den Änderungen in der Arbeitsweise oder der Arbeitsorte gibt der Befragte an, dass *agile Raumkonzepte* bereits diskutiert werden. Zum Beispiel macht sich das Unternehmen Gedanken über eine mögliche Umsetzung von z. B. *Ruheräumen* mit Schallisolierung, in denen konzentriert gearbeitet werden kann, aber auch von kreativen *Innovationstanks*, die eher auf rege Diskussionen und ein innovatives Brainstorming ausgerichtet sind. Grundsätzlich wird bereits aktiv nach Lösungen gesucht:

„Das fängt z. B. schon bei Themen an, wo man in der Abteilung ein Sofa hinstellen will und entwickelt sich stark in Richtung Großraumbürokonzepte. Wir werden jetzt nicht Millionen von Euros investieren nur um etwas Neues zu machen, damit das dann einen agilen Charakter hat. Wir machen das, was im Rahmen unserer Größe und unserer Räumlichkeiten möglich und geeignet ist."

Dennoch sollen die Maßnahmen den Wandel zu mehr *projektbasiertem Change-Management* unterstützen und primär zu einer erhöhten Kreativität, Transparenz und einem gemeinsamen Austausch beitragen.

Im Themenbereich *Kommunikation* und moderne Kommunikationsmittel erwähnt der Interviewpartner, dass vor kurzem innerhalb des Unternehmens Office 365 eingeführt wurde, was verglichen mit anderen Unternehmen schon ein großer Schritt sei. Intern kommunizieren die Mitarbeiter mit dem Programm Yammer, das eine gute Möglichkeit für den Austausch darstellt. Jedoch soll auf klassische

Medien, wie z. B. eine Mitarbeiterzeitung, E-Mail Dienste und traditionelle Marketinginstrumente für die externe Kommunikation nicht verzichtet werden.

Explizit festgelegtes *Change-Management* gäbe es nicht. Der primäre Fokus liegt auf der Kommunikation zwischen den Mitarbeitern und deren Verbesserung. Die Geschäftsführung verfolgt einen Top-Down-Ansatz, sodass Veränderungen im Unternehmen möglichst proaktiv und transparent kommuniziert werden.

Die abschließende Frage nach der *Kosten- und Nutzenbewertung* von digitalen Arbeitswelten wurde von dem Experten sehr allgemein beantwortet. Die klassische Vorgehensweise bei der Projektbearbeitung i. S. v. Planung, Kostenkalkulation und Kontrolle beispielsweise kann auf Industrie 4.0-Umsetzungen nicht übertragen werden. Da es sich bei diesen Änderungen um *strategische Entscheidungen* und somit auch um ein strategisches Investment handelt, seien Kosten und auch der zukünftige Nutzen nur schwer zu quantifizieren. Jedoch betont der befragte Experte, dass sich Investitionen in diese Richtung definitiv lohnen und auch unabdingbar sind, damit die Wettbewerbsfähigkeit auch in Zukunft weiterhin für das gesamte Unternehmen gegeben ist.

5.2.6 Fallstudie 6

Im folgenden Fall werden die Ergebnisse aus dem Interview mit Dr. Rudolf Maleri, Geschäftsführer der Klebs + Hartmann GmbH & Co. KG erläutert. Bei der Klebs + Hartmann GmbH & Co. KG handelt es sich um ein *Familienunternehmen* mit langer Tradition. 1904 gegründet, gehört das Unternehmen zu den führenden Akteuren im Bereich der Schaltanlagen, Prozessautomation, Motorenbau und -reparatur und kann der Branche der *Elektrotechnik* zugeordnet werden. Die Unternehmensorganisation kann als traditionell beschrieben werden: mit einer Person in der Geschäftsführung und zwei weiteren Personen in leitenden Funktionen. Herr Dr. Maleri hat das Unternehmen von seiner Mutter übernommen und führt es nun in der vierten Generation.

Im ersten Themenbereich beschreibt der Interviewpartner, was digitale Arbeitswelten für das Unternehmen bedeutet. Digitale Arbeitswelten zählt für die Klebs + Hartmann GmbH & Co. KG als großes Thema und liegt im Verantwortungsbereich der *Geschäftsführung*. Jedoch war der Begriff zunächst schwer fassbar, da insbesondere auf Messen digitale Arbeitswelten zwar stark beworben, gleichzeitig aber unterschiedlich interpretiert und aufgefasst wurde. Das Unternehmen selbst befindet sich gegenwärtig in einer *Transformationsphase*. Industrie 4.0 gilt für das Unternehmen als *Hilfsmittel*, das eng mit digitalen Arbeitswelten verwandt ist, aber nicht selbst als Unternehmensstrategie gilt. Beispielsweise arbeitet das Unternehmen daran, bestehende *Geschäftsprozesse* zu digitalisieren. Generell wird Digitalisierung als Möglichkeit verstanden, *Ressourcen* besser zu verwalten, effizienter zu arbeiten und *Markt- und Wettbewerbsvorteile* zu erlangen. Die digitale Arbeitswelt bringt dagegen relativ wenig Neues, da viele Punkte, wie z. B. eine moderne und gesundheitsfördernde Gestaltung des Arbeitsplatzes, bereits auf der Hand liegen. Der Experte geht davon aus, dass sich Auswirkungen der digitalen Arbeitswelten zudem stärker im Bereich Dienstleistungen als im Handwerk zeigen. Die Veränderungen, die sich aber im Handwerk auswirken beziehen sich vor allem auf die steigenden *Anforderungen* im fachlichen und intellektuellen Bereich sowie die *schwieriger* und *komplexer* werdenden Aufgaben. Das ist auch ein Grund, weshalb das Unternehmen auch immer schwieriger *qualifiziertes Personal* findet. Anders als noch vor einigen Jahren werden zukünftig immer weniger ungelernte Arbeitskräfte bei Klebs + Hartmann benötigt. Für das Unternehmen zeigt sich somit das Problem, dass mehr Arbeit als Personal vorhanden ist. Dem *Fachkräftemangel* soll entgegengewirkt werden, indem den Mitarbeitern eine Reihe an *Zusatz- und Sonderleistungen* gewährt und außerdem die Anzahl der Ausbildungsstellen erhöht wird. In diesem Zusammenhang ist anzumerken, dass das Handwerk im Gegensatz zu anderen Bereichen weniger bzw. *kaum* von der *Substitution* menschlicher Arbeit durch Maschinen betroffen ist. Vielmehr kommen für die Angestellten von Klebs + Hartmann immer *weitere Aufgabengebiete* hinzu, insbesondere diverse Dienst- und Zusatzleistungen. Diese Veränderung betrifft nicht nur die Mitarbeiter, sondern auch die Geschäftsführung. Für den Geschäftsführer verändern sich die Aufgaben in der digitalen Arbeitswelt. Im Gegensatz zu früher sei *IT* heute eine „*absolute Chefsache*", wobei sich der Befragte die hierfür notwendigen *Kompetenzen* selbst angeeignet hat. Zusätzlich sei in der heutigen Zeit auch immer mehr *Medienkompetenz* gefragt. Befragt nach dem Themenbereich der *Work-Life-Balance* der Mitarbeiter sei es schwierig, eine pauschale Aussage zu machen, da dies sehr individuell einzuschätzen ist. Jedoch kann Herr Dr. Maleri von sich persönlich behaupten, dass er mit der eigenen Work-Life-Balance sehr zufrieden ist. Der Urlaubsüberhang einiger Mitarbeiter sei hier eher ein Problem. Um die Flexibilität und Zufriedenheit der Mitarbeiter aber nicht zu reduzieren, möchte das Unternehmen jedoch keine fixe Urlaubsregelung einführen.

Die Möglichkeiten der *mobilen Arbeit* hingehen werden als flexibilitäts- und effizienzfördernd wahrgenommen. Hier befindet sich das Unternehmen gegenwärtig in der Pilotphase und beginnt, die Mitarbeiter mit mobilen Endgeräten auszustatten. Trotz diverser Vorteile, wie beispielsweise Arbeitserleichterungen in der Verwaltung, Transparenzerhöhung bei Geschäftsprozessen, Prozessbeschleunigung, Vereinfachung der Ressourcenplanung und Wegfall von Papierarbeit, verlaufe die Umsetzung nicht ganz reibungslos. Dies hängt unter anderem mit der

Mitarbeiterstruktur des Unternehmens zusammen. Ältere Menschen hätten tendenziell eher Probleme, sich mit neuen Technologien auseinanderzusetzen, neuartige Applikationen anzuwenden und Änderungen zu akzeptieren.

Hinsichtlich der Möglichkeiten von *Homeoffice* gibt es unterschiedliche Tendenzen im Unternehmen. Der Geschäftsführer hat bereits einigen Mitarbeitern angeboten, von zu Hause aus zu arbeiten. Die Mehrheit hätte dies jedoch abgelehnt. Insbesondere im Vertrieb gibt es allerdings einige Mitarbeiter im Homeoffice. Das Unternehmen hat hier grundsätzlich eine offene Haltung. Dennoch sei es bei 80 Prozent der Stellen schlicht nicht möglich, die Arbeit nach Hause zu verlagern, da diese im handwerklichen Bereich liegen und somit eine physische Anwesenheit erforderlich ist. Im Unternehmen gibt es keine vertragliche Regelung zu Homeoffice, sondern individuelle Absprachen. Andere neuartige Arbeitsformen, wie *Crowdworking* und *Cloudworking* sind Herrn Dr. Maleri bekannt, sie werden jedoch bisher nicht genutzt, da unklar ist, wie sie in das Konzept des Unternehmens passen.

Bezüglich der *Gender-Diversity* ist anzumerken, dass der Frauenanteil im Unternehmen bei 13,1 Prozent liegt. Es hat bereits weibliche Lehrlinge in den Handwerksbereichen gegeben, allerdings hätten diese die Lehre vorzeitig abgebrochen. Grundsätzlich ist ein sehr hoher Männeranteil bei den Bewerbungen zu vermerken. Da es sich um einen Handwerksbetrieb handelt, sei es generell schwierig, Frauen für die entsprechenden Positionen zu finden. Daher sei auch das Thema *Frauenquote* für ein mittelständisches Handwerksunternehmen *schwierig* umzusetzen.

Wie anfangs bereits angesprochen, ist das größte Problem des Unternehmens eher im *demographischen Wandel* bzw. der *Altersstruktur* der Belegschaft zu sehen. Das Durchschnittsalter liegt bei 45 Jahren, Auszubildende miteingerechnet. Ohne Berücksichtigung der Auszubildenden sind es 47,5 Jahre. Da gegenwärtig bereits teilweise Mitarbeiter fehlen, werden im Fall von Auftragsspitzen Betriebsrentner reaktiviert und auf 450 Euro Basis zeitweise eingestellt. Andere Strategien und Maßnahmen das Problem zu lösen, wie beispielsweise „Mitarbeiter werben Mitarbeiter"-Aktionen und Kooperationen mit Schulen, würden nicht in dem Umfang greifen, wie es erforderlich wäre. Allerdings leidet laut Herrn Dr. Maleri die gesamte Branche unter dem Mangel an jungen *Facharbeitern*. Es handelt sich somit um ein strukturelles und gesellschaftliches Problem. Immer wieder kommt es auch vor, dass Lehrlinge mit sehr guten Abschlüssen das Unternehmen verlassen, um anschließend zu studieren. Obwohl das „*Streben nach Höherem*" im Prinzip eine gute Sache ist, stellt es für mittelständische Handwerksunternehmen wie Klebs + Hartmann jedoch ein Problem dar, da damit Facharbeiter fehlen. Unter anderem wurde deshalb auch entschieden, *Flüchtlinge* einzustellen. Um geeignete Kandidaten zu finden, wird sehr eng mit dem Arbeitsamt zusammengearbeitet. Die Suche gestaltet sich jedoch laut Herrn Dr. Maleri schwierig, da es kaum qualifizierte Bewerber gibt. Ein Problemfeld sei zum Beispiel, dass die Ausbildung oder die Leistungen aus dem Ausland nicht ohne weiteres angerechnet werden können. Das *Hauptproblem* sei aber die *Sprache*. Zwar würden viele der Bewerber sehr gut Englisch sprechen, jedoch kaum über Deutschkenntnisse verfügen, was Voraussetzung für die Arbeit im Handwerksbetrieb von Klebs + Hartmann ist. Nach über drei Jahren Kooperation mit dem Arbeitsamt wird nun der erste Flüchtling über eine Art Ausbildungsvertrag eingestellt. Einer der Gründe, warum bisher lediglich ein einziger Flüchtling eingestellt werden konnte, ist laut dem Geschäftsführer die *Langwierigkeit der Entscheidungsprozesse* seitens der Behörden. Im konkreten Fall hätte der besagte Mitarbeiter lange Zeit auf Zusagen für Qualifizierungsmaßnahmen sowie auf die Arbeitserlaubnis gewartet. Probleme bei der Integration von Flüchtlingen in das Unternehmen sieht der Geschäftsführer nicht. In der Geschichte des Unternehmens habe es schon immer Phasen der Integration von Arbeitern aus dem Ausland gegeben. Zudem würde der Arbeiterstab sehr pragmatisch damit umgehen. Wichtig sei, dass die *Leistung* stimmt. Um für die bestehende Belegschaft für möglichst gute Arbeitsbedingungen zu sorgen, findet halbjährlich bis jährlich eine Arbeitsplatzbegehung des Betriebsrats sowie jährlich eine psychologische Gefährdungsanalyse statt.

Für die interne *Kommunikation* wird häufig WhatsApp genutzt, nach außen wird unter anderem über Social-Media, wie Facebook und LinkedIn, kommuniziert. Ein weiterer Ausbau der Kommunikationskanäle hinsichtlich neuartiger Technologien ist derzeit nicht geplant. Auch gibt es *keinen Change-Management Prozess* im Unternehmen.

Beim Thema *Fehlerkultur* wird die Meinung vertreten, dass aus Fehlern gelernt wird und Fehler erlaubt sind. Sie sollten jedoch stets *offen kommuniziert und nicht vertuscht* werden. Außerdem sollte jeder Fehler möglichst nur einmal vorkommen.

Die abschließende Bewertung des Themas digitale Arbeitswelten fällt dahingehend aus, dass die größten *Nutzenpotenziale* in der Eröffnung *neuer Aufgaben-, Anwendungs- und Geschäftsfelder* insbesondere im Dienstleistungsbereich gesehen werden. Dies würde letztlich auch zu einer Umsatzsteigerung und einer Erhöhung des Unternehmensgewinns führen. Als größter Kostenfaktor wird die *IT-Infrastruktur* angeführt. Vorteile von digitalen Arbeitswelten gibt es viele, jedoch gehört zu den Nachteilen, dass ungelernte Mitarbeiter in der Elektrotechnikbranche in Zukunft nicht mehr nachgefragt werden. Positiv ist hingegen, dass die Arbeit und das gesamte Wirtschaftssystem *vielseitiger* werden. Für diejenigen, die sich den *Veränderungen* anpassen und die Entwicklungen begleiten, sieht Herr Dr. Maleri große *Gewinne*. Die *Digitalisierungsfähigkeit* des eigenen Unternehmens wird auf 73 Prozent eingeschätzt, wobei diese zukünftig noch gesteigert werden soll. Dafür gibt es auch ein *dediziertes Budget*.

5.2.7 Fallstudie 7

In Fallstudie sieben werden die Ergebnisse dargestellt, die bei einem Interview mit einem Experten eines *mittelständischen Industrieunternehmens* gewonnen werden konnte. Das Unternehmen ist weltweit tätig.

Im Bereich der *Rahmenbedingungen*, in dem es auch um die Definition von digitalen Arbeitswelten geht, macht der Befragte deutlich, dass der Begriff der digitalen Arbeitswelten durchaus im Unternehmen bekannt ist, eine Nutzung allerdings nicht stattfindet. Im Unternehmen gilt der Begriff eher als Buzzword, das in der Unternehmenspraxis schwer zu greifen ist. Bei dem Begriff digitale Arbeitswelten müsse man immer an Industrie 4.0 denken, bei dem die Schritte von 1.0 bis 4.0 wesentlich leichter ersichtlich sind. Trotzdem kann unter digitale Arbeitswelten grundsätzlich der Umgang zwischen *Arbeitgeber und Arbeitnehmer* verstanden werden, der sich auf beiden Seiten sowohl in der Erwartungshaltung als auch in den Forderungen in den letzten Jahren verändert hat. Der Experte gibt an dieser Stelle zu bedenken, ob die Themen Gender, Generation X und Y, etc. inzwischen durch die Medien nicht etwas „überhypt" werden. Der Interviewpartner identifiziert Themen wie *Diversity*, neue *Arbeitsmodelle*, neue *Zeitmodelle*, *vernetztes Arbeiten*, etc. als zum Oberbegriff digitale Arbeitswelten gehörend. Sie wiederum stellen erneut für ihn eine Anhäufung von Buzzwords dar, worunter jeder etwas Anderes, aber niemand dasselbe versteht. Trotz der etwas kritischen Ansicht bezüglich der Definitionen und Begrifflichkeiten spricht der Befragte davon, dass nicht vergessen werden sollte, dass diese *Veränderungen*, die mit der Thematik der digitale Arbeitswelten einhergehen auch enormes *Potenzial* für Unternehmen bieten. Um das zu erreichen muss jedes Unternehmen seinen eigenen, *situativabhängigen* Weg finden, wie es mit dem Thema digitale Arbeitswelten umgeht. Aushängeschilder, an denen man sich augenscheinlich orientieren kann, gibt es dabei genügend; man müsse sich nur im Silicon Valley umsehen. Als Paradebeispiel hat es das Unternehmen Google geschafft, dass Menschen inzwischen alles an ihrem Arbeitsplatz machen können und deshalb rein theoretisch nicht mehr nach Hause gehen müssen. Es gibt Kindergärten, kostenloses Essen, Fitnesscenter, Ruheräume, Think Tanks, Schlafräume, sogenannte „Nap-Places", Wäschesalons und noch vieles mehr. Ob das jedoch wirklich der neue übergreifende „Goldstandard" für alle Unternehmen werden sollte, bleibt zu bezweifeln.

Das sehr traditionell aufgestellte Unternehmen weist hinsichtlich der *Organisationsstruktur* eine Aufteilung in unterschiedliche Unternehmensbereiche auf, die sich in *Sparten* zusammenfinden und von einem *Vorstand* geleitet werden. Die Antwort auf die Frage, ob sich durch digitale Arbeitswelten Änderungen hinsichtlich der Unternehmensstruktur ergeben haben war, dass es nun eine Art „*Functional*

Management" gibt. Unter diesem subsumiert sich eine *Zentralfunktion*, in der mehrere Bereiche und funktionale Aufgabenpakete gebündelt werden. Hinzu sind auch enge Partnerschaften mit Hochschulen und anderen Institutionen gekommen, um sich in Zeiten des „War of Talents" frühzeitig gut aufzustellen. Der hauptsächliche Nutzen wird hierbei darin gesehen, mehr Flexibilität und Effizienz zu erhalten sowie eine Erhöhung der Reputation für das eigene Unternehmen und das Vorantreiben der Unternehmensmarke in einer Vielzahl von Märkten zu erreichen.

Für das Thema digitale Arbeitswelten verantwortlich zeigt sich hier, wie auch die quantitativen Studienergebnisse bereits zeigten, der *CEO*. Eine weitere federführende Rolle übernimmt die *Personalabteilung* im Rahmen der Umsetzung agiler Arbeitsweisen und einer stärkeren Mitarbeitergewinnung. Grundsätzlich hat das Unternehmen alle wichtigen Themen rund um digitale Arbeitswelten bereits „auf dem Schirm" und als Punkt auch *auf der Agenda*. Umgesetzt wurde bisher jedoch bei weitem noch nicht alles. Das ist jedoch auf die Langfristigkeit solcher Projekte und Umstellungen zurückzuführen. Ad-hoc Entscheidungen sind in diesem Zusammenhang eher selten und teilweise unpassend bzw. unmöglich.

Befragt nach den Veränderungen, die sich für die Führung ergeben antwortet der Experte, dass sich z. B. im Rahmen der digitalen Arbeitswelten Strömung das *Führungsverhalten* bereits verändert hat und durchaus noch weiter ändern wird. Dabei entwickelt sich die Mentalität von „Ich bin Chef, ich weiß alles besser" immer mehr in Richtung *Coach* und *Sparringspartner*. Von großer Bedeutung sind die gemeinsame Ausrichtung der Tätigkeiten an den Zielen des Mitarbeiters und die Schaffung einer möglichst fördernden Arbeitsatmosphäre. Ein Bestandteil ist es, den Mitarbeitern im Rahmen von Projekten mehr *Verantwortung* zu übertragen. Die Themen werden insoweit begleitet, dass weiterhin die Ergebnisse an den Chef berichtet werden, der Mitarbeiter aber *selbstständig Entscheidungen* trifft und diese auch verantwortet, immer unter der *„schützenden, helfenden Hand"* des Vorgesetzten. Diese Art der Arbeit ist laut Befragtem natürlich nicht für alle Tätigkeiten geeignet, bietet sich jedoch an vielen Stellen an. Die Vertrauensfrage sollte jedoch vor der Einstellung zwingend geklärt und abgewogen werden. Um diese Situation weiter zu fördern, wurden bereits weitreichende Maßnahmen zur *Mitarbeiterschulung* durchgeführt.

Hinzu kommt das Aufbrechen von Grenzen in Richtung *Home-Office und flexibleren Arbeitszeiten*, die das Wohlbefinden des Mitarbeiters innerhalb seiner Arbeitssituation weiter positiv beeinflussen. Viele der Mitarbeiter im Unternehmen kennen einen sogenannten „Homeoffice Friday" aus früheren Tätigkeiten. Damit wird das Thema eventuell weniger engmaschig gesehen, als das bei anderen Unternehmen oder in anderen Abteilungen des betreffenden Unternehmens der Fall ist. Am optimalen Umfang mit Homeoffice und flexiblen Arbeitszeiten arbeitet das

Unternehmen unter Führung des CEO. In Bezug auf das *mobile Arbeiten* ist dieses grundsätzlich für diejenigen Mitarbeiter möglich, für die Homeoffice ebenfalls generell in Frage kommt. Sie sind mit der notwendigen *IT-Landschaft* (zum Beispiel Laptop mit VPN, Arbeitshandy, etc.) ausgestattet. Bei projektbasierten Arbeiten bleibt es den Mitarbeitern individuell selbst überlassen, in welchen Situationen mobiles Arbeiten/Homeoffice sinnvoll ist und wann der Prozessablauf die physische Anwesenheit wesentlich verlangt. Vertraglich geregelt wird Homeoffice allerdings nicht, die Regel ist eher die mündliche Absprache mit dem Vorgesetzten. Der Experte wirft an dieser Stelle jedoch noch mit ein, dass die Möglichkeit der mobilen Arbeit seitens der Arbeitnehmer immer mehr Anklang findet. Es käme inzwischen wesentlich öfter als noch vor einigen Jahren vor, dass in Bewerbungsgesprächen direkt nach der Möglichkeit der Nutzung von Homeoffice gefragt werde und es teilweise sogar ein Grund ist, wieso sich Bewerber gegen Unternehmen, die diese Möglichkeit nicht anbieten, entscheiden. Damit zeigt sich, dass sich die *Anforderungen* an die Arbeit durch die neue digitale Arbeitswelt stetig verändern und Unternehmen teilweise, im Wettbewerb mit anderen Unternehmen, bereit sein müssen und gezwungen sind, Kompromisse bei der Akquise qualifizierter Mitarbeiter einzugehen. Neuartige Arbeitsformen wie zum Beispiel Cloudworking, Crowdworking und Cloudsourcing werden bereits genutzt, jedoch noch nicht in vollem Umfang.

Im Themenbereich *Diversity* zeichnet sich ein sehr deutliches Bild ab. Die Verantwortung für dieses Thema obliegt der HR-Abteilung gekoppelt mit der Geschäftsleitung. Auf der Agenda des Unternehmens findet sich definitiv das Thema Gender-Diversity. Die Ingenieurs- und Physiker-Lastigkeit des Unternehmens führt definitiv zu „Startnachteilen" im Sinne der Diversity. Die potenziellen Nachteile in diesem Bereich können jedoch durch die *Internationalisierung* und die vielen Verflechtungen mittels Netzwerken gut kompensiert werden. Diese Aussage ist nicht gleichbedeutend damit, dass nicht eine Vielzahl an Frauen im Unternehmen angestellt ist. Sowohl auf operativer, als auch auf strategischer Ebene sind viele, auch hochrangige Stellen, mit Frauen besetzt. Die Einführung einer *Frauenquote* lehnt das Unternehmen bisher jedoch ab, da vielmehr eine *Vorlebestrategie* top-down als sinnvoll erachtet wird.

Im Bereich der *Flüchtlingsintegration* finden sich bisher keine dedizierten Maßnahmen. Wie auch alle anderen Unternehmen benötigt das hier befragte hochqualifizierte Mitarbeiter. Die Auswahl dieser gestaltet sich deshalb nicht anhand des Herkunftslandes oder anhand anderer Kriterien, sondern es zählt die *Passgenauigkeit* zum Unternehmen und die *Qualifizierung* zu den Hauptfaktoren für die Einstellung. Bisher bietet das Unternehmen noch keine auf Flüchtlinge spezifizierten Programme oder Angebote an.

Im Unternehmen wurden bereits im Rahmen der *Agilitätssteigerung* mehrere Maßnahmen durchgesetzt und auf neuartige *Raumkonzepte* gesetzt. Großraumbüros sind hierbei eher die Regel. Zur Förderung von Kreativität und Innovation steht eine Art *„Innovationslabor"* zur Verfügung. Dieses kann themenspezifisch für Brainstorming-Sessions oder zur Ideengenerierung genutzt werden. Außerdem bietet das Unternehmen *Agilitätstrainings* an, die von ausgebildeten Fachkräften durchgeführt werden und der Förderung der Bewegung dienen sollen. Entlang der gesamten Unternehmensorganisation gehört sehr fortschrittliche Technik zur Ausstattung. Dabei wird im Vorfeld kritisch begutachtet und eingeschätzt, inwieweit sich die neuen Technologien lohnen. Nur, um es im Unternehmen zu haben wird definitiv nicht jedes neue ausgefallene Gerät angeschafft. Dass WhatsApp ab einem gewissen Zeitpunkt E-Mail Dienste völlig ablösen wird, sieht der Experte als eher unwahrscheinlich an. Jedoch betont er, dass beide Technologien Vorteile haben und daher eine simultane Nutzung, je nach Bedarfsfall, sicherlich seine Berechtigung hat. Die externe *Kommunikation* läuft bereits über mehrere *Social-Media-Kanäle*, vorwiegend vor dem Hintergrund der Talentgewinnung und des Recruiting.

Change-Management wird in dem betreffenden Unternehmen eher als *permanenter* Wandel verstanden. Einen dedizierten Auftrag zum Change-Management gibt es nicht.

Die abschließende Einschätzung der *Vor- und Nachteile* von digitale Arbeitswelten zeigt, dass der Experte den Entwicklungen in der neuen Arbeitswelt wesentlich mehr *Chancen* als Risiken attestiert. Grundsätzlich gilt jedoch, wie auch in anderen Bereichen, dass man die Chancen auch als solche erkennen sollte und sich diesen nicht bereits zu Beginn verschließen darf. Wichtig ist es, den Wertekanon des Unternehmens stets im Hinterkopf zu behalten und Veränderungen wohl überlegt umzusetzen. Digitale Arbeitswelten hält einige Änderungen für alle Unternehmen bereit, eine ausgewogene Balance zu finden, wie man mit dem Thema umgeht, ist die Hauptaufgabe für die Unternehmen.

5.2.8   Fallstudie 8

Das Unternehmen des letzten Falls ist ein weltweit agierendes *Familienunternehmen* der Metallverarbeitungsbranche. Der Experte beschreibt zunächst im Feld der Rahmenbedingungen, wie das Verständnis von digitalen Arbeitswelten aussieht.

Unter dem Begriff digitale Arbeitswelt beschreibt der Experte eine *digitalisierte* Welt, bei der die Arbeit *intuitiver* und von *Assistenzsystemen* und Technologien unterstützt vorangetrieben werden soll. Zudem verbindet er die Begriffe

Industrie 4.0 und digitale Arbeitswelten stark miteinander, wobei sich die Perspektiven unterscheiden. Während er unter digitale Arbeitswelt das Zukunftsbild der Firma und das Umfeld, in dem sich der Mitarbeiter bewegt versteht, verbindet er mit Industrie 4.0 vorwiegend strategische Themen. Zu diesen zählt z. B. die Frage, wie das Unternehmen in Zeiten *volatiler Märkte* und sich rasant verändernden Umweltbedingungen ausgerichtet werden kann. Die neue Arbeitswelt ist für ihn dabei somit ein Teil von Industrie 4.0.

Dass sich der Begriff der Industrie 4.0 etabliert hat, sieht der Experte als Vorteil zum *zielorientierteren* Arbeiten an. Die hohe Relevanz der Digitalisierung ist dem Unternehmen durchaus bewusst, weshalb bereits an der Umsetzung von Digitalisierungsmaßnahmen gearbeitet wird. Im Rahmen dessen werden für eines der Geschäftsfelder neuartige Technologien verwendet, wie beispielsweise hauseigene 3D-Drucker, die für die Projektion und Simulation von Prototypen inzwischen unabdingbar geworden sind.

Hinsichtlich der *Organisation* versucht das Unternehmen sich zusammen mit der Einführung des Begriffs Industrie 4.0, explizit mit dem Thema auseinanderzusetzen und im Rahmen dessen eine *Lean-Kultur* zu etablieren. Hierzu wurde innerhalb des Unternehmens eine *situativ*, auf das Unternehmen zugeschnittene Definition von Industrie 4.0 erstellt und etabliert. Der Experte gibt an, dass Industrie 4.0 für das Unternehmen Teil einer Lean-Strategie ist.

Zu der Frage nach der Veränderung der Unternehmensorganisation durch die Digitalisierung gibt der Befragte an, dass sich bisher wenig im Unternehmen verändert hat. Allgemein gibt er zu bedenken, dass größere Veränderungen in Bezug auf die Unternehmensorganisation im *Mittelstand* nur schwer umsetzbar sind. Zudem ist es auch eine Frage der Investition. Daher vertritt er die Meinung, dass mittelständische Unternehmen bislang noch nicht so weit seien.

Das Unternehmen verfügt über eine *flache Hierarchiestruktur*. Der Vorstand ist für die Mitarbeiter zugänglich und präsent. Die Frage der Umsetzung *virtueller* Organisationsformen im Unternehmen beantwortet der Proband damit, dass bereits mit anderen Unternehmen und Instituten *kooperiert* wird, um solche Projekte zu realisieren. Außerdem sind darüber hinaus noch weitere Kooperationen mit Hochschulen und Forschungsinstituten geplant.

Im Bereich der *Führung* und des *Führungsstils* hat sich bislang noch keine bedeutsame Änderung ergeben. Für die Zukunft erwartet der Experte jedoch eine starke Wendung. Diese führt dazu, dass der Führungsstil *lockerer* wird und die Führungskraft die Rolle eines *Coaches* übernimmt. Zudem nimmt er an, dass die Arbeitsweise durch das *Aufbrechen starrer Strukturen* und dem zunehmenden Trend zu Homeoffice etc. teilweise lockerer wird. Die neue Aufgabe der Führung wird sich in Richtung „*Steuern und Lenken*" verschieben. Den Grund für diese

Veränderung sieht der Experte darin, dass die neue Generation viele Fragen stellt und nicht mehr einfach die gestellten Aufgaben abarbeiten möchte.

Das aktuell ausgestaltete *Raumkonzept* des Unternehmens besteht in der Nutzung von Großraumbüros. Das zukünftige Raumkonzept sieht aber auch *agile* Möglichkeiten und das Thema *Innovationsräume* vor, in denen den Mitarbeitern viele Freiräume zur Entfaltung der Kreativität geboten werden sollen. Aktuell befinden sich viele Projekte in Planung, umgesetzt wurden aber bislang noch keine.

Die Begriffe *Crowdworking*, *Cloudworking* und *Crowdsourcing* sind bekannt und werden teilweise auch schon umgesetzt, wie das Beispiel eines vollständig webbasierten *Ortungssystems* zeigt. Der im Unternehmen stehende Server ist von überall aus erreichbar, was besonders für das Thema Homeoffice oder Geschäftsreisen wichtig ist. Unterstützt wird das zusätzlich durch Einführung einer Open Outlook Anwendung, sodass jeder Mitarbeiter auch außerhalb des firmeneigenen Netzwerks auf E-Mails zugreifen kann. Im Moment arbeitet das Unternehmen daran, diese Systeme in eine *Cloud* zu verschieben, was die internationale Zusammenarbeit fördert.

Zudem ist die Einführung eines grundlegend neuen *Geschäftsmodells* geplant. Das Unternehmen stellt sich in diesem Zusammenhang die Schlüsselfrage, ob der Kunde eher das Produkt, die Dienstleistung oder eine Kombination aus beidem als die beste Lösung empfindet.

Auch das Thema *Crowdworking* wird in einem Projekt genutzt. Hier geht es darum, dass eine *Programmierleistung* in eine Crowd von Programmierern gestellt wird und danach dann die beste Leistung angenommen wird. So kann das Wissen der Experten optimal ausgeschöpft werden. Die Themen *Crowdsourcing* und *Crowdfunding* wurden ebenfalls an ein weiteres Projekt geknüpft. Das Unternehmen versucht, bestehende Produkte zu optimieren, indem es neue Dienstleistungen anbietet. Hier können die Kunden zu ihnen kommen und eine Produktidee vorschlagen oder ein bestehendes Problem vorstellen. Mit Hilfe eines *Design Thinking Prozesses* wird versucht, das Problem aufzuarbeiten und Lösungsansätze anzubieten. Damit lässt sich das Wissen der Kunden optimal verwerten und mit dem Knowhow der Experten verbinden.

Durch Industrie 4.0 setzt sich das Unternehmen zudem verstärkt mit Themen aus den Bereichen *Ernährung* und *Fitness* auseinander. In nächster Zeit plant das Unternehmen das Angebot von Lauftreffs, mobilen Massagen am Arbeitsplatz oder die kostenlose Bereitstellung von Obst und Wasser. Dadurch soll die *Gesundheit* und das *Wohlbefinden* der Mitarbeiter gewährleistet und verbessert werden. Zudem bietet das Unternehmen den Mitarbeitern *Homeoffice* an, auch um dadurch die *Work-Life Balance* besser zu managen.

Zu der Frage nach einer *Fehlerkultur* gibt der Experte an, dass diese bereits auf der Agenda steht und angegangen wird. Generell sieht er das Thema als schwierig an, da dazu meist ein *Kulturwandel* nötig sei. Es gibt bereits eine Veranstaltung für Mitarbeiter, bei der es möglich ist, *Optimierungsvorschläge* im Unternehmen zu nennen. Als Preis bekommt die beste Idee nicht nur einen Pokal, sondern das ganze Team erhält auch eine Fahrt zu innovativen, branchenfremden Unternehmen. Die Lean-Veranstaltungen bieten dabei nicht nur die Chance Produktionsabläufe zu verbessern, sondern stärken auch das Team. Der Experte ist momentan dabei eine Fehlerkultur zu etablieren. Dazu sollen im Rahmen dieser Veranstaltungen auch begangene Fehler nicht nur von Mitarbeitern, sondern auch von Bereichsleitern präsentiert werden. Das damit verfolgte Ziel ist, dass die Mitarbeiter verstehen, dass jeder Fehler macht und das auch in Ordnung ist. Zudem hat das Unternehmen eine *Fragekultur* etabliert. Sie stellen nicht mehr die Frage „Wer?", sondern die Fragen „Wie?" und „Was können wir tun, damit das nicht mehr passiert?". Der Experte betont, dass eine Weiterentwicklung nur durch den offenen Umgang mit Fehlern möglich ist.

Daneben werden auch *Veränderungen* offen angegangen. Da die Geschäftsfelder des Unternehmens *Wandlungsbereitschaft* voraussetzen, schätzt der Befragte dies als Vorteil für die Unternehmung ein. Herausforderungen werden im Zusammenhang mit der großen Veränderung gesehen, welche die Digitalisierung mit sich bringt. Daher ist Kommunikation und Offenheit sehr wichtig. Die Ideen sollten nicht zurückgehalten, sondern gleich kommuniziert werden. Einen eigenen Beauftragten für das Thema Change-Management gibt es noch nicht. Der Change Prozess wird immer von den jeweiligen Projektleitern betreut und begleitet.

In Bezug auf die Thematik *Gender-Diversity* gibt das Unternehmen an, bislang keine Frauenquote eingeführt zu haben. Das Thema *Best-Ager* ist jedoch ein stark fokussiertes und vom Vorstand diskutiertes Thema. Da das Unternehmen eine weniger attraktive Lage im Vergleich zu Großstädten bietet, ist die Altersstruktur mit ca. 70 % von über 55-Jährigen besetzt. Somit ist die Anzahl der Best-Ager sehr hoch und es fällt dem Unternehmen schwer, Nachwuchs zu generieren.

Im Rahmen der *Flüchtlingsintegration* zeigt das Unternehmen hohes Engagement. Da es viele einfache Tätigkeiten in der Produktion gibt, die zum Teil auch mit passenden Videos erklärt werden, hat das Unternehmen die Möglichkeit, Flüchtlinge optimal zu integrieren und die *Sprachbarriere* zu umgehen.

Als internes *Kommunikationsmittel* wird anstelle von E-Mail-Diensten häufig WhatsApp oder eine interne Chatfunktion genutzt, da diese schneller und einfacher in der Bedienung sind. Das Unternehmen bietet zusätzlich Arbeitsplattformen an, mit denen die Mitarbeiter die Möglichkeit haben, zusammenzuarbeiten. Zudem hat das Unternehmen ein Projekt angelegt, in dem es um *Social-Media* geht. Insbesondere die Kanäle LinkedIn, XING, Instagram und Facebook werden darin angesprochen. In nächster Zeit plant es, diese Kanäle auszubauen.

Auf die Frage, welche die größten *Kostenfaktoren* im Rahmen von digitalen Arbeitswelten sind, antwortet der Experte, dass dies äußerst schwierig zu beantworten ist. Momentan führt das Unternehmen ein Forschungsprojekt durch, das der Frage nachgeht, wie eine *Kosten-/Nutzenanalyse* von Industrie 4.0 aussehen kann. Die größten Ausgaben stellen im Moment die Mitarbeiterentwicklung und Infrastruktur dar. Das größte *Nutzenpotenzial* sieht das Unternehmen darin, die Verschwendung über alle Prozesse hinweg zu reduzieren. Das Ziel ist es, durch die Automatisierung Prozesse stabil zu machen und Standards zu etablieren. Bislang wurde kein konkretes Budget für digitale Arbeitswelten vorgesehen. Die Finanzierung erfolgt durch *Projekte*. Ist ein bestimmtes Projekt geplant, wird das Budget dafür berechnet.

Literatur

Becker, W. 1990. Funktionsprinzipien des Controlling. *Zeitschrift für Betriebswirtschaft* 60(3): 295–318.

Bortz, J., und N. Döring. 2002. *Forschungsmethoden und Evaluation: Für Human- und Sozialwissenschaftler*, 3. Aufl. Berlin: Springer.

Dittmar, N. 2004. *Transkription: Ein Leitfaden mit Aufgaben für Studenten, Forscher und Laien*, 2. Aufl. Wiesbaden: Springer.

Eisenhardt, K. 1989. Buildung theories from case study research. *Academy of Management Review* 14(4): 532–550.

Flick, Uwe, und Ernst von Kardoff. 2007. Was ist qualitative Forschung? Einleitung und Überblick. In *Qualitative Forschung*, Hrsg. Uwe Flick, Ernst von Kardorff und Ines Steinke, 5. Aufl., 13–29. Reinbek bei Hamburg: Rowohlt.

Gläser, J., und G. Laudel. 2006. *Experteninterviews und qualitative Inhaltsanalyse*, 2. Aufl. Wiesbaden: Springer.

Hopf, C. 2007. Qualitative Interviews. Ein Überblick. In *Qualitative Forschung*, Hrsg. Uwe Flick, Ernst von Kardorff und Ines Steinke, 5. Aufl., 349–360. Reinbek bei Hamburg: Rowohlt.

Keidel, C. 2009. Entwicklung und Gestaltung eines Unternehmenscontrolling in mittelständischen Bauunternehmen: unter Berücksichtigung von zwei empirischen Untersuchungen im zeitlichen Vergleich. In *Baubetriebswirtschaftslehre und Infrastrukturmanagement*, Hrsg. D. Jacob. Wiesbaden: Springer.

Lamnek, S. 2006. *Qualitative Sozialforschung*. Weinheim: Beltz Psychologie Verlags Union.

Mayring, P. 2007. *Qualitative Inhaltsanalyse: Grundlagen und Techniken*, 9. Aufl. Weinheim: Beltz.

Peräkyla, A. 2005. Analysing talk and text. In *Handbook of Qualitative Research*, Hrsg. Norman Denzin und Lincoln Yvonna, 3. Aufl., 869–886. Newbury Park/Thousand Oaks: Sage Publications.

Robl, K. 1985. Marketing in der Bauindustrie. In *Bauwirtschaftliche Informationen*, Hrsg. BWI-Bau, 1–7. Berlin: Institut für Bauwirtschaft.

Steinke, I. 2007. Gütekriterien qualitativer Forschung. In *Qualitative Forschung*, Hrsg. Uwe Flick, Ernst von Kardorff, und Ines Steinke, 5. Aufl., 319–331. Reinbek bei Hamburg: Rowohlt.

Yin, R. 2003. *Case study research. Design and methods*, 3. Aufl. Thousand Oaks/New York/ New Delhi: Sage.

Zaugg, R. 2006. Fallstudien als Forschungsdesign der Betriebswirtschaftslehre. Anleitung zur Erarbeitung von Fallstudien (2006). http://www.akad.de/fileadmin/akad.de/assets/ PDF/WHL_Diskussionspapiere/WHL_Diskussion spapier_Nr_08.pdf. Zugegriffen am 20.07.2012.

Best Practice

6

Aus den Untersuchungen lassen sich bereits erste Thesen und Handlungsempfehlungen für die Praxis und den Umgang mit dem Thema „digitale Arbeitswelten" ableiten.

Rahmenbedingungen
Mittelständische Unternehmen sind angehalten, die äußeren Rahmenbedingungen ihres wirtschaftlichen Handelns stets im Blick zu behalten. In diesem Zusammenhang ist eine konsequente Analyse gesellschaftlicher, wirtschaftlicher und technologischer Trends essenziell und eine daran anknüpfende Analyse des Einflusses auf das Unternehmen ebenfalls notwendig. Die wesentlichen Trends die nach Auffassung der Probanden Einfluss auf das unternehmerische Handeln haben sind der demographische Wandel, der Fachkräftemangel, die Digitalisierung sowie Datenschutz und Datensicherheit. Diese drei Aspekte sollten sodann auf die Agenda des Top-Managements geschrieben werden, damit eine langfristige Strategie diesbezüglich konzipiert werden kann.

Der Begriff „digitale Arbeitswelten" wird in Wissenschaft und Praxis nicht einheitlich definiert und auch speziell im Mittelstand zeigen sich heterogene Ansichten darüber, was genau unter digitale Arbeitswelten zu verstehen ist. Die Auseinandersetzung mit dem Begriff und den einhergehenden Veränderungen sind jedoch relevant, da die Thematik in Zukunft weiter an Bedeutung gewinnen wird.

© Springer Fachmedien Wiesbaden GmbH, ein Teil von Springer Nature 2019   165
W. Becker et al., *Digitale Arbeitswelten im Mittelstand*,
Management und Controlling im Mittelstand,
https://doi.org/10.1007/978-3-658-24372-2_6

Organisation
Digitale Arbeitswelten bedeutet nicht nur ein verändertes Arbeitsumfeld und neue Arbeitsweisen, sondern auch organisationale Anpassungen. Insbesondere das Thema der Agilität wird zunehmend in den Fokus des Interesses rücken. Ein Wandel zur flexiblen Organisationsgestaltung ist daher unumgänglich, ebenso wie die immer größer werdende Bedeutung der weichen Faktoren bei der auf Informations- und Kommunikationstechnologie basierten Organisationsgestaltung. Mittelständischen Unternehmen wird empfohlen, die organisationalen Veränderungen nicht Top-Down durchzusetzen, sondern die Mitarbeiter am Prozess zu beteiligen oder gar die Federführung zu überlassen. Ferner kann die Empfehlung ausgesprochen werden, zukünftig komplexe IT-Systeme zu implementieren, die in Zukunft standardisierte Abläufe und Organisationsformen vorgeben. Ebenso von Bedeutung ist eine Öffnung mittelständischer Unternehmen zur Unternehmensumwelt, um beispielsweise funktionsfähige Ökosysteme zu schaffen.

Zufriedenheit mit der Work-Life-Integration
Die Work-Life-Balance der Mitarbeiter ist ein nicht zu vernachlässigender Erfolgsfaktor für mittelständische Unternehmen. Die Zufriedenheit mit der Balance steigert nicht nur die Wohlbefinden der Mitarbeiter, sondern hat letztlich auch Einfluss auf die Performance. Hier soll auf folgenden Satz verwiesen werden: „Take care of your employees, and they'll take care of your business" (Richard Branson, Founder of the Virgin Group). Neben der Berücksichtigung der Work-Life-Balance wird mittelständischen Unternehmen empfohlen, sich neuen und immer beliebter werdenden Formen der Arbeit nicht zu verschließen. Home-Office sollte, sofern die Mitarbeiter dies befürworten, als Alternative anerkannt werden. Eine „Präsenszeit" oder „Kernanwesenheitszeit" ist langfristig nicht zwingend der Schlüssel zum Erfolg. Falls die Mitarbeiter, beispielsweise aufgrund familiärer Verpflichtungen, eine gewisse Zeit an Homeoffice anstreben, sollten sich mittelständische Unternehmen damit auseinandersetzen. Dies kann mitunter den „War for talents" beeinflussen.
    Neuartige Arbeitsformen wie „Cloudworking", „Crowdworking" und „Crowdsourcing" finden in mittelständischen Unternehmen gegenwärtig nahezu keine Berücksichtigung. Diese Aspekte sollten jedoch relativ rasch, hinsichtlich einer möglichen Einführung, berücksichtigt werden. In den führenden Tech-Konzernen dieser Welt sind die Arbeitsformen stellenweise Business-as-usual und deshalb auch ein nicht unbedeutender Faktor für mittelständische Unternehmen in Deutschland.

Strategien/Maßnahmen für Diversity-Arten

Die empirischen Ergebnisse hinsichtlich der Strategien/Maßnahmen für Diversity-Arten zeigen zunächst, dass in mittelständischen Unternehmen für die entsprechenden Herausforderungen Maßnahmen ergriffen wurden, diese jedoch oftmals nicht strategisch begleitet werden. In diesem Zusammenhang kann die Empfehlung ausgesprochen werden, erst Strategien zu entwickeln und darauf aufbauend Maßnahmen für die Umsetzung abzuleiten. Hinsichtlich der Strategieentwicklung und Strategieformulierung sollten mittelständische Unternehmen berücksichtigen, dass eine Vision konzipiert wird und ein definiertes Ziel. Darüber hinaus darf die Strategie nicht nur Trivialität korrumpiert werden.

Neben den Fragestellungen hinsichtlich Strategie und Maßnahmen bedarf es stets eines ausreichenden finanziellen Fundaments. Neue Raumkonzepte, komplexe IT-Systeme oder mobiles Arbeiten bedürfen durchaus hoher Anfangsinvestitionen, die sich ggf. auch erst langfristig rechnen. Nichtsdestotrotz sollten erwirtschaftete Gewinne für die Themen rund um digitale Arbeitswelten zur Verfügung gestellt werden.

The manufacturer's authorised representative in the EU is Springer
Nature Customer Service Centre GmbH, Europaplatz 3, 69115 Heidelberg,
Germany. If you have any concerns regarding our products, please
contact ProductSafety@springernature.com

Printed and bound by CPI Group (UK) Ltd, Croydon, CR0 4YY
23/04/2026
02095601-0011